전의명 지음
고솔골 이야기

고솔골 이야기

전의명 지음

자연이 스승이다

어쩌다 보니 자의 반 타의 반으로 시골 생활을 시작하게 되었다. 그것도 인적이 드문 산골에서 살게 되었다.

도시화의 진행으로 대부분의 사람들이 도시에 집중되어 있는 상황이다 보니 어떤 이들은 전원생활을 동경하기도 한다. 그렇다고 해서 뭐 그런 경험을 가지고 전원생활의 안내서 같은 것을 쓰고 싶은 생각이 있는 것은 아니다. 인생을 사는 방법에 정답이 없는지라, 비즈니스의 성공비결, 자기 계발, 무슨 처세술 같은 책들이 필요 없다고 생각하는 터에 무슨 안내서 같은 것도 어차피 의미가 없다고 생각하기 때문이다.

단지, 나도 많은 사람들이 그랬던 것처럼 도시에서 직장을 갖고 살았고, 거기에 모든 내 인생의 의미가 담겨있으며 거기에서 떠나는 순간 내 인생은 끝이라는 생각으로 살아왔는데, 어쩌다가 자연 속에 들어와 보니 인생이란 게 전혀 그런 것이 아니란 걸 알게 되었고, 그 이야기를 하고 싶어진 것이다.

결과론이긴 하지만 그 착각에서 헤어나게 해준 사업의 부진이 고맙게까지 여겨진다. 15년가량의 직장생활을 거쳐, 독립된 회사를 시작하고 또 같은 기간이 되기까지는 별 문제가 없었다. 그러나 조금씩 회사의 규모가 커지면서 회사의 경영이 낙관만은 할 수 없는 상황이 되었다. 때로는 훌훌 털어버리고 자유롭게 살고 싶은 생각이 전혀 없었던 것은 아니다.

그러나 그러지 못하고 회사의 경영을 고심하고 있었던 것은, 학교 졸업 후 직장생활에서 굳어진 타성으로 도시에서 직업을 갖고 살아야 한다고 스스로 세뇌되어 있었기 때문이다. '인생이란 항상 자기 하고 싶은 대로 살 수는 없는 것이다. 고달프더라도 역경을 딛고 헤쳐 나아가야 한다'고 내 자신에게 훈계까지 하며 지내왔다.

그러나 막상 사업을 정리할 수밖에 없는 상황이 되어 등을 떠밀리다시피 해서 그러한 일상에서 벗어나고 보니 지금껏 지켜왔던 생각이 허물어지기 시작했다. 지금까지 철석같이 믿고 있던 가치관이 헛되게 느껴졌고, 사업을 정리하던 마지막 어려운 시기를 지나자 지옥의 긴 터널을 벗어났다는 느낌조차 들었다. 결국 '차라리 잘 되었다. 좀 늦었지만 지금부터라도 하고 싶은 일 하면서 자유롭게 살자'는 쪽으로 생각을 굳혔다. 나는 1945년생 '해방둥이'이다. 마침 60주년을 계기로 새로운 인생을 시작한 것이다.

땅이라야 대지를 제외하면 300여 평으로 농사지어 돈 벌어서 생계를 꾸릴 수 있는 넓이도 아니다. 게다가 경험도 없는 초보 농사꾼 주제에 땅이 더 있다고 해서 감당할 재주도 없다. 텃밭이나 일구면서 자연과 친해보자는 생각이 전부였다.

이렇게 어정쩡하게 시작한 산골생활은 그러나 내게 많은 것을 가르쳐 주었다. 자연은 혼란한 도시생활에서 도피할 피란처가 아니고 원래가 인류의 고향이었다. 자연 속에서 소박하게 사는 것이 진정한 행복이고, 그리하여 나는 이제 돈벌이를 끝내고 쉬러 온 것이 아니고 진정한 삶의 터전으로 귀환했다는 사실을 터득한 것이다.

그런데 내방객들의 반응은 대부분 다르다.

"가끔 와서 즐기는 것은 좋지만 여기서 무얼 하고 살지?"

"텃밭이 소일거리로는 좋지만 돈이 되는 것도 아니잖아?"

"사람이 일에서 떠나면 금방 늙어버린다고."

대답이 궁해서 설명은 못했다. 나도 그렇게 생각했었기 때문이다. 나도 그렇게 생각했는데 그게 아니더라는 논리는 내 머릿속에 정리되어 있지도 않았다. 그래서 글로 써 보아야 하겠다는 욕심이 생겼다. 현명하게 사는 방법까지야 내가 말할 수 있는 것이 아니지만 최소한 몇 가지는 이야기해보고 싶어진 것이다.

가령 '지금까지 사람들을 만났던 것의 반만큼이라도 자연을 만나보시오'라고 말이다. 자연 속에서 흙을 만지면서 거기에 파묻혀 보면, 몸과 마음이 건강하고 소박하게 행복해지는 길을 자연이 가르쳐 준다. 그리고 어쩌면 삶의 진정한 의미까지 일러줄지도 모른다.

▷ 차 례

시 작

모든 일은 우연히 시작되었다. 어느 날 친척이 있는 양평 변두리 산골의 절에 가게 되었다. 불교 신자가 아니니 불공을 드린다는 명분은 없었다. 놀러 갔던 것이었는데 우연히 절 위에 매물로 나와 있는 땅이 있다는 말을 듣고는 덜컥 사버린 것이다. 마침 아내가 가지고 있던 여유 자금 기천만 원으로 오백 평 가까운 땅 주인이 될 수 있다는 욕심에 더하여 그 땅 옆으로 흐르는 개울에 반해버린 거였다.

나는 싸게 산 땅이니 두었다가 은퇴 후 텃밭이나 하며 한적하게 살면 좋겠다고 생각했지만, 기실 아내는 그 자금의 활용에 관하여 기획을 하고 있었던 모양이다. 우연이라는 것은 나만의 생각이고 아내는 그것으로 구할 수 있는 땅이 있을까 하고 나름대로 물색하고 있었던 것이다.

주말농장이나 전원주택이나 일반적으로 도시인이 선호하는 땅은 좋은 경관과 더불어 교통이 좋아야 한다는 조건이 붙는데, 그렇게 입에 맞는 떡은 가격이 만만치 않은 터라 교통이 좋지 않다는 조건은 일단 접어 두었다. 그렇더라도 땅을 사 두기만 하면 끝나는 것이 아니라 그 땅을 내 땅으로 유지하기 위하여는 간단치 않은 조건이 따라 붙는다는 것은 나도 생각하지 못했지만 모르기는 아내도 마찬가지였다.

노동을 배우다

우선 문제는 농사를 지어야 하게 되었다. 은퇴 후에 텃밭이나 해 보자는 생각은 막연히 하고 있었지만 당장 농사를 지어야 한다는 것은 생각해보지 않은 터였다. 이 땅이 매물로 나온 연유가 농사를 짓지 않아서 휴경지로 지목되어 강제처분 명령이 떨어진 것이었고 나도 농사를 짓지 않으면 같은 처지가 될 것이므로 당장 농사를 시작하지 않으면 안 될 상황이 되었다.

휴경지로 지목된 땅이니 땅 전체가 잡초더미였다. 모두 뽑아버리고 밭을 일구었다. 세상에, 평생을 정신노동으로 밥 벌어먹던 사람이 황무지 같은 땅을 일구어 농사를 짓는 것이 어디 쉬운 일인가. 농사 경험이 없는 탓에 의지할 데라고는 책밖에 없었다. 우선 책을 구입해서 읽는 한편, 부랴부랴 삽과 호미를 준비하고, 평일에는 직장에 출근해야 하니 주말마다 열심히 다니면서 밭을 만들고 종묘상에 들러 씨앗도 준비하고 시골 장에 들러 작물의 모종을 구했다.

처음에는 텃밭을 하겠다는 의지보다 땅을 유지하기 위하여 농사

짓는 흉내를 냈다는 게 옳을 것이다. 요령 없이 흉내를 내려니 주말을 한번 보내면 허리는 끊어지는 듯하고 온몸이 쑤신다. 그래도 회를 거듭하면서 황무지 같던 땅이 밭 모양을 갖추기 시작하고 거기 농작물이 자리를 잡기 시작하자 이러한 피로가 기분 좋게 느껴지기 시작했다.

그러면서 문득, 젊었을 때 집에 도배를 하거나, 대문에 페인트칠을 하거나, 이삿짐을 나르거나, 뭐 그런 일들을 해본 이후에 수십 년간 내 몸을 움직여 일을 해 본 적이 없다는데 생각이 미쳤다. 그때는 웬만한 집안일은 당연히 직접 하는 걸로 알고 있었고 으레 직접 했다.

그런데 어느 때부터인가 직장 일에 전념한다는 명분 아래 집안일은 해본 적이 없다. 이제 이런 집안일들은 직업적인 전문가들에게 맡긴다. 그리고는 자기가 직업적인 노동으로 번 돈으로 해결한다. 옛날에 없던 도배사가 생기고 페인트공이 생기고 포장이사 회사가 생긴 것을 보면 이건 나만의 문제는 아닌 듯하다. 결국 모든 노동이라는 것이 돈을 버는 수단으로 전락한 것이다.

우리는 누구나 노동을 하면서 산다. 그러나 육체노동이 되었건 정신노동이 되었건 돈을 벌기 위한 간접노동은 스트레스가 쌓이기 마련이다. 거기에 비하면 무언가를 이루기 위한 직접노동은 기분 좋은 피로감과 보람을 준다.

전원생활도 맛보기 전에 노동의 즐거움을 경험한 셈인데, 땀 흘려 일한 후 먹는 즐거움도 쏠쏠했다. 집에서 싸온 밥을 밭 가의 참나무 밑에서 먹고는 했는데 찬밥에 김치만 있어도 꿀맛이었다. 어떤 진수성찬이 이보다 더 맛이 있으며, 어떤 즐거운 소풍의 도시락이 이보다 더 맛이 있으랴.

아마도 인류 최초의 노동은 수렵과 채취를 하던 시대에 먹이를 얻기 위한 활동이었다. 그러나 이것은 모든 동물이 하는 먹이활동이므로, 좀 더 발전된 형태의 노동으로 말하면 약 1만 년 전 농업이 발명된 이후의 농업을 위한 노동이었다. 말하자면 농사를 짓는 것은 가장 원초적인 형태의 노동인 것이다.

밭농사도 물이 있어야 한다. 밭 주위까지 물이 흐른다면 문제가 없겠지만 그렇지 않다면 물을 공급할 방법을 강구하지 않으면 안 된다. 장마 시기가 되면 물 문제가 해결되지만, 씨를 뿌리거나 모종을 심을 시기에는 가물기 일쑤다.

우리 밭의 경우는 근처에 개울이 있어서 큰 문제는 없었지만, 좀 떨어져 있는데다가 밭보다 낮아서 물을 퍼 나르는 일이 쉽지 않았다. 편하게 해보자는 생각에 개울 상류에서부터 물을 끌어 오기로 했다. 호스로 물을 끌어와 밭 옆에 작은 웅덩이를 판 후, 땅속으로 스미지 않도록 비닐로 둘러치고 물을 댔다. 이것으로 물을 퍼 나르기 위하여 개울까지 수십 번 왕복해야 하는 수고를 덜게 되었다.

둥지를 마련하다

물 문제는 해결 되었는데 숙소가 없어서 하루에 서울까지 오가려니 아무래도 무리였다. 앉으면 눕고 싶다고 한 가지를 해결하면 반드시 다음 문제가 생기기 마련이다. 간이 숙소 대용으로 컨테이너도 생각을 해보았으나 언젠가는 어차피 집을 지어야 되는데 이중으로 돈이 드는데다 나중에 흉물스러운 고철 덩어리를 어떻게 처리할 것이냐며 아내가 극력 반대를 했다. 궁리 끝에 나중에 여기 살 결심이라면 융자를 받더라도 집을 짓기로 결심했다.

농지에 집을 지으려면 허가를 받아야 한다. 일단 150평에 대한 농지전용신청을 했다. 땅을 살 때에는 집을 어느 곳에 어떻게 지을 것인가는 생각해 보지도 않았는데 막상 집을 지으려니 땅이 길보다 낮아서 그 위에 집을 지으면 아무래도 문제가 될 것 같았다. 별수 없이 집 지을 자리에 흙을 백여 트럭 사다가 대지를 높였다. 이곳까지 올라오는 길은 좁은 데다가 마지막 수백 미터는 비포장이다. 이곳이 두메산골 오지는 아니더라도 일단 절 위의 땅이다.

절이 오래된 고찰은 아니고 근래에 터를 잡은 곳이지만 절 위의 집이라는 게 흔치는 않은 터여서 오지라면 오지다. 무거운 흙을 실은 트럭이 수없이 드나들면서 아랫마을로부터 거부반응이 나타나기 시작했다. 외지사람이 와서 길을 망가트린다고 불평이 터진 것이다. 조용한 마을에 외지사람이 와서 설치니 곱게 볼 턱이 없었다. 끝난 후 깨끗하게 복구하겠다는 조건으로 어렵사리 무마되었다.

길과 연결되어있지 않은 땅을 맹지라고 한다. 맹지는 건축허가가 나지 않는다. 현황도로가 있더라도 지적도상에 도로가 없으면 안 된다. 지적도상에 도로가 있다고 하더라도 실제로 자재를 나를 수 있는 상태인지는 사전에 확인해야 한다. 이 모두가 집을 지으려고 부닥치고 나서야 안 사실이다.

복토를 하여 집 지을 땅은 마련이 되었지만 집을 짓기 전에 우선 해결해야 하는 것이 식수 문제다. 지하수를 파기로 했다. 자동펌프를 설치하려면 전기가 있어야 하니 전기를 신청하여 끌어 들이고 지하수 개발업자를 찾아서 상담 후 우물을 팠다.

수맥은 버드나무 가지나 금속 탐침으로 찾는데, 나는 아직도 수맥 찾는 것을 이해하기 힘들고 그러한 능력을 갖고 있는 사람들이 외경스럽다. 버드나무 가지나 탐침이 있다고 해서 아무나 수맥 찾기가 되는 것은 아니다. 그런 것들은 매개체일 뿐 그것을 감지하는 것은 특수한 인간의 능력인 모양이다.

지하수를 파기 전, 공사를 한 업자가 아닌 다른 사람이 수맥을 조사해준 적이 있다. 그는 개울가에서 버드나무 가지를 꺾어 와서는 수맥을 탐지하고 두 군데를 지적해 주었는데, 실제로 공사를 한 업체에서도 같은 곳을 지적했고, 지금의 자동펌프 위치는 그중 한 군데이다. 현대의 첨단 과학으로도 아직 수맥을 탐지하는 계측기는 없고 오로지 인간의 능력에만 의지하는 것을 보면 신기한 일이다.

대지에 복토한 흙이 다져지는 동안 집 설계를 구상했다. 지금까지 내 의도와는 관계없이 남이 지어놓은 집에 들어가 살았다. 그런데 내가 살 집을 스스로 구상한다는 것은 흔한 기회도 아닐뿐더러 마음 설레는 일이었다. 기본적으로 시멘트사용은 배제하고 싶었다. 벽돌집이 무난하긴 한데 여기에도 일단 시멘트가 들어가야 하니 마땅치 않다고 생각되었다. 처음에는 통나무집이 좋을 듯 했다. 그러나 운치가 있어 보이기는 하지만 너무 서구적이라는 느낌이 들었다. 목조주택도 나무 향은 좋지만 어쩐지 서구적인 느낌이다. 근래에는 스틸하우스도 있는데 견고하기는 하겠지만 쇠붙이도 역시 환경친화적인 재료는 아니다.

환경친화로만 본다면 산골에 어울리고 운치 있는 집은 귀틀집이다. 귀틀집은 산골 오지에 살던 사람들이 쉽게 구할 수 있는 나무와 흙으로 벽을 만들어 지었고, 지붕을 너와로 얹는 것이 보통인데 몸소 짓기에 어울리는 집이다. 가끔 오지에서 부부가 직접 귀틀집을 짓고 산다는 기사를 보면 감동스럽기까지 했다. 그러나 감동과 현실은 별개여서 내가 직접 지을 수 있다면 모르겠지만 외부에 의뢰하여 짓기는 적당치 않은 집인 듯 했다.

전통 한옥에 대한 예찬론이 많이 있다. 어렸을 때 잠시 살아보았던 초가집은 옛날 서민들이 살았던 일반적인 형태였을 터인데, 흙벽은 맞벽치기라고 해서 수수깡이나 가는 나뭇가지로 벽을 엮은 후 양쪽에 흙을 붙여서 지었다. 아무리 환경친화적이라 해도 방문과 창은 창호지 한 겹으로 겨울이면 몹시 추웠고, 요새 세상에 초가지붕을 무슨 수로 유지할 것인가. 대청마루가 있는 전통 기와집이라면 운치도 있고 좋아 보이지만, 기존의 고택을 활용한다면 몰라도 새로 짓는다면 기능성에 비해 건축비가 너무 많이 든다.

통나무집에서 시작하여 목조주택, 귀틀집, 전통 기와집으로 헤매다가 결국 내부는 생활의 편리성을 살린, 현대식 목구조 흙집으로 낙착되었다. 이곳은 비교적 추운 지역이라 외벽은 흙벽돌을 이중으로 쌓아 30㎝두께로 하고 이중창으로 단열을 보강하기로 했다.

기본이 정해지자 배치를 위하여 평면도를 수없이 그려보았다. 집을 지으려면 해결해야 할 문제도 많고 이런 저런 난관에 봉착하게 된다. 그러나 구상단계는 돈이 드는 것도 아니고 몇 채건 지었다 허물었다 할 수 있으므로 이 단계가 훨씬 재미있다.

실제 지을 단계가 되면 건축주가 직접 짓는 방법이 있고 외부에 의뢰하는 방법이 있다. 건축주가 직접 주체가 되더라도 노동력이 해결 안 되면 부분적으로만 외부 인력을 활용할 수도 있는데, 기술도 노동력도 시간도 없는 내게는 외부에 의뢰하는 수밖에는 없었다.

흙집에 대한 정보를 수집하고, 흙집 전문 건축업체를 물색하여 상담을 했다. 업체에서는 내가 수없이 그렸던 평면도를 참고하여 설계를 완성해 주었다. 30평의 본체는 거실을 크게 하여 생활의 중심이 되도록 하였고 10평의 창고에는 한 켠에 구들방도 들이도록 설계되었다. 그러나 돈이 부족한 탓에 구상할 때 빠짐없이 들어가곤 했던 다락방 등 몇 가지는 결국 포기했다.

공사는 초겨울에 골조만 완성하여 건조시킨 후, 다음해 봄에 흙일과 마감일을 하는 식으로 진행되었는데, 진입로가 협소하여 업체는 또 한 번의 곤욕을 당했고 아랫동네와도 또 한 번의 분쟁을 치렀다. 이번에는 건축업체가 해결을 하였다. 나는 회사에 매달려 상량식도 생략했으니 무심한 건축주라고 생각했을 것이다. 그래도 업체의 사장은 성실하게 공사를 해주었고, 우리가 미처 생각지도 못한 세부까지 신경을 써주었다.

이리하여 땅을 마련한 지 3년여 만에 여생의 둥지가 마련되었다.

주말주택이 주중주택으로

집이 완성되면 주말주택의 구실을 제대로 하겠구나 하고 생각했지만 막상 집이 완성될 즈음, 운영하던 회사가 점점 어려워졌다. 20년 가까이 운영하던 회사가 소기업이긴 하지만 덩치가 커져서 간단히 정리하기도 힘든 처지가 되어 버렸다.

1970년대 사회 초년병시절에 컴퓨터 프로그래밍을 한 것이 계기가 되어 80년대 중반 독립된 회사를 경영하게 되었다. 창업 후 10년 이상은 기업의 생존에 큰 문제없이 꾸려 나갈 수 있었다. 일본회사로부터 주문형 소프트웨어를 개발하는 일을 수주해서 수출하는 일이었는데, 이 일로 해서 거래처인 일본회사의 많은 사람들을 사귈 수 있었다.

경제발전을 위해 수출이 지상 과제였던 시기여서, 구매자들이 오면 최고의 접대를 하는 것이 기업들의 관행이었다. 그러나 나는 맨주먹으로 시작한 회사라 경비를 충분히 쓸 여유가 없기도 했지만, 그러한 접대가 생리에 맞지도 않아 그저 우리가 매일 다니는 식당에서 소주잔을 기울이는 정도였다.

그런 소박한 접대가 오히려 신뢰를 쌓을 수 있었던 것이 아닌가 싶다. 신뢰가 쌓이자 우리의 취약한 경영환경을 돕기 위해 실제의 납품물량과 품질에 관계없이 매달 일정량의 액수를 보장해주겠다는 제안까지 해왔다. 하지만 나는 실 납품물량 이상의 돈은 절대로 안 받겠다고 거절을 했다. 이것이 계기가 되어 거래처와의 관계라기보다는 친구가 될 정도로 신뢰가 쌓였다. 언젠가 일본에서 온 거래처 사람과 민속촌엘 갔는데 그곳에 지어진 양반가의 밀랍인형이 내 모습과 닮았다며 내게 양반이라는 별명을 붙여줬다. 사실은 그것이 내 인격을 칭찬해주는 별명이 아니라 사업하는 사람답지 못하다는 흉이다.

모두 어려움을 겪었던 외환위기 때도, 환율이 천정부지로 치솟으니 소프트웨어의 수출에 힘입어 오히려 실적이 좋았다. 회사는 희희낙락하는 분위기였지만, 모두들 고통을 받고 있는 시기에 그런 모습을 보이면 안 되니 '웃으려거든 화장실에 가서 혼자 웃으라'는 사내 우스개가 나돌 정도였다.

그러던 것이 일단 어려워지기 시작하자 사업은 걷잡을 수없이 악화되어 갔다. 문제는 국내사업 분야였다. 조직에 고용돼 있을 때는 문제가 있으면 상사와 상의하고 기대면 되었지만 경영인이 되고 보니 더 이상 의논할 상사가 없었다. 사업 환경을 탓한다고 해결될 문제도 아니고, 결국은 나 자신의 역량부족을 통감하는 것 이외는 방법이 없었다.

기업에도 생명력이 있어서 본능적으로 생존하려는 특성이 있다. 그러나 변화하는 환경에 적응하지 못하면 아무리 생존본능이 있더라도 수명을 다 하고 만다. 내가 하던 회사도 20년을 끝으로 수명을 나했나. 마지막 1~2년간은 고통의 연속이었다. 개인적인 손실이 있기는 했지만, 그나마 큰 물의를 일으키지 않고 깨끗하게 정리할 수 있었던 것이 다행이라면 다행이다.

무난하게 정리할 수 있었던 것은 거래하던 일본 회사가 한국에 법인을 만들고 회사의 자산과 업무 그리고 임직원을 그대로 인수해 주었기 때문이다. 회사를 시작할 때도 많은 도움을 받았고 정리하면서 또 한 번의 도움을 받은 셈이다.

소기업까지 포함한다면 아마도 우리나라에서만도 연간 수 없이 많은 기업이 창업하고 폐업할 것이다. 기업에 따라서는 한해살이 풀처럼 단명한 경우도 있는가 하면 드물게는 수십 년간 거대 공룡처럼 성장하는 기업도 있다.

기업을 생명체로 친다면 조직을 이용하여 집단으로 부를 창출하는 것이 현대 산업사회의 최고 가치관이고 기업의 생명활동이지만 환경에 적응하여 성장한다는 것이 그리 쉬운 일은 아니다. 수없이 창업하는 중소기업 중에 10년간 중견기업으로 성장하는 것은 0.1퍼센트에 불과하고 살아남는 생존율조차 4분의 1밖에 안 된다니 나의 경우 그나마 20년을 생존했다는 것으로 자위할 수밖에 없겠다.

돌이켜보면 이때 무리를 하여 집을 짓지 않았더라면 아마도 하던 사업에서 손을 뗀 후에는 마련하지 못했을 것이다. 계약금에서부터 중도금, 잔금 등 돈이 필요할 때가 되면 적금을 해약하는 등 아내가 어려움을 겪었지만, 그래도 사업을 정리한 후라면 새집을 지을 용기는 나지 않았을 것이다. 무리하게 진행한 것이 전화위복이 된 셈이다.

인생살이라는 것이 우연의 연속이라고 이야기하면 '아니다 필연의 결과다'라고 주장하는 친구가 있다. 우연이었든 필연이었든 사업이 어려워져 정리할 수밖에 없었던 것이 산골생활을 통한 새로운 인생을 사는 계기가 된 셈이다.

집을 지은 후 크지 않은 텃밭이지만 이제는 제대로 농사를 짓기 위해 밭을 새로 만들었다. 집터로 전용된 농지를 빼고 나머지 300여 평 중 반을 갈라 밭을 만들고 나머지 반은 과수밭으로 두었다.

본격적인 주말농장의 여건은 갖추어졌지만 회사를 정리하기까지의 일 년은 정신없이 지나가고 정리 후 고문으로 출근하면서 제대로 된 주말농장이 되었다. 그마저 퇴직한 후에는 주말농장이 주중농장이 되었다. 황무지 같던 땅이 내 손으로 조금씩 모양을 갖추어 가는 과정은 각별한 즐거움이다.

초보 농사꾼의 산골 텃밭농사는 이렇게 시작되었다.

잡 초

'으악새'는 억새다

처음에 이 땅에는 달맞이꽃과 억새만으로 뒤덮여 있었다. 사람 키만큼 크게 자라있어 다른 풀들은 발을 붙일 틈새도 없었다. 휴경지로 지목되어 강제처분 명령이 내려진 것이 우리가 이 땅을 구입한 계기가 된 것이니 우리에게는 고마운 녀석들일 수도 있지만 밭을 일구려면 이 녀석들을 제거하는 수밖에는 없었다. 제거하는 작업은 전쟁이었다. 뿌리 채 뽑지 않으면 밭을 일굴 방법이 없으므로 힘들여 다 뽑고 그 후에도 몇 년간을 보이는 대로 뽑아 버렸다.

달맞이꽃은 귀화식물이지만 월견초, 야래향 등 제법 낭만적인 이름으로도 불릴뿐더러 사람들이 좋아하는 야생화이기도 하다. 이런 이름들이 붙은 것은 밤에 노란 꽃을 피우기 때문인데 뿌리와 종자는 약재로도 쓰인다. 내가 처음 달맞이꽃을 보았던 것이 대학시절 무전여행을 한다고 동해안에서 설악동으로 들어가던 개울가에서였는데 그때는 그렇게 낭만적이라고 생각했던 꽃이 이렇게 천덕꾸러기가 되다니.

가을 등산코스에서 보았던 억새 군락지는 또 얼마나 운치 있는 풍경이었는데, 이놈들과 전쟁을 하게 될 줄 누가 알았겠는가. 이놈들은 뿌리가 질기고 깊이 박혀있어 뽑는데 애를 먹었다. "아아, 으악새 슬피 우니 가을인가요…." 하는 짝사랑이라는 노래에 나오는 으악새가 새 이름이 아니고 억새라는 것도 이때야 알았다. 알고 나자 나는 그것이 정설이라고 생각하는데 일부 으악새가 왜가리라는 설도 있기는 하다.

잡초는 정말로 생명력이 대단하다. 한 포기만 제대로 자리를 잡으면 씨앗을 잔뜩 퍼뜨려 이듬해에는 군락지가 되어 버린다. 잡초의 씨앗은 생장 조건이 맞지 않으면 몇 년이고 본래 상태로 남아 있다가 조건이 맞으면 싹을 틔운다고 한다. 종묘상에서 파는 농작물의 씨앗은 유효기간이 고작 2년이라고 되어 있는데 잡초 씨앗의 수명은 수 년에서 수십 년이라고 한다.

달맞이꽃과 억새가 그런대로 정리되자 기승을 부리던 놈들이 쑥과 망초다. 야생화로서의 망초를 싫어하는 사람은 없을 법하지만, 너무 잘 퍼져서 아내는 보이는 대로 뽑아 버린다. 사실 우리 집에 있는 것은 거의가 개망초인데, 아내에게 미운 털이 박히기는 망초나 개망초나 똑같다. 이놈들이 외국에서 우리나라로 들어온 것이 일세강점기 때라고 하는데, 너무 잘 퍼져서 나라 망하게 한다고 망초라는 이름이 붙었다니 그럴 만도 하다. 사실은 나라가 이미 망했는데도 말이다. 쑥은 내가 싫어하는 것은 아니지만, 달맞이꽃, 억새풀 전쟁 이후에 나의 제거대상 1호다. 봄에 쑥을 뜯을 때쯤에는 요긴하기도 하고 쑥 향도 좋지만, 어느 정도만 방치하면 그야말로 쑥대밭이 되어 버리기 때문이다.

집 위쪽에 흙을 트럭으로 갖다 부어놓은 곳이 있었는데, 아무것도 없던 맨땅에 제일 처음 자리를 잡는 첨병은 억새였다. 억새는 옆으로 줄기가 뻗으면서 자라서는 뿌리를 내려 퍼진다. 그 후에 개망초를 비롯하여 그 땅에 맞는 놈들이 슬금슬금 자리를 잡는다. 잡초는 장기간 방치하면 그 환경에 제일 강한 무리의 군락지가 되어 버리지만 관리하기에 따라 밀도와 종류가 균형을 이룬다. 달맞이꽃과 억새에 이어 쑥과 개망초가 극성을 부리던 것이, 밭과 과수를 심은 곳이 구분되고 집 마당은 마당대로 관리를 하게 되자 잡초도 그에 맞게 다양화되어 자리를 잡아가게 된 것이다.

밭에 나는 잡초들

밭이랑을 만들고 작물을 기르기 시작하자 이곳에는 대표적인 밭잡초인 바랭이, 쇠비름, 쇠뜨기와 그 외에 쑥, 명아주, 달개비, 강아지풀 등 밭에 어울리는 잡초들이 나타나기 시작했다. 밭을 일구기 전에는 눈에 띄지 않던 놈들이다.

3월에 밭을 처음으로 준비할 때 포진하고 있는 것들은 냉이, 꽃다지나 제비꽃 같은 것들이다. 냉이는 처음에는 없었는데 이랑 옆의 몇 포기를 꽃이 필 때까지 안 캐고 두면 이듬해는 수북하게 나서 첫봄의 향기를 느끼기 위하여 캐어 먹은 이후에는 잡초 신세가 된다. 제비꽃도 추위를 이기고 보라색 꽃을 피우고 있는 놈들을 캐어버리기가 미안스러워 그대로 놓아두면 씨앗을 퍼뜨려 밭 잡초도 아닌 놈들이 여름 내내 우리 밭의 잡초로 행세한다. 전통적인 밭 잡초들이 기승을 부리는 것은 농작물들이 싹을 틔우고 난 다음부터이다. 밭 잡초의 제왕은 단연 바랭이인데 이놈은 5월 중순쯤 되어야 나타나기 시작한다.

밭에 나는 잡초가 다른 곳의 풀들보다 더 끈질기다. 인간이 수천 년 동안 기르면서 야생성을 약화시킨 농작물과는 거꾸로 논밭에 나는 잡초는 인간의 미움과 박해 속에서 스트레스를 받고 자라도록 진화해 왔다고 한다. 인간의 끊임없는 제거작업에서 살아남으려면 번식력이 강해질 수밖에 없을 것이다.

우리 밭의 단골 잡초로 털별꽃아재비라는 놈이 있다. 들깨 모종과 비슷한 놈인데 이름도 모르다가 어렵사리 통성명을 했다. 들깨 모종을 하려고 이랑 한쪽에 들깨를 뿌리고 모종을 기르면 이놈들이 어김없이 섞여 자란다. 구분이 어려워 헷갈리다가 이놈을 식별하는 데 몇 년이 걸렸다. 자기와 비슷한 작물 곁에 나서 뽑히지 않으려는 것도 밭 잡초의 전략인지 모르겠다.

제일 집요하게 나는 바랭이는 무더기로 번성하면 질겨서 잘 뽑히지도 않는데 거꾸로 쇠뜨기 같은 것은 줄기가 약하고 뿌리는 고무줄처럼 늘어난다. 호미로 깊이 파지 않고 그냥 뽑으면 줄기만 잘리고 뿌리는 그대로 남는다. 이것도 살아남기 위한 전략인 모양이다. 쇠비름은 방치하면 겉잡을 수없이 번성하지만, 잘 뽑히기는 한다.

나를 곤혹스럽게 하는 것은 쇠비름의 4촌쯤 되는 비름나물이다. 아내가 비름나물을 좋아해서 캐어버리지 못하고 그냥 두면 무한정 자라는 데다 쇠비름보다 뿌리도 질기다. 비름나물이 전형적인 밭 잡초가 아닌 것으로 알고 있는 나는 별도의 비름나물 밭을 만들어 보려고 다른 곳에 옮겨 심어 보기도 하는데 한사코 밭이랑으로 찾아 든다.

하루 종일 잡초와 씨름을 하다가 진력이 나면, 제거해야 되는 것이 작물이고 기르는 것이 잡초라면 좋겠다는 생각까지 든다. 원래 나물인 냉이, 돌나물, 비름나물은 물론이고 쑥과 질경이도 길러서 먹으면 되겠고, 먹어보지 못했던 쇠비름과 명아주도 나물로 먹을 수 있다니 이놈들도 뽑아버릴 것이 아니라 길러서 먹으면 되겠다. 나물을 소개한 책을 보면 쇠뜨기, 달개비, 제비꽃도 먹을 수 있다고 한다. 바랭이가 문제이기는 한데 뽑는 것보다는 차라리 이놈을 먹는 방법을 연구하는 것이 훨씬 쉽지 않을까.

그렇게 잡초를 기르다 보면 작물들이 잡초대신 이랑으로 침범해 들어올지도 모를 일이다.

인간에게 뽑히지 않을 가능성으로만 본다면 밭이 아닌 산야가 더 좋을 터인데 그렇지는 않은 것 같다. 밭에 주로 나는 잡초들은 그 외의 곳에서는 그렇게 번성하지 않는다. 우리 집 안에서도 대표적인 밭 잡초가 밭 이외의 곳에서는 많이 눈에 띄지 않는다. 다른 풀들로 무성한 과수밭 한쪽에 토란을 심으려고 풀들을 모두 뽑고 거름을 주니 그 자리에 없던 대표적인 밭 잡초들이 나타나는 것을 보면, 아마도 거름을 주고 밭을 말끔히 유지하는 것은 농작물을 위한 것 이전에 밭 잡초를 기르는 조건이 되는 듯하다.

농사라는 게 잡초와의 전쟁이라고 할 정도로 잡초 제거는 쉬운 일이 아니다. 그나마 작물이 자라서 무성해지면 어느 정도 잡초가 있어도 이겨 나갈 수 있지만, 작물이 크기 전에 잡초가 무성해지면 잡초에 눌려 자라지 못한다. 잡초의 제거가 농업생산성에 그만큼 중요하다고 보면 근대 농업이 발전하면서 제초제의 발명은 농업 생산성 향상에 큰 기여를 했으리라.

그러나 나는 농업 생산성을 생각하고 텃밭을 시작한 것이 아니니 제초제를 쓸 생각은 애당초 없었다. 대신에 잡초가 작물과 뒤엉켜 직접 피해를 주지 않는 한 고랑이나 주변의 풀은 그대로 놓아두기로 했다. 두둑에 있는 잡초도 작물이 자라서 이길 수 있는 정도가 되면 그대로 놓아둔다. 그렇게 결심했다기보다는 크지 않은 텃밭이지만 말끔히 뽑아낼 여력이 모자라기 때문이다.

제초제를 안 쓰고 풀 뽑는 수고를 덜기 위해 요즈음은 대부분 농가에서 비닐 멀칭을 한다. 비닐 멀칭을 하면 잡초의 억제는 물론 땅의 습기를 보존하고 지온을 높여 작물의 생장에도 도움이 된다는 설명이다. 그러나 나는 애초부터 비닐 멀칭도 하지 않기로 했다. 텃밭에 비용을 들이지 않겠다는 원칙과 사후 비닐처리 역시 공해가 된다는 생각일뿐더러, 무엇보다도 땅에 자연스럽지 않은 행위라고 믿기 때문이다. 땅도 햇볕을 받고 숨도 쉬어야 한다.

우리 집 근처를 지나다니는 사람들은 별로 없지만 가끔 아랫동네 농민들이 뒷산에 나물이나 약초를 캐러 가거나 등산을 위하여 지나다니는 경우가 있다. 그때마다 아는 사람이건 모르는 사람이건 가벼운 인사를 나누는데 우리 밭의 잡초가 구설수가 된다.

"저 감자 밭의 풀을 다 어쩐대요? 거름을 잡초가 다 먹어버리잖아요."

나는 그 사람에게 무슨 죄라도 지은 양 어쭙잖은 변명을 한다.

"한 주 걸렀더니 그렇게 돼 버렸네요. 재미로 하는 일인데 쉬엄쉬엄 하지요 뭐."

때로는 조언도 해준다.

"일일이 뽑지 말고 호미로 긁어 놓으면 돼요."

그나마 풀이 나기 시작할 때는 호미로 긁는 정도로 해결이 되지만 며칠만 자라면 긁는 정도로는 해결이 안 된다. 뿌리 채 뽑더라도 주변에 버려두면 가물 때는 말라 죽은 시늉을 하지만 비라도 오면 다시 살아난다. 며칠만 한눈을 팔고 있으면 밭은 온통 풀밭이 되어버린다.

산으로 나물 뜯으러 가던 아줌마들의 참견은 아예 지주가 소작인 나무라듯이 힐책한다.

"아니 비닐 덮개도 안하고 잡초를 어떻게 감당하려고 그래요?"

지주에게는 어쭙잖은 변명도 안 통한다.

아랫마을 건너편에 터를 잡은 이는 초보농사꾼의 선배로서 설득력 있게 권유한다.

"나도 처음에는 비닐 덮개를 안 썼는데, 잡초를 뽑고 나면 뒤에서 '홍가야 나 여기 자라고 있다' 하데요. 결국 잡초 뽑다가 손가락이 망가져서 병원에 갔더니, 약지를 움직이는 근육을 방아다리라고 하는데 그게 고장이 나서 수술까지 했어요. 병원 신세지기 전에 비닐덮개를 치세요."

아닌 게 아니라 나도 오른손 약지에 약간의 문제가 있기는 하다.

우리 집에 왔던 친구는 당당하게 지적을 한다.

"너는 스타일은 농부가 다 됐는데 밭은 어째 온통 풀밭이냐?"

친구는 만만하니까 나도 당당하게 답변을 한다.

"이게 자연농법이라는 거다."

내 표준 스타일은 밀짚모자 눌러쓰고 고무장화 신고 목에는 수건을 두른다. 겉모습은 진짜 농사꾼이다. 한낮 땡볕에 풀을 뽑다가 햇볕 알레르기로 목둘레가 시뻘겋게 부은 이후 수건을 두르는 것이 표준 스타일이 되었다. 하긴 전문 농사꾼의 밭에서도 여름 한낮에는 일하는 사람들이 없다. 나도 의욕이 넘치던 초기 이후에는 한낮의 밭일을 중지하기는 했지만.

잡초의 입장으로 보면 제초제로 말라 죽고, 비닐 멀칭으로 살 땅을 잃고도 용케 살아남으면 호미로 제거 당하고, 이렇게 수난을 당하는 상황에서 한군데쯤은 잡초 천국이 있다는 것이 나쁘지는 않을 것이다. 게으른 농사꾼이야말로 잡초들에게는 은인일 터이다.

한여름철에 극성을 부리던 잡초도 추석이 가까워 선선해지기 시작하면 세력이 한풀 꺾인다. 아마도 시기적으로 죽을 때가 가까워 오므로 생장보다는 다음세대를 위한 준비단계로 들어가는 것일 게다.

어떤 전문가들에 의하면 잡초는 농작물에 해로운 것이 아니고 도움이 된다고 한다. 잡초의 뿌리가 하부 토양으로 통하는 큰 길을 만들어 농작물이 보다 풍부한 양분을 섭취할 수 있도록 도와주고, 잃어버린 영양분을 표층토로 퍼 올리고, 하층토를 작은 덩이 형태로 만들어 단단한 흙을 푸슬푸슬하게 만들고, 또 하층토 아래쪽에 수분 저장고를 만드는데 도움을 준다고 한다.

잡초가 없는 맨 땅은 딱딱해져 버리는데 쑥 더미로 뒤엉켜 있는 곳을 뽑아보면 흙이 푸슬푸슬하다. 풀뿌리가 땅을 개량하는 효과가 있고 땅이 피복되어 습기도 보존되기 때문일 것이다. 땅을 갈면 물론 푸슬푸슬해진다. 옛날부터 농민들이 김을 매는 목적은 잡초 제거와 더불어 땅을 부드럽게 만들기 위해서이다. 그러나 이것은 일시적인 것으로 맨땅일 경우는 곧 굳어져 버린다.

무엇보다 잡초는 작물의 양식이 되는 퇴비의 재료이기도 하다.

밭 이외의 곳 잡초들

과수밭에는 잡초가 너무 크지 않는 한 그대로 두었더니 종류가 훨씬 다양해졌다. 쑥이 제일 많기는 하지만 그 외에도 다양한 야생화가 자라고 내가 이름을 모르는 야생초도 그득하다.

봄에는 키가 작은 놈들의 세상이고 여름이 되어 가면 키가 큰 놈들의 세상이 된다. 과수밭의 풀들은 그냥 두었다가 너무 자라면 예초기로 깎아 버리고는 했었다. 처음에는 아내가 나를 따라 다니며, 좋아하는 야생화를 자르면 안 된다고 일러 주고는 했다. 내 눈에는 똑 같은 꽃이건만 어느 꽃은 좋아하니 놓아두고 어느 것은 미우니 자르라는 구분이 모호하지만 그 잔소리를 따르려면 예초기로 구분하여 자르는 것은 무리이므로 낫을 사용하기도 했다. 그러는 사이에 징글맞게 수풀더미로 변해버리는 과수밭에 질려버려 어느 사이엔가 그런 잔소리가 없어졌다. 잡초의 왕국을 그런 식으로 관리하는 것은 무리라는 것을 깨달은 것이다.

한때는 예초기 대신에 낫으로 키가 큰 풀들만 잘라서 과수 밑에 놓기로 한 적도 있었다. 목적은 두 가지다. 과수 밑에 풀로 덮개를 함으로써 거름을 먹는 잡초가 나는 것을 방지하고, 키 큰 놈들을 줄여서 되도록 키 작은 놈들만 자라도록 하자는 거다. 논리는 그럴듯하지만 내 맘대로 되지는 않는다. 풀 덮개가 상당히 두껍지 않으면 이놈들이 곧 뚫고 올라온다. 어쨌든 과수밭은 잡초의 왕국이다. 결국 그냥 두었다가 잡초 키가 너무 커지면 예초기를 사용하여 깎고는 한다.

과수밭의 최종 승자는 이름도 모르는 허브가 차지할 것 같다. 키가 크지 않고 덩굴성인데 세력을 과수밭 전체로 뻗쳐가고 있는 중이다. 이놈들이 밭쪽으로 침범하여 뽑아 버리면 허브 향을 뿌려서 왠지 미안한 생각이 들고, 키가 낮으니 과수밭이 키 큰 잡초 밭으로 황량하게 되지 않도록 방지해 주는 구실도 한다.

아내가 밍초 이상으로 싫어하는 것이 한산덩굴인데 이놈들은 조금만 방치하면 주변의 관목들을 덮어버린다. 줄기에 가시들을 가지고 있어서 제거하기에도 성가신 놈들이다. 꽃은 알레르기의 원인도 된다고 하니 이놈들을 싫어하는 것은 이해가 간다. 가시가 있고 너무 잘 퍼져서 아내가 싫어하는 것에는 야생 딸기나무도 있는데, 개울둑에 너무 무성해져서 계속 제거했더니 이제는 물봉선이 자리를 잡았다. 꽃을 피우는 놈들이고 개울둑의 풀까지 말끔하게 유지할 생각은 없으므로 그대로 방치했더니 이제는 물봉선의 군락지가 되었다.

집 앞의 마당만은 잡초를 방지하자고 콩 자갈을 깔았었다. 한동안은 효과가 있는 듯했다. 그러나 어느 정도 시간이 지나자 이곳도 풀들이 자갈을 뚫고 올라오기 시작했다. 어느 사이에 민들레, 제비꽃, 씀바귀를 비롯한 괭이밥, 토끼풀 등이 자갈을 뚫고 나온다. 처음에 이놈들이 나타날 때는 신기하기도 하고, '시골마당 분위기 만드느라고 애쓰네' 하고 생각했다.

제일 기세가 좋은 것이 민들레다. 처음에 몇 그루만 피었을 때는 운치가 있어 좋았다. 그러다 다음해에 좀 너무 퍼진다 싶어 뽑아버리려니 아내가 꽃이 피면 꽃 좀 보고 뽑아버리자고 한다. 그것이 화근이었다. 꽃을 본다는 얘기는 꽃 한 송이만 남아도 씨를 온 마당에 흩뿌리는 결과를 초래한다. 마당은 온통 민들레 밭이 되어 버렸다. 이놈들은 봄에 제일 먼저 봄소식을 알려 주기는 하지만 그 후에도 시도 때도 없이 꽃을 피운다. 어쩌다가 한번 소탕작전을 하면 뽑아놓은 민들레가 한 더미 수북하게 된다. 몇 번은 나물로 무쳐먹어 보기도 했지만 지겨운 놈들이다.

"꽃을 본 뒤에 뽑아요."

초기에는 민들레 외에도, 다른 꽃을 보고도 아내가 자주하던 말이었는데 이제는 이 말이 쏙 들어가고 다른 말로 바뀌었다.

"조금만 예뻐해 주면 난리라니까."

유독 툇마루 밑에 나란히 나서 작은 꽃을 피우고는 햇빛을 보려고 밖으로 고개를 내미는 놈들이 있다. 꽃이 작기는 하지만 내가 좋아하는 패랭이를 닮아서 뽑히지 않고 호강하는 놈들인데, 어렵사리 이름이 끈끈이대나물이라는 것을 알아냈다. 줄기에 끈끈한 액이 있어 그런 이름을 얻었는데, 패랭이를 닮았다고 생각을 했더니 아니나 다를까 패랭이꽃과 같은 석죽과란다.

앞마당 가에 축대가 있는데, 초기에 축대 바로 위의 흙이 자꾸 쓸려 내려가서 흙 유실을 방지하려고 좁은 폭으로 잔디를 심었었다. 그런데 잡초도 아닌 이 잔디가 결국은 앞마당으로 조금씩 퍼지더니 잡초를 제압하고 최종 승자가 되었다. 남들은 마당 가꾼다고 잔디를 심고는 다른 풀을 뽑고 있던데, 우리 집은 거꾸로 되었다.

야생에서 제풀에 나는 잡초는 그 자체로 좋은 먹거리이기도 하다. 한여름에는 처리가 제일 골치 아픈 쑥도 봄철에는 뜯어서 요긴하게 활용하고 있다. 쑥을 데쳐서 방앗간에서 쑥 설기나 절편을 뽑아 나누어 먹는 게 연중행사가 되었다. 어디 쑥뿐이랴. 우리 집 주변에만 해도 밭에 나는 냉이, 비름나물을 비롯하여 밭 잡초로 알고 있는 온갖 풀과 주변의 각종 취나물, 씀바귀, 고들빼기, 민들레, 달래, 질경이, 활나물, 개망초, 모시대, 땅두릅 등 먹을 수 있는 것들이 많다.

참취, 머위, 곤드레, 참나물은 몇 포기를 외부에서 얻어다가 심었는데, 처음에는 잡초들 사이에서 기를 못 펴더니 몇 년 지나니까 자리를 잡고 조금씩 퍼지기 시작하여, 이제는 다른 잡초들과 공생하는 사이가 되었다.

집 주변에는 이름을 아는 야생화도 있지만 아직 이름도 모르는 야생화가 지천이다.

야생화가 되었건 나물이 되었건 장소에 따라 사람이 금지한 구역으로 들어오는 순간 천덕꾸러기 잡초로 전락한다.

텃 밭

옛날에는 제철이 되어야 먹을 수 있었던 농작물들이 요즈음은 계절에 관계없이 판매되고 있다. 그야말로 철모르는 시대가 되어버렸다. 이렇게 된 것은 영농기술의 발달로 시설재배를 하게 되었기 때문인데, 철모르는 사람, 철부지(不知), 철없는 사람이 어딘가 모자라듯이 이렇게 인공적으로 재배된 농작물은 어딘가 모자라는 먹거리가 아닐까 생각된다. 텃밭이나 해보려는 초보 농사꾼에게는 그러한 시설재배가 비용이나 기술적으로도 무리일뿐더러 바람직하지도 않다. 노지에서 햇볕을 듬뿍 받고 자연의 영양분을 흡수한 농작물이 건강하고, 그러한 생명력 넘치는 농작물을 제철에 먹는 것이 제격이다.

농가월령가가 무색해진 요즈음이지만 옛날부터 하던 대로 절을 헤아리며 농사를 짓는 것도 썩 괜찮은 짓이라는 게 내 생각이다.

3월: 밭 준비 하는 달

3월 초순이면 개구리가 놀라서 깨어난다는 경칩이지만 산골에서는 아직 추워서 땅이 얼어붙어 있으니 어림도 없는 소리다. 춘분이 되도록 눈이 내리거나, 땅이 풀리지 않을 때도 있다. 그래도 4월이 되면 어김없이 씨를 뿌려야 하니 3월 하순쯤 땅이 녹기를 기다려 밭 준비를 해야 한다.

농사 책으로 농사에 입문을 한 초보 농사꾼이라 초기에는 일단 책에 의존할 수밖에는 없었다. 책에는 농작물에 따라 좁은 이랑에 한 줄로 심는 것, 넓은 이랑에 두 줄로 심는 것, 넓은 이랑에 가로로 줄줄이 심는 것들이 소개되어 있지만, 주변의 밭들을 보면 대부분이 좁은 이랑에 한 줄로 심는다. 기계로 밭을 갈기 때문에 그렇게 하는 것이 편하기 때문이다. 삽과 호미로만 일을 해야 하는 나는 항상 넓은 이랑으로 만들어 놓고 매년 그대로 사용한다.

처음 이 땅을 차지하고 있던 잡초를 제거하고 난 후 봉착한 문제는 돌이었다. 자갈밭이라고 해도 지나치지 않을 정도로 밭은 큰 돌 작은 돌로 뒤덮여 있었다. 첫해에 힘들여 대부분 골라내었다고 생각했지만 매년 봄 밭을 일굴 때마다 계속 나온다.

두둑의 폭 100~120㎝, 고랑의 폭 30㎝정도면 무슨 작물을 심어도 문제될 것이 없다. 물 빠짐이 좋게 하기 위하여 고랑의 깊이도 30㎝정도로 한다. 장마 때 물이 고여 있으면 안 되므로 배수로를 잘 만든다.

이랑을 그대로 사용한다고는 하지만 할 일은 그래도 많다. 퇴비도 주어야 하고, 무너진 곳도 고쳐야 하고, 잡초도 제거해야 한다. 밭의 단골 잡초는 아직 싹도 나지 않는 시기지만 추위를 견디는 풀들이 이미 포진을 하고 있다. 우선 풀을 뽑는다. 그리고는 무너진 고랑을 파서 이랑을 북돋은 후 퇴비를 뿌리고 삽으로 차례차례 파면서 뒤집어엎는다. 삽으로 하니 깊이 갈아엎지는 못하는데, 어차피 영양분을 머금은 표토는 깊어 보아야 대부분 30㎝를 넘지 않는단다. 그리고 내가 기르는 농작물은 그 이상 뿌리를 내리는 놈도 없다.

이랑은 모두 열아홉 개이다. 여기에 이것저것 조금씩 심는데, 매년 각 이랑의 농작물별 배정표를 만들어 돌려가면서 심는다. 한곳에 매년 심으면 연작 피해가 있는 가지과 작물(고추, 토마토, 감자 등)을 돌려 심기 위해서도 그렇고, 연작 피해가 없더라도 작물 별로 흡수하는 영양분이 달라서 같은 작물을 계속 심으면 땅에 영양 불균형이 생긴다고 하니 돌려 심기를 하는 것이 좋을 듯해서이다.

조금씩 심기는 하지만 종류는 많아서 상추, 쑥갓, 아욱, 시금치, 대파, 열무, 봄배추, 고추, 가지, 피망, 토마토, 감자, 고구마, 옥수수, 메주콩, 강낭콩, 동부, 완두콩, 팥, 들깨, 참깨, 땅콩, 양파 등을 심는다. 그러다 보니 양적으로 필요한 것을 더 심으려면, 이중에 어떤 것은 생략하는 해도 있고, 채소들은 한 이랑에 여럿이 더부살이를 한다.

호박과 오이는 자투리땅에 맞배지붕 모양으로 구조물을 만들고 나일론 끈으로 얼기설기 망을 쳐서 덩굴을 올리도록 했고 토란은 젖은 땅을 좋아한다고 하여 연못 옆으로 이사를 갔다.

4월: 씨 뿌리는 달

산골은 4월 초까지도 서리가 오거나, 연못에 살얼음이 얼기도 하는데 날씨 보아가며 씨 뿌리는 날을 잡는다. 시작은 상추, 쑥갓을 비롯하여 아욱, 시금치, 봄배추, 열무, 대파, 옥수수, 강낭콩 등이 차지한다.

대강 4월초 이후에 뿌리면 자기들이 알아서 싹이 나올 조건이 되었을 때 나온다. 씨앗을 심을 때는 씨앗 두께의 3~4배로 흙을 덮으라고 한다. 잎을 먹는 채소들은 줄뿌림을 하는데 씨앗이 작아서 3~4배를 측정하는 것은 무리이고 뿌린 후 흙을 살짝만 덮어놓으면 된다. 싹이 잘 나오라고 부탁을 하면서 손으로 토닥토닥 두드려 눌러준다.

기온이 제대로 올라가주면 일주일 만에 싹이 나오지만 꽃샘추위라도 길어지면 싹이 나오는데 보름이상이 걸리기도 한다. 처음에는 정말로 싹이 나올 것인지 의심스러워 너무 많이 뿌려버리고는 했다. 어차피 줄뿌림을 하다 보면 조밀하게 뿌려지기 마련이지만 어린 싹일 때부터 일주일 간격으로 솎아 먹는다.

대파는 씨를 뿌린 후 옮겨 심으라는데, 우리는 그냥 제자리에 놓아두고 실파를 계속 솎아 먹는다. 가을까지 조금씩 솎다 보면 계속 커지므로 연중 먹을 수 있다.

그런데 옥수수나 콩 등 곡식류와 깨 등은 매년 씨를 남겼다가 다음해에 심지만 채소들은 종묘상에서 사다가 심는데 씨앗 봉투를 잘 들여다보면 대부분 원산지가 외국이다. 종자 산업이 대부분 대형 다국적 회사의 소유가 되어 있어서 그렇다. 이것들은 채종이 잘 안 된다. 이들 씨앗은 1대에는 강하지만 2대 이후에는 약하게 되어 있단다. 토종 씨앗들을 구할 수 있으면 좋으련만 텃밭 농사꾼으로서는 쉬운 일이 아니다. 아랫동네 농민들도 채종을 하는 것은 대파 외에는 없는 듯하다. 채소 씨앗을 받아보겠다고 몇 번 시도하다가 실패했지만, 어쨌거나 쑥갓은 씨앗을 받겠다고 끝까지 놓아두면 쑥갓 꽃으로 제법 근사한 꽃밭이 된다.

호박씨 심고, 옥수수, 강낭콩, 완두콩 등의 씨까지 뿌리고, 토란까지 심고 나면 4월에 씨로 심는 것은 끝이다.

5월: 모종 심고 물 주는 달

초보 농사꾼이 씨로 기르기 어려운 것들은 5월초쯤 모종으로 사다 심는다. 대표적인 것이 고추이고, 토마토, 가지, 피망, 오이 같은 것들이다.

초보 농사꾼이 우선 흉내내기 제일 좋은 것이 고추 농사다. 시골 어디에 가더라도 고추농사는 반드시 하고 있으니 남이 하는 대로 따라 하면 되는 것이다. 한 이랑만 심어도 여름 내내 우리식구가 먹을 풋고추를 따고, 붉은 고추를 계속해서 따내도 가을 늦게까지 붉은 고추를 달고 있는 모습이 여간 대견한 것이 아니었다. 고추 농사가 쉬운 것이 아니리고들 하는데, 주변의 고추 밭들이 탄저병으로 망가졌지만 유독 우리 밭은 건재한 것을 보고, 거봐라 농약을 안쳐도 잘 되지 않느냐고 내심 의기양양했다.

고구마도 순을 키우기가 어려우니 사다 심는다. 다른 모종도 마찬가지이지만 특히 고구마순은 비가 온 날 저녁에 심는 것이 제일 좋다. 4월에 곡우가 있기는 하지만, 그렇다고 때맞추어 비가 와 주는 것은 아니니 그럴 때는 물을 흠뻑 주고 심어야 한다. 그러나 아무리 물을 흠뻑 주어도 비 온 것에 비할 수는 없다. 그러니 하늘의 눈치를 보게 된다.

하늘을 살피는 것은 비뿐만이 아니고 기온의 변화도 잘 헤아려야 한다. 처음에는 부지런을 떤다고 4월에 시장에 모종이 보이기가 무섭게 사다 심었다. 그러면 보는 사람들이 한마디씩 한다.

"모종을 벌써 심으셨네."

나는 그것이 부지런하다고 칭찬하는 소리인 줄만 알았다. 칭찬의 소리가 아니라는 것은, 꽃샘추위가 심하던 해 냉해를 입은 모종들이 시들시들 죽어가는 것을 보고서야 알았다. 고구마와 오이는 열대성 지역의 출신인지 제일 먼저 문제가 생겼다. 죽지 않은 것들도 독감에 걸린 듯 비실비실하다가는 끝까지 활력을 되찾지 못한다. 이후로는 모종심기는 일단 5월초까지 기다린 이후에 날씨를 보게 되었다.

4월에 씨로 심은 것들은 자기들 나름대로 싹이 나올 조건이 되어야 나오고, 비가 오지 않더라도 자기 기량에 따라 자라지만, 모종으로 심은 것들은 비가 오지 않으면 비실비실 시들어가니 물을 주어야 한다. 특히 고구마 순은 뿌리도 안 내린 줄기를 그대로 심어야 하므로 심은 후에도 뿌리를 내리기까지는 비가 오지 않으면 계속 물을 주어야 한다.

씨로 뿌린 것이나, 모종으로 심은 것이나 5월이 막 자라기 시작하는 달인데, 문제는 잡초도 자라기 시작하는 달이라는 거다. 그러니 힘 드는 밭매기도 5월에 시작된다. 그 고달픔을 달래주는 것은 조밀하게 난 것을 솎아먹는 채소들이다. 아직 어린 상추도 연하고 좋지만, 내게는 조금 쌉소름한 열무김치가 일미다. 다른 채소들은 아직 솎아 먹지만, 봄배추, 열무, 시금치는 5월 하순이면 뽑는다. 봄배추와 열무는 벌레 먹은 구멍이 숭숭 뚫리게 마련이다. TV에서는 초보 농사꾼들이 농약을 안친 증거라고 자랑하지만 나는 벌레잡기를 게을리 했다는 증거라고 생각하고, 아내는 나더러 유기농 방제 방법을 배울 생각을 안 한다고 나무란다.

새삼 느끼는 것은 농사일의 보람보다 생명체의 경이로움이다. 땅콩을 처음 심었을 때는 심은 후 언제 싹이 나오려나 아무리 기다려도 소식이 없다. 가지고 있는 농사 책에 땅콩이 소개되어 있지 않아 무엇이 잘못되었는지 알 길도 없다. 엉터리 농사꾼은 할 수 없는 모양이라고 거의 포기할 즈음 5월이 넘어서야 이놈들이 흙더미를 밀고 올라오고 있었다.

꼭 화산이 터지듯이 땅이 솟고 갈라지면서 싹이 나온다. 그 연약한 싹에서 어떻게 그런 힘이 나오는지 경이로울 뿐이다. 사실은 더 놀라운 것이 줄뿌림 하는 채소들이다. 콩 종류는 어느 정도 알이 크기라도 하지만 깨알 같은 채소 씨앗들은 너무 조밀하게 뿌리는 경향이 있어서인지 줄 전체가 지진이 난 듯, 한 줄로 갈라지면서 싹이 나온다.

나중에 인터넷을 뒤지다가 땅콩 농사법을 발견했는데 아마도 너무 일찍 심었던 것 같다. 아직 나올 때가 아니라고 느긋하게 기다렸다가 때가 돼야 나오는 것이다. 그런데 땅콩은 땅속에 있으므로 전에는 당연히 뿌리에 달려 있겠거니 하고 생각했는데, 심고 보니 뿌리에 달리는 것이 아니고 꽃이 진 후 씨방자루가 밑으로 자라서 땅을 파고 들어가 땅콩이 자란다. 땅콩을 낙화생(落花生)이라고도 하는데 그 이유를 알겠다. 아무것도 모르는 주인 밑에서도 충실하게 결실을 맺어주는구나 싶어 감탄했다.

늦게 심기는 참깨도 마찬가지여서 5월에 심는다.

6월: 감자 캐는 달

이것저것 채소 수확이 한창인 달이다. 상추, 쑥갓, 아욱 같은 채소와 풋고추, 애호박, 오이, 가지 등이다. 봄배추나 열무와 달리 상추, 쑥갓, 아욱 등은 계속 딸 수 있으니 고마운 놈들이다. 제일 대견한 것이 호박이다. 다른 채소들이 끝물이 되어도 호박만은 서리가 내릴 때까지 계속 열린다.

심어본 것 중에 제일 게으른 놈은 토란이다. 4월 중순에 심으라기에 때맞추어 심어 놓았는데 다른 것들은 다 싹이 나와도 녀석은 나올 생각을 안 하고 있다가 거의 포기하여 잡초 밭이 된 후인 6월이 돼서야 싹을 삐죽이 내밀기 시작한다. 처음에는 잡초 뿌리가 엉켜 있어서 나머지 싹들이 헤치고 나올 수 있을지 걱정되어 풀을 뽑는다고 올라오는 싹들을 망가뜨리고는 했는데, 이제는 잡초 제거는 일찌감치 해두고 5월 하순이 되면 잡초가 나건 말건 느긋하게 기다리는 지혜가 생겼다.

하지만 이것도 결국은 더 늦게 심으면 될 것을 일찍 심어 놓고는 늦게 나온다고 끌탕을 한 셈이다.

6월 수확의 백미는 감자다. 감자는 꽃이 피면 따준다. 열매를 먹는 것이 아니므로 필요 없는 곳에 양분을 소모하지 말라는 의미다. 첫 번 심었던 때는 문제가 없었는데 다음 해에는 종류를 알 수 없는 작은 애벌레들이 잔뜩 끼어 잎을 갉아 먹는 바람에 생장이 왕성하지 못하고 잎이 누렇게 변했다. 감자는 하지 전후에 수확한다고 하지만 이곳은 늦어서 7월 초에 수확하게 되는데 잎이 빨리 시들어 그 전에 수확해보니 수확량이 전 해의 반으로 줄었다. 알고 보니 원인은 무당벌레다. 무당벌레는 진딧물을 잡아먹는 익충이라고 알고 있었는데 진딧물을 먹는 것과 잎을 먹는 것은 종이 다른가 보다.

다음 해부터는 시간 날 때마다 감자 밭을 순찰하여 무당벌레와 잎 밑에 슬어놓은 알을 잡는다. 알의 수색을 놓치면 애벌레가 되는데 애벌레를 잡으려면 일이 더 커진다. 어미들은 가까이 다가가면 잡히지 않으려고 또르르 굴러 떨어져서는 죽은 체를 한다. 바람이 불어서 잎이 흔들려도 잘 붙어있던 놈들이다. 기온이 높아지기 전인 이른 아침에는 움직임이 굼떠서 잡기에 좋다. 알은 눈에 잘 안 띄게 잎 밑에 슬어놓으므로 일일이 뒤집어 보아야 한다.

세 이랑을 심으면 일부 나누어 주고도 두 식구가 일 년 내내 먹는다. 단일 작물을 대량으로 기르는 전문 농가에서는 병충해로 망쳐버리면 얼마나 속이 상할지 짐작이 간다. 다품종을 혼작하는 것은 대량 피해를 방지하기 위해서도 지혜로운 농사이고 손으로 벌레를 잡더라도 관리가 가능한 것이 텃밭의 덕목이기도 하다.

콩 종류로는 메주콩이 심는 시기가 가장 늦어서 아랫동네 농민들에게 물어보면 6월 중순쯤 심으란다. 책을 보면 콩이 비료도 안 들고 기르기 쉬운 작물이라기에 처음부터 심었었다. 과연 처음에는 별 문제없이 수확이 되었었는데 해가 갈수록 문제들이 생겨서 수확이 신통치는 않다.

7월: 장마에 잡초 자라는 달

감자를 캘 즈음이면 장마가 시작된다. 장마라고 해도 7월 내내 비만 오는 것은 아니니, 비가 오다 햇볕이 나다 하면 작물들이 한창 왕성하게 자란다. 애호박, 오이, 가지를 계속 수확할 수 있고, 풋고추를 좋아하면서도 매운 것을 잘 못 먹는 아내는 아삭이 고추를 몇 포기 따로 심는데, 끼니때마다 밭에 나가 아삭이 몇 개를 따오면 입맛 돋우는 데는 그만이다. 상추는 너무 왕성하게 자라서 계속 따서 남 주기도 쉬운 일이 아니다. 너무 왕성하게 자라다 보니 대가 점점 올라와 7월 중순이 지나면 벌써 끝물이 된다. 계속 따먹던 쑥갓과 아욱도 끝물이다.

콩 종류로는 완두콩이 제일 빨라서 7월 초순이면 수확한다. 처음 완두콩을 심어 놓고는 포기에서 콩이 달리는지, 덩굴이 뻗는 것인지 알 수 없어 지켜보았더니, 덩굴손이 나온다. 지주를 세우고 끈을 엮어 주었더니 잡고 올라간다.

콩 종류에서 매년 잘 되는 것이 강낭콩이다. 심어만 놓으면 왕성하게 자라서 7월이면 수확한다. 콩이 너무 많이 열리다 보니 무게를 못 견디고 장마에 땅이 물러지면 쓰러져 버린다. 별 도리 없이 고추처럼 지주를 세우고 끈으로 묶어준다. 잠시만 방치하면 장맛비에 젖어 여문 강낭콩들은 상하거나 싹이 나와 버린다.

처음에는 땅에 쓰러져서 비를 맞고 싹이 나 버렸으므로, 지주를 세워주면 괜찮을 줄 알았는데 지주에 묶어 주어도 비를 맞으면 마찬가지였다. 그러니 여문 것들은 비가 오기 전에 따 주어야 한다. 강낭콩을 제대로 수확하는데 2년이 걸린 셈이다. 노지에 밭을 하려면 항상 하늘과 주위의 자연 상태를 살펴봐야 한다.

7월 중순이면 토마토도 수확이 시작된다. 토마토도 처음 심을 때는 시행착오를 거쳤다. 눈 동냥 귀 동냥으로 지주를 세우고 묶어 준 것 까지는 좋았는데 가지가 너무 많이 뻗어서 감당할 수 없을 지경이 되었다.

"가지 사이의 새순을 따 주어야 돼요."

지나가던 아랫동네 기주 할아버지가 시범을 보여준다. 다음해에는 초기부터 겨드랑이의 새순을 따 주었더니 외줄기로 자라서 전문 농사꾼이 보더라도 괜찮은 토마토 밭이 되었다.

밭에서 바로 딴 토마토의 싱싱함이란! 토마토는 잎이나 줄기를 건드리면 토마토 자체보다도 더 짙은 싱그러운 냄새가 난다. 대낮의 땡볕을 피하여 해질녘 밭에서 일을 하고 있으면 모기가 극성맞게 덤빈다. 이럴 때 토마토 가지를 옷섶에 꽂고 있으면 모기들이 덤비지 않는다. 효과를 확실하게 하려면 토마토 잎을 얼굴에 문지르면 더 좋다. 토마토의 싱그러운 냄새는 적을 쫓기 위한 방어 수단인 것이다.

7월이 장마와 햇볕으로 농작물이 가장 왕성하게 자라는 달이기는 하지만, 문제는 그러한 좋은 조건이 잡초도 왕성하게 키운다는데 있다. 잡초의 성장이 항상 농작물의 성장을 앞지르니, 7월은 부지런히 밭을 매주어야 하는 힘든 달이기도 하다.

8월: 김장 심는 달

여름의 정취를 느낄 수 있는 옥수수는 심는 시기에 따라 7월 하순부터 8월에 걸쳐서 딴다. 그런데 옥수수도 단골 훼방꾼 까치가 노리는 것 중에 하나다. 옥수수를 까치가 자꾸 파먹어서 나로서는 머리를 짜내어 투명 비닐을 씌워 놓았다. 그랬더니 기주 할아버지가 또 한 수 가르쳐 준다. 그렇게 하면 습기가 차서 잘 여물지 않으니 일회용 컵을 씌워 놓으라는 거다. 그 이후 우리 집 옥수수이삭들은 일회용 컵을 하나씩 쓰고 있다.

콩과 작물인 동부가 덩굴이 있는지도 모르고 심었더니 덩굴이 자라서 지주를 세워주어야 하는지 망설이고 있는데 덩굴에는 콩이 안 달리니 잘라버리라고 명쾌하게 가르쳐준 분도 기주 할아버지이다. 동부는 덩굴이 자라기 전의 본 줄기만으로도 꼬투리가 달리고 지주가 없으면 덩굴끼리 꼬여서 덩굴에서는 꼬투리가 달리지 않는다. 그래서 보통 밭이랑에 심을 때는 덩굴은 잘라버린다. 나중에 들은 바로는 덩굴성 동부가 따로 있기는 하단다.

8월에는 김장거리를 심는다. 두 식구 김장거리라야 돈으로 치면 얼마 안 되지만 그래도 내 손으로 배추와 무를 길러 김장을 담근다는 것이 특별한 재미이다. 8월 중하순에 대근무와 알타리는 씨앗을 뿌리고 배추는 모종을 사다 심는데 배추 때문에 해마다 아내한테 타박을 받는다.

감자 잎의 애벌레는 잎을 어느 정도 갉아 먹더라도 감자가 그런대로 달리는데 김장 배추의 벌레는 사람이 먹을 잎을 먹어버리니 문제다. 열심히 잡아도 배춧잎 여기저기에 구멍이 숭숭 뚫린다. 아내의 타박은 벌레가 먹는다는 것보다도 속이 알차게 박히지도 않을 뿐더러 질기다는데 있다. 나는 산골이라 일조량이 부족한 탓이라고 강변한다. 어느 정도 맞는 말인지도 모르겠다. 일조량을 더 받기 위하여 좀 더 일찍 심고부터는 속이 좀 들기는 했던 것이다.

8월 중순이면 배추모종을 팔기 시작하는데 시장에 나오자마자 사다 심는다. 파는 것만큼 연하지 않은 것은 그대로이지만 자연에 가깝게 자란 것이 생명력이 있고 몸에 좋은 것이라고 위로한다. 김장에 쓸 쪽파도 이때 심는다.

김장거리에서 빼놓을 수 없는 것이 고추다. 8월이면 붉은 고추를 따기 시작하는데, 고추는 기르는 것보다 말리는 것이 더 어렵다. 대량으로 고추를 수확하는 농민들은 기계로 쪄서 말리는데, 태양초를 만든다고 햇볕에 말리다 보면 상하기 일쑤다.

9월: 가을걷이 여무는 달

이제는 왕성하게 자라는 시기를 지나 여무는 달이다. 이 시기가 되면 잡초의 기세도 한풀 꺾여 자주 밭을 맬 일도 없다. 추수를 기다리는 일만 남았다. 텃밭의 미덕을 생각해본다. 배추벌레를 손으로 잡아준다거나 비에 무른 땅으로 인해 쓰러진 작물의 포기들을 일으켜 세워 준다거나 하는 것은 작은 텃밭이기에 가능한 일이다. 경제 단위를 지향하는 큰 밭이라면 불가능한 일이다. 그런 농사에서는 작물이 병이 나거나 재해를 입으면 생계에 위협을 받는다. 돈을 걱정할 필요가 없는 작은 텃밭은 축복이다. 한 놈 한 놈 포기마다 보살피다 보면 일대 일의 생명체로서 대화가 가능하고 한 식구처럼 느껴진다.

농작물은 주인의 발자국 소리를 듣고 자란다는 말이 있는데 이 말은 맞는 말인 것 같다. 어떤 이는 식물의 정령들과 통신을 한다는 기록도 있기는 하지만, 최소한 계속 관찰함으로써 그들에게 무엇이 필요한지 자연스럽게 깨우치게 된다. 깨우치는 것도 한두 번의 실패를 거친 후의 일이기는 하지만 말이다.

참깨를 처음 심고는 들깨처럼 여물 때를 기다리고 있다가, 빨리 베지 않고 무얼 하느냐고 근처 농민에게 책망을 들었다. 들깨도 10월 추수 때는 깨가 쏟아지지 않도록 조심해야 하지만 참깨는 특히 여물면 모두 쏟아져 버리므로 8월말이나 9월초 꼬투리가 한두 개 여물기 시작하면 베어서 유실되지 않도록 깔개 위에서 말리거나 세워서 말려야 한다.

도시에서는 비가 오면 옷이 젖는 것이 귀찮을 뿐이지만 그래도 농사꾼이랍시고 가물다가 비가 오면 그렇게 반가울 수가 없다. 사람이 주는 물과 다르게 비를 맞고 있는 농작물은 생기가 있어 보인다. 옛날에는 비가 온다고 하지 않고 비가 오신다고 했다. 그러다가도 비가 너무 많이 오면 또 걱정이다. 시골에서는 비가 많이 오면 채소가 녹는다고 한다. 처음에는 그것이 무슨 뜻인지 몰랐는데 진짜 채소가 녹아버린다! 8월에 심은 김장배추가 계속되는 비로 반은 녹아버린 적도 있다.

10월: 추수의 달

고구마는 심고 나서 뿌리가 내릴 때까지는 보살펴 주어야 하지만 그 이후는 수확할 때까지 신경을 쓸 일이 없다.

고구마는 씨앗으로 번식하는 것이 아니고 고구마에서 나온 순으로 번식하기 때문에 꽃을 피울 필요가 없다. 그래서 보통 꽃이 피지 않는데 고구마 꽃을 보는 행운이 있었다. 전문 농사꾼도 보기 어렵다는 꽃인데다 마침 식구들이 모두 모였던 터라 일생에 한번 보기 힘든 것이니 구경하라고 집합을 시켰다.

고구마에 꽃이 피는 것인지 아닌지 알지도 못하는 손주들에게야 신기할 것도 없겠지만 말이다. 그래도 땅에서 고구마를 캐는 것은 신기한 모양이다. 고구마는 캘 때 상처를 내면 보관할 때 상해 버리니 절대 상처를 내지 말고 캐보라고 했더니 유적 발굴하듯이 소심조심 흙을 긁어서 하나씩 뽑아낸다.

텃밭의 덕목은, 작은 넓이로도 풍요로움을 제공해 준다는 것 외에도, 자라는 아이들에게 무엇보다도 가치 있는 학습효과가 있다.

도시의 아이들은 채소나 곡식이나 모든 먹을거리는 슈퍼에서 돈을 지불하면 입수된다는 것만 보며 자란다. 모든 먹을거리는 냉장고에서 나온다고 한 아이도 있다고 한다. 이 이야기는 우스갯소리로 한 것이 아니고 어떤 지인이 자기 아들이 그랬다고 내게 직접 들려준 이야기다.

먹을거리가 슈퍼에서 오건, 냉장고에서 오건, 그것이 원래는 밭에서 자라는 생명체임을 보는 것만으로도 훌륭한 공부가 되는 것이다.

고구마를 보관할 때는 상처를 내지 않는 것도 중요하지만 추위에 약해 얼지 않도록 해야 한다. 창고에 한 상자를 두었다가 썩힌 쓰라림을 당한 후부터는 겨울이 되기 전에 아파트로 옮겨둔다. 옛날 시골에서는 으레 방 한 쪽을 고구마 자루가 차지했던 것이 생각나는데 당해보고야 그 이유를 깨달은 것이다.

땅콩, 토란도 캐고, 들깨도 털어 타작한다. 여름내 계속 조금씩 따서 말리던 고추도 이제는 끝물이다. 호박도 첫서리가 내리면 잎이 하루아침에 시들어 버리는데 늙은 호박을 챙겨 놓아야 한다.

가을걷이는 농작물뿐만이 아니고 부산물도 있다. 고구마 줄기를 말리고, 토란대도 껍질을 까서 말리고, 고춧잎도 데쳐 말린다.

11월: 마무리 하는 달

11월이면 배추, 무를 뽑아서 김장을 하는 것이 가장 큰 행사다.

무는 잘못해서 수확 시기를 놓쳐 얼어버리면 못쓰게 되므로, 날씨에 각별히 신경을 쓴다. 큰 행사라고 해야 두 식구 먹을 김장이니 양이 많은 것도 아니고, 내 역할이래야 뽑는 것 이외는 채칼로 무채 만드는 정도이고 나머지는 아내의 몫이다.

얼어버릴 염려가 없는 메주콩의 타작이 마지막 순서다. 바싹 마를 때까지 세워서 말려 두었다가 터는데, 마르는 동안 얼마간은 꿩의 몫이다.

농사일이라는 게 1년 단위로 이루어지므로 한번 망치면 원인을 따져보고 다음해에나 다시 시도해 보아야 한다. 일생 동안 농사를 지어 보아야 기껏 수십 번의 경험으로 끝난다. 따라서 대대로 내려오는 농민의 경험은 소중하다.

그러나 다시 생각해 보면 농사가 수십 번 밖에 기회가 없는 것이 아니고, 수십 번씩이나 다시 해볼 기회가 있는 것이다. 인생은 오직 한 번의 기회로 끝난다.

콩 타작이 끝나면 12월부터 2월까지는 농한기가 된다. 작은 텃밭에 농한기라는 것이 무슨 의미가 있을까 생각되기도 하지만 어쨌든 노동을 쉬는 농한기가 있다는 것은 예로부터 농민들에게는 고마운 일이었을 게다. 텃밭이라고 할지라도 농사철에는 오래 비워놓으면 황폐해질 정도로 사람 손을 필요로 하므로 봄부터 가을까지는 되도록 자리를 지키고 있는 터라, 농한기는 장기간 다른 일을 할 수 있는 기회이기도 하다. 굳이 어디를 가지 않더라도, 하릴없이 난로 피워놓고 고구마나 구워먹는 여유로움이란! 텃밭이라도 농한기가 고맙기만 할 뿐이다.

농사를 시작하고 나서 달라진 것 한 가지. 옛날에는 가차 없이 버렸을 법한 모양 없고 벌레 먹은 작물도 버리지 않고 소중하게 먹게 되었다는 것이다. 내 손으로 돌봐준 작물의 맛은 무엇보다도 좋다. 그것은 같은 양을 시장에서 샀을 때의 경제 가치로 대비할 수 있는 것이 아니다. 무엇과도 바꿀 수 없는 보람과 거기에 더하여 시골의 정취와 풍성함을 덤으로 얻을 수 있다. 아마도 자기가 먹는 작물은 스스로 길러서 먹어야 한다는 법이 생긴다면 음식물 쓰레기의 양이 현재의 십 분의 일로 줄어들 것이다.

옛날에 먹거리가 일상생활의 중요한 요소였던 시절에는 손수 기른 농작물의 가치가 상대적으로 높았었을 터인데 산업이 발달하고 모든 것이 경제 가치로 환산되는 요즈음, 농작물도 대량 생산되는 공산품처럼 되다 보니 가치가 떨어져 버렸다.

상품에 따라서는 오로지 손으로만 만든 수제품이 명품으로 비싸게 팔리기도 하지만 몸과 호미로만 만들어낸 농작물을 명품농작물로 알아주는 경우는 없다. 오히려 생산라인에서 생산된 것 같은 규격품을 좋아한다.

아랫마을의 오이를 키우는 비닐하우스에는 모든 오이들이 플라스틱 케이스 속에 들어있다. 모두 똑같은 모양을 만들기 위한 방법인데 그런 오이들에 길들여진 소비자들에게는 우리 집의 꼬부라진 오이는 불량품일 따름이다. 결국 내 작품은 나만이 명품으로 알아주는 셈인데, 그러면 됐지 더 바랄 것이 무엇이랴.

과 수

공짜 과수

과수는 땅을 구입할 당시에 이미 심어져 있었으므로 공짜로 얻은 셈이다. 전 주인이 휴경지를 모면하고자 과수묘목을 심었던 듯한데 과수묘목보다 잡초가 더 컸으니 휴경지로 판정되었을 것이다. 과수는 복숭아나무 수십 그루와 배나무 댓 그루였는데 밭을 일구고 집을 짓는 과정에서 천덕꾸러기로 쫓기어 이사를 다니다가 겨우 정착을 했다.

전 주인은 과수묘목 외에도 나에게 간접적으로 두 가지를 가르쳐 주었다. 우선 밭농사를 안 하더라도 유실수를 심으면 휴경지를 모면할 수 있다는 발상이다. 당연한 상식이지만 그런 것에 대하여는 전혀 문외한이었던 나는 농지의 일부를 과수 묘목으로 유지함으로써 밭농사의 노동력을 줄일 수 있게 된 것이다. 물론 과수도 전문으로 하면 손이 많이 가는 일이겠지만 초보 농사꾼에게는 일단 방치해 두어도 저절로 크므로 일거리가 줄어든 것이다. 결과적으로는 수확물의 다양화에도 일조를 한 셈이다.

또 한 가지는 개울 상류에 남아있던 PVC호스의 잔재로 보아 개울 상류에서 물을 끌어올 수 있다는 발상이다. 묘목에 물을 주려고 물을 끌어왔던 것 같은데 중력의 법칙으로 보면 당연한 원리이지만 개울에서 밭으로 물이 오려면 호스가 낮은 개울에서 그보다 높은 언덕을 넘어와야 하므로 간단히 되는 것은 아니다.

호스의 출구가 입구보다 낮기만 하면 중간이 높더라도 중력의 법칙에 의하여 물이 흐르도록 되어있고, 거꾸로 입구나 출구보다 중간이 낮더라도 출구가 입구보다 낮기만 하면 역시 흐르도록 되어있다. 로마시대의 대형 수로공사에서도 이러한 원리는 이미 사용되었다니 과학적으로 어려운 문제는 아니지만, 호스로 언덕을 넘어서 물을 공급하려면 최초에 호스에 물을 채울 방법이 있어야 한다. 나는 먼저 주인이 이 문제를 어떻게 해결했는지 의문이다.

지금은 지하수 펌프를 설치했으므로 펌프의 수도꼭지에 개울 상류에서 온 호스의 출구를 연결하여 물을 채워 넣으면 된다. 우리가 지하수를 파기 전에는 그런 시설이 없었으므로 처음에 호스에 물을 채우려면 연구가 필요한 것이다. 전 주인의 머리가 비상하거나, 아니면 내 머리가 미련해서 별것 아닌 기술을 치켜세우는 것일 수도 있지만 어느 쪽인지 모르겠다.

초기에는 작은 묘목이었으므로 복숭아 따먹을 기대는 하지도 않았었는데 몇 년이 지나자 봄이 되면 복사꽃으로 화원 구실을 해주더니 복숭아가 열리기 시작했다. 복숭아가 열리기 시작하자 방치만 할 수는 없어서 나름대로는 관리방법을 배워 보지만 결과는 신통치 않다. 전지도 해보고, 퇴비도 주고, 복숭아가 열리면 열심히 솎아 주는데, 우선 문제는 마음속에 욕심이 숨어 있는 탓인지 항상 덜 솎아져서 너무 많이 열린다. 가지가 무거워 땅에 닿을 정도로 처져서 부러지는가 하면 초기에는 나무 전체가 쓰러지기도 했다. 덜 솎아서 그런지 크기도 작다. 체면 차릴 것 없는 만만한 친지는 노골적으로 비평을 한다.

"근처에 있는 과수원 견학 좀 해보세요. 거기는 복숭아가 주먹보다도 더 큰데 이게 뭡니까?"

"지가 안 크는 걸 내가 어쩌냐?"

"퇴비도 듬뿍듬뿍 주고 농약도 치고 하면 왜 안 큰대요?"

"……."

몇 년의 경험으로 솎는 요령은 생겨서, 복숭아의 크기는 어느 정도 커졌지만 그것으로 문제가 해결된 것이 아니고 진짜 문제는 대부분이 벌레가 먹거나 상한다는데 있다. 보는 사람마다 하는 이야기가 농약을 안치려거든 복숭아 따먹을 생각은 하지도 말라는 거다. 들은풍월로 목초액도 쳐보고 현미식초도 뿌려보고 EM도 뿌려보지만 그 정도로는 안 되는 모양이다. 복숭아가 익을 때쯤 되면 온갖 벌레들이 와서 잔치를 벌인다. 벌은 꽃에서 꿀이나 채취하는 줄 알고 있었는데 벌까지 가세하여 복숭아를 파먹는다.

그나마 좀 나은 것들을 골라서 남들에게 주다 보면 우리 차지는 벌레 먹거나 상한 것이 된다. 그것도 처치가 곤란할 정도이니 더 상하기 전에 아내가 성한 부분만 칼로 발라내어 주스를 만들거나 잼을 만들거나 냉동 보관한다.

그런데 사실 복숭아는 벌레 먹거나 일부가 상한 것이 더 맛이 좋다. 아니면 맛이 좋은 것을 벌레가 먹는 것인지도 모를 일이다. 제일 좋은 방법이 과도를 들고 복숭아나무 밑으로 가서 상한 것을 따서 발라 먹고 버리는 것인데, 문제는 이렇게 먹을 수 있는 기간이 불과 며칠밖에 되지 않을뿐더러 다 먹을 수도 없다는데 있다.

몇 년 전인가 아내가 울타리콩이라는 걸 얻어 와서는 심어보자고 한다. 이름으로 보아서 울타리를 타고 올라가는 덩굴성 콩인 듯싶은데 울타리도 없는 집이니 올릴 데가 마땅치 않아 복숭아나무 밑에 세 알씩 심었다. 과연 덩굴이 복숭아나무를 타고 올라가더니 꽃은 안 피고 덩굴만 무성하여 모든 복숭아나무를 뒤덮어 버렸다. 뒤늦게 추석 때나 되어서 꽃을 피우기 시작하더니 모든 복숭아나무에 울타리콩이 주렁주렁 달렸다. '복숭아나무 살려' 하는 비명이 들리는 듯하다. 울타리콩으로 인한 복숭아나무의 수난은 일 년으로 끝나기는 했지만 덩굴 때문에 몇 개의 가지는 부러지고 부상을 당했다.

사실은 복숭아나무의 수난은 그 다음에도 계속 이어졌다. 울타리콩은 다른 곳에 자리를 마련했는데 이번에는 과수밭 여기저기 심어 놓은 호박덩굴이 복숭아나무를 타고 올라간다. 올라간 덩굴이 보이는 대로 내려주기는 했지만, 잠시만 한눈을 팔고 있으면 다시 타고 올라가 호박이 달린다. 호박덩굴은 덩굴손이 닿기만 하면 아무 곳이든 왕성하게 타고 올라간다. 그리고는 서리가 내릴 때까지 끊임없이 호박이 열린다. 호박까지 매단 덩굴은 울타리콩 정도의 무게가 아니므로 더 큰 곤욕을 치러야 한다.

그래도 어쨌든 복숭아는 맛볼 수 있도록 열려주기는 하는데 배나무는 돌배같이 작은놈 몇 개가 열렸다가는 떨어질 뿐이다. 여름이 되면 벌레가 잔뜩 붙어 잎을 갉아먹기도 하고, 잎이 병들어 반 이상은 시들어 떨어진다. 심한 해에는 가을이 오기도 전에 잎이 모두 떨어져 병충해를 이기지 못하고 결국 죽었다고 생각했는데, 가을에 잎이 새로 돋아나고 꽃도 다시 피웠다. 저 나름대로는 최선을 다하기 위하여 안간힘을 하고 있다.

나도 전문 농사꾼이 아니더라도 할 만큼은 해보자는 생각에 열심히 벌레도 잡아주고, 현미식초도 쳐보고, 목초액도 뿌려서, 그나마 최근에 가장 성공적이었던 것이 배 수십 개를 계란만 하게 키운 것이었는데, 태풍에 모두 떨어지고 말았다.

언젠가는 배 맛을 보여주겠지 하고 기대를 하다가 실망을 하고는 하지만, 결국 농약 없이 배 맛을 보기는 힘들다는 것을 증명한 셈이다. 따지고 보면 과수들을 이렇게 병약하도록 만들어 놓은 것은 인간일 것이다. 야생에서 강인하게 제 나름대로 살던 놈들을 인간이 먹기 좋은 과일을 생산한다는 구실 아래 결국 농약 없이는 키울 수 없는 나무를 만들어 놓은 것이다. 일본의 기무라 아키노리(木村 秋則)는 농약 없이 사과를 키워 보겠다고 10년간 벌레를 잡고 고생하여 불가능하다던 무 농약 사과재배의 기적을 이루어 화제가 된 전례가 있기는 하지만, 아마추어가 할 수 있는 일은 아닌 것 같다. 여기는 잡초 천국임과 더불어 벌레 천국이다.

다른 나무들

처음 과수 묘목을 배치할 때는 크게 자랐을 때의 간격을 가늠하지 못하고 촘촘히 심었다가, 점차 커가면서 솎아낼 수밖에 없이 되었지만 이왕 솎는 김에 좀 더 솎아내고 다른 것도 심어보자는 욕심에 여기 저기 빈자리를 비집고 수종이 계속 늘어간다. 자리가 모자라면 배나무, 복숭아나무가 퇴출 된다. 매년 봄이면 나무 욕심에 종류별로 한두 그루씩 심은 것이 유실수의 종류를 늘려간다.

우선 떠오른 생각이 옛날 시골마을에 여기저기 심어져 있던 앵두나무, 자두나무, 살구나무 등의 풍경이다. 옛날에 울안에 있는 한두 그루의 과수에 농약을 치지는 않았을 터이니, 이런 토종 유실수는 농약 없이도 달릴 수 있지 않을까 하고 생각한 것이다. 그러나 앵두나무는 그런대로 성공했는데 살구나무는 비실비실 죽어 버렸고, 자두는 두 그루가 크기는 제대로 컸는데 이놈들도 벌레 때문에 아직도 자두 맛을 못보고 있다.

감나무는 추운 곳에서는 잘 안 되는 놈이라 겨울마다 감싸주고 살려 놓아서 키는 컸는데 특별히 추웠던 해의 겨울을 못 넘기고 결국 죽었다.

대추나무는 두 그루가 살아남기는 했는데 복숭아나무 사이에서 크지를 못하고 몇 년간 고전하고 있다가 근래에 기운을 차리더니 대추가 열리기 시작했다.

밤나무는 복숭아보다 늦게 들어온 후배인데도 제일 끝 개울가에 두 그루가 자라 거목이 되었다. 수확이 별로 좋지 않은 우리 집 유실 수 중에 그나마 밤나무는 수년 전부터 밤을 잔뜩 주울 수 있는 즐거움을 선사 한다. 높이도 11m는 되어 거구를 뽐낸다. 굳이 11m라고 밝히는 이유는 하도 잘 크니 신기해서 재어 보았기 때문이다.

재어 보았다고 해서 나무타기도 잘 못하는 내가 자를 들고 밤나무에 올라갔다는 이야기는 아니고, 기하학이라는 것이 생기기도 전인 옛날, 인류가 세상 이치를 깨우치기 시작할 때 터득한 방법을 쓰면 쉽게 측정할 수 있다. 해가 뜬 날 막대기를 수직으로 세워 막대기 길이와 그림자 길이를 측정한 후, 밤나무의 그림자 길이를 측정하고 막대기와 그림자의 비율로 대비해 보면 밤나무의 높이를 알 수 있는 것이다.

벌레 천국에 밤에도 벌레가 없을 수는 없는데, 그대로 보관을 하면 밤벌레가 계속 잔치를 벌이지만, 근래에 밤벌레 죽이는 방법을 배웠다. 주운 후 하루 동안 물에 담가놓으면 된다. 그렇게 하면 벌레는 확실하게 죽는데, 장기간 보관하면 상하는 것들이 생긴다. 상하지 않도록 하는 확실한 방법은 껍질을 까서 냉동실에 보관했다가 밥할 때 조금씩 두어 먹으면 된다.

밤나무 꽃은 우리 밭의 복숭아나 매화처럼 화려하지는 않지만,

향기는 제일 짙다. 옛날에는 밤에 마당에 피우는 모깃불의 재료로 쓰였다. 그런데 오른쪽 밤나무의 꽃이 항상 먼저 핀다. 오른쪽 밤나무의 꽃이 시들 때가 되어야 왼쪽 밤나무는 꽃을 피운다. 밤송이도 오른쪽 나무는 알밤으로 먼저 떨어지는데, 왼쪽 나무는 오른쪽이 다 떨어지고 나서 송이 째 떨어진다. 낙엽도 오른쪽은 가을에 다 떨어지고 왼쪽은 봄까지 달고 있다가, 새 잎이 나올 때에야 겨우 잎을 떨군다. 그런데 이건 게을러서 그런 것이 아니고 겨울눈의 추위를 막아주기 위한 목적이라고 한다.

수확의 양으로 본다면, 이제 와서는 매실이 제일 대견한 놈이다. 농약을 안 치고도 그런대로 수확이 가능하다는 것을 본 후에는 나무의 수도 늘어 이제는 수확량이 제법 된다. 아마도 이놈은 야생성이 아직은 남아있는 모양이다. 매년 매실청도 담그고 매실주도 담그고 일본식 매실장아찌인 우메보시(梅干)도 담근다. 우메보시에 재료로 쓰이는 차조기 씨도 구해다 기른다.

블루베리는 마디게 자라 몇 년 걸려서 겨우 첫 열매를 맺었는데, 처음 보는 열매에 개미가 열광을 했는지 개미떼가 몰려와 잔치를 벌인다. 맛도 좋고 수확에는 문제가 없으니 점점 그루 수가 늘어난다.

그러는 사이에 배나무는 모두 퇴출되었고, 복숭아나무도 계속 퇴출 중인데 마지막 신입생은 모과나무다. 우리 집 농토 반 정도에 각종 유실수가 동거를 하고 있는데, 과수원이라고 부르기는 좀 남우세스러우니 우리 집에선 과수밭이라고 부른다.

어차피 우리 집 과수라는 게 과일을 생산하는 나무라기보다는 봄에 꽃을 피워주는 우리 집 화원의 일부이고, 정원의 구성원이다. 나무는 아무리 욕심을 부려도 갑자기 자라주는 것이 아닌 터라 몇 년 후 자랐을 때의 모양을 상상하면서 구색을 갖춰 심어 놓고 끈질기게 기다리는 수밖에 없다. 과일이 실하고 많이 달리도록 하는 기술은 좀 더 배울 생각도 안하고 방치해 놓고 있지만 꽃도 감상하고 제철에 이것저것 맛이나 볼 수 있으면 됐지 그 이상 무엇을 바라랴.

복숭아나무 이야기가 한 가지 더 남아있다. 예로부터 집안에는 복숭아나무를 심으면 안 된다는 이야기가 전해온다. 친구 이야기에 의하면 복사꽃 향기에 집안의 규수가 바람이 나기 때문이라고 한다. 그런데 내가 전에 들은 이야기는 다르다. 귀신이 복숭아나무를 무서워하기 때문에 제삿날이 되어도 조상님들이 제삿밥을 먹으러 못 온다는 것이다. 나는 이 이야기가 신빙성이 있다고 믿는다. 어렸을 때 동네에서 굿 구경을 한 일이 있는데, 무당이 귀신들린 사람으로부터 귀신을 쫓아준다고 복숭아나무 가지를 꺾어서 두드렸던 것이다.

어쨌거나 나는 그동안 주위에 여기가 바로 무릉도원이라고 여러 번 자랑하곤 했는데, 앞으로도 그 이야기를 하려면 복숭아나무를 모두 퇴출시키지는 못할 것 같다.

퇴 비

농사를 지으려면 당연히 거름을 주어야 한다. 요즈음의 소위 관행농법은 화학비료를 사용한다. 관행농법이 언제부터의 농법을 말하는지는 모르겠으되 조선시대에도 당연히 화학비료는 없었지만 내가 어렸을 때 보았던 농촌에서도 아마도 모두 가난한 때라 그것을 살 돈이 없어서 그랬는지 화학비료는 사용하지 않았고 모두들 퇴비를 사용했다. 그렇게 보면 원래의 관행이 요즈음 이야기하는 유기농법이고, 화학비료를 사용하는 농법이 근래에 개발된 농법일 터인데, 요즈음은 근래에 개발된 농법을 관행농법이라고 부른다.

어쨌거나 관행농법이 좋으냐 유기농법이 좋으냐는 이론을 떠나서, 나는 어렸을 때 보았던 농사방법이 표준적인 것으로 생각되어 그것이 자연스럽다고 생각해 왔다. 그래서 당연히 화학비료는 사용하지 말고 퇴비를 사용해야 한다고 생각했지만, 경황없이 시작한 텃밭농사에 퇴비까지 만드는 것은 무리여서 처음에는 퇴비를 사다가 썼다. 요즈음은 전문 농민들도, 소나 돼지 등 가축을 기르는 경우는 분뇨를 거름으로 사용하지만, 퇴비를 직접 만드는 경우는 드물다. 아랫동네 농민들도 퇴비를 사다가 쓴다.

이 정도면 되겠지 싶을 만큼 퇴비를 뿌리고 정성껏 흙과 섞어서 농작물을 심었는데도 나중에 보면 다른 곳의 밭들은 농작물의 색깔이 짙고 무성하게 자라는데 우리 밭의 이파리들은 엷고 가냘프다. 화학비료를 안 쓰는 것도 주변사람들의 구설수에 오른다. 비료는 농작물에 필요한 영양분을 공급하는 것인데 무엇이 해로우냐고 정색을 하고 따지면 초보 농사꾼으로서 대답이 궁하다. 퇴비를 아낀다고 거의 맨땅에 옥수수를 심어서 색깔이 엷고 비리비리한 옥수수를 보더니 아랫동네 농민이 지나가다가 조언을 해 준다.

"금비를 줘야 돼요."

"옥수수는 비료를 많이 먹어서 복합비료를 줘야 쑥쑥 자라요."

내 반응이 시원치 않자 안쓰러워서 못 배기겠는지 쓰다 남은 거라며 복합비료를 조금 가져다준다.

"뿌리에 닿지 않도록 한 숟갈씩 주세요."

갖다 주는 것까지 안 쓸 수는 없어서 시키는 대로 했더니 과연 점점 잎 색깔이 짙어지고 왕성하게 자란다. 근대 농업생산성의 괄목할만한 성장에는 화학비료와 농약이 큰 역할을 했다는 것이 이해가 간다.

우리 작물의 문제점을 아내가 지적하면 나는 항상 비료문제는 제쳐놓고 일조량 부족 때문이라고 단정했었다. 텃밭의 양쪽에 동산이 막혀 있어서 해가 늦게 뜨고 일찍 진다. 옥수수의 예로도 그것이 일조량만의 문제가 아니라는 것이 탄로났지만, 호박도 한여름이 되면 벌써 잎 색깔이 누렇게 되는 것을 보면 거름 부족이라는 것이 확실하다. 화학비료는 안 쓰더라도 퇴비의 양을 늘려야겠다는 생각은 든다. 옛날 시골에서 보던 호박 구덩이에는 인분을 듬뿍 주던 것이 이해가 간다.

똥 타령

옛날 농민들은 똥 오줌을 소중히 여기고 거름으로 사용했다. 집집마다 잿간이 있었다. 징검다리 같은 발 받침 위에서 볼일을 보고는 잿더미 위에 삽으로 똥을 던져 놓았다가 거름으로 사용했고, 오줌은 따로 통에 받아서 거름으로 사용했다.

이와는 별도로 집집마다 퇴비장이 있었다. 우리 집은 농사를 짓지 않았지만 뒷간 냄새와 퇴비냄새를 거부감 없이 받아들였고 그것을 당연한 것으로 여겼다. 그 시절에는 도시의 뒷간도 재래식이었고 한참 후 분뇨수거 차량이 생기기까지는 도시의 분뇨도 변두리의 농민들이 수거해 가서 거름으로 썼다.

그 시절에는 똥이 우리 생활과 가까이 있었고 누구나 그것을 당연히 받아들였다. 오죽하면 한국전쟁시절 미군들이 제일 두려워했던 것이 아무데나 방치되어있던 똥이었다고 한다. 산야에서 포복을 하다가 눈앞에 똥을 만나면 기겁을 했다고 한다.

수세식 화장실이 생기면서부터 우리네 환경이 위생적으로 변모하기 시작했다. 역사적으로 수세식 화장실이 생긴 배경은 길거리 아무데서나 용변을 보고 집안에서 본 용변은 집 밖의 길에다 마구 버렸던 중세 유럽의 문화와 관계가 있다고 한다. 위생적으로 심각한 사회문제를 해결해준 것이 수세식 화장실의 발명이었다.

그러나 이는 어디까지나 서양식 문화의 기준이고, 우리는 일찍이 분뇨를 거름으로 사용해 왔다. 수세식 화장실의 도입으로 당장 우리 주변 환경은 깨끗해졌겠지만 분뇨를 처리하기 위하여 많은 물을 낭비하고 또 오염된 하수를 정화하느라 얼마나 많은 비용을 지불하고 있는가.

세계 인구의 40퍼센트는 물 부족에 시달리고 있다고 한다. 통계에 의하면 한 사람이 수세식 변기로 하루에 흘려보내는 물이 100리터 정도라고 하니, 우리 집만 하더라도 하루 200리터 이상의 귀한 지하수를 순전히 분뇨 처리를 위해 사용하고 있는 셈이다.

물 낭비도 문제지만 우리 집의 경우는 이를 퍼 올리기 위하여 자동펌프에 전기를 사용하고 오수합병정화조에 공기를 불어넣기 위하여 또 전기를 사용한다. 이렇게 자원을 낭비해서 깨끗이 처리가 된다면 모르지만 정화과정을 거치더라도 이는 어디까지나 법적인 수치 이하로 희석 시킬 뿐이지 오염이 완전히 해결되는 것도 아니라고 한다.

이러한 수세식 화장실의 폐해를 지적하는 목소리들이 근래에는 심심치 않게 들리지만 그렇다고 대안이 뭐냐고 하면 나도 해답은 모르겠다. 땅으로 되돌려 거름으로 사용하자는 것이 대안이라지만 이것도 시골에서나 가능한 일이지 도시에서야 어찌 처리를 하겠는가.

획기적인 발명품이었던 수세식 변기도 처음부터 쉽게 채용된 것은 아니었다고 한다. 이를 뒷받침 할 하수도 시스템이 없으면 무용지물이었으므로 대규모 토목공사를 한 뒤에야 정착할 수 있었던 것이다. 따라서 분뇨를 흘려보내지 않고 자가 발효시킬 수 있는 변기가 있어도 도시에서 오늘날의 수세식처럼 불편 없이 처리할 수 있는 시스템이 없다면 사용하는 사람이 없을 것이다.

근래에는 뜻 있는 농민들이 재래식 뒷간을 지어서 똥 오줌을 거름으로 사용하자는 운동도 있기는 하다. 땅에서 나온 것을 땅으로 되돌린다는 순환논리로 볼 때 바람직한 일이라고 생각한다.

모든 식물과 동물은 땅에서 나와서 땅으로 돌아간다. 식물은 땅의 영양분을 흡수하지만 죽어서는 스스로 그 땅의 영양분이 된다. 식물을 먹이로 삼는 초식 동물들은 배설물과 자신의 시체를 땅으로 되돌려 준다. 육식동물 역시 땅에서 얻은 것을 그대로 땅으로 돌려줌으로써 순환을 이룬다. 똥을 땅으로 되돌려 주어야 한다는 논리는 새로운 이론이 아니고 당연한 것이다. 이에 반해 그냥 물에 흘려보낸다는 서양식 발상이 부자연스러운 것이 아닐 수 없다.

집 지을 때 덜컥 만들어놓은 수세식 화장실은 할 수 없다고 치고, 별도로 뒷간이라도 하나 만들어 거름으로 사용하면 어떨까 싶어 관련 책까지 한 권 샀다.

이쯤에서 고백하지 않을 수 없는 것이, 뒷간 하나 만들었다면 스스로 가상하다고 생각할 터인데 막상 내가 해보자니 용기가 안 난다. 수세식 화장실에 길들여진 것이 아무리 따져보아도 지금까지 내 일생 중 후반의 짧은 기간인데도 이미 벗어나기 힘들 만큼 체질화되어 버렸다. 잘못된 현대문화라고 스스로 꼬집으면서도 탈피를 못하고 있는 것이다.

나름대로 변명은 있다. 내가 결심을 하고 뒷간을 사용한다 해도 나 혼자만이 가능할 뿐이지 다른 사람들에게 사용하도록 설득할 자신이 없다. 수세식시설이 불가능한 더 깊은 산골로 들어가지 않는 한 텃밭이나 가꾸는 아마추어에게는 무리인 것 같다. 일단 결심이 될 때까지 보류하기로 했다. 대신에 뒤꼍 굴뚝 밑에 오줌통은 놓기로 했다. 재를 담아 놓으면 냄새도 안나니 나중에 거름으로 쓰면 되는데 여러 명의 친구들이 왔을 때는 꽤 유용하다.

어쩌면 수세식 화장실의 환경문제를 우려하는 똥 타령이 사치인지도 모르겠다. 아무데서나 용변을 보던 중세의 유럽문화는 일찍이 사라졌지만, 아직도 전 세계적으로는 전체 인구의 40퍼센트인 26억 명이 수세식 화장실은커녕 집 밖에 공중변소도 갖고 있지 않다고 한다.

이들은 아무데서나 배변을 하므로 음식과 식수를 오염시키고, 세계 질병의 80퍼센트가 이러한 배설물에서 비롯되고, 후진국에서는 이로 인한 설사병으로 해마다 220만 명이 목숨을 잃는다고 한다. 우리나라도 내가 어렸을 때는 분뇨를 거름으로 사용하는 과정에서 회충을 비롯한 기생충을 대부분의 사람들이 가지고 있었고, 그러한 상태에서 벗어난 게 불과 얼마 되지 않는 터에 여태까지 사돈 남말한 건지도 모르겠다.

퇴비 만들기

화학비료도 안 쓰고 똥거름도 못 만들겠다면 퇴비를 쓸 수밖에는 없다. 그런데 퇴비가격도 만만치 않다.

농업지원정책의 일환으로 주변의 농민들에게는 퇴비를 싸게 공급하는 것 같고, 농사철이 되면 트럭으로 수 백포씩 갖다 쌓아 놓고 쓰지만, 아직 농민 자격이 없다고 생각하는 나는 한 번에 대여섯 포씩 사다가 썼다.

쇠똥이 거름으로 좋다고 하지만 문제점도 있는 듯하다. 퇴비를 주고 얼마 지나고 보면 잡초가 소복하게 나는 것으로 보아 아마도 소가 먹었던 풀씨가 발아되는 것 같다. 나는 그렇게 믿고 있는데 가끔 우리 밭의 잡초를 보고 참견을 하는 기주 할아버지의 견해는 다르다. 언젠가 밭에 소복하게 난 바랭이 싹들을 보고, 내가 변명 삼아 말했다.

"이거 쇠똥의 퇴비에서 섞여온 것 같은데요."

대뜸 응답이 돌아온다.

"나도 옛날에는 소 기를 때 바랭이를 먹였지만, 요새 누가 풀을 먹여요? 다 사료 먹이지."

하긴 내가 퇴비공장의 재료를 조사해 본 적도 없거니와 구경조차 해본 적이 없으니 답변이 궁하다.

비료 가운데 보통 사다 쓰는 퇴비는 질소분이 주성분이다. 질소는 잎줄기가 자라는데 필요한 성분으로 잎을 먹는 채소의 경우는 이것만으로도 되겠지만 열매를 맺는 작물의 경우는 인산, 칼륨이 필요하므로 이 퇴비만 가지고는 부족한 것 같다.

그래서 주변의 농민들은 퇴비를 쓰고도 복합비료를 추가로 주는 것 같고, 비료가 별로 필요 없다고 농사 책에 기술되어 있는 콩도 비료가 따로 있어서 그것을 사다 쓴다.

나는 화학비료를 안 쓰기로 했으니 필요한 경우는 인산, 칼륨이 강화된 퇴비를 사다가 썼다. 값이 일반 퇴비보다 훨씬 비싼데 가게 주인은 일반퇴비 다섯 포의 성능이 있으니 비싼 것이 아니라고 한다. 아무리 그래도 그렇지 열 평 이내의 텃밭이라면 모를까, 그 비싼 퇴비를 밭 전체에 뿌릴 수는 없어 몇 포만 사서 애지중지하는 토마토 등 열매작물의 웃거름용으로만 사용했다.

퇴비를 사는 값도 줄여볼 겸, 일단 퇴비를 만들어 보기로 했다. 원래의 밭이 돌투성이라 매년 밭을 정리할 때마다 돌을 골라내고 있는데 이 돌들로 대강 담을 쌓아 퇴비장을 삼았다.

퇴비를 만들겠다고 결심한 것까지는 좋았는데 문외한이 만들다 보니 몇 번의 시행착오를 거쳐야 했다. 농사 책에 보면 퇴비 만드는 방법이 대동소이 하게 기술되어 있다. 공통적으로 소개되어 있는 재료가 음식물 찌꺼기와 더불어 볏짚, 깻묵, 쌀겨 등인데 이런 재료도 주위에서 쉽게 구할 수 있는 것은 아니다.

옛날 시골에서의 기억으로는 풀을 한 짐씩 베어다 퇴비장에 넣는 것을 보았던 터라 밭 주변에서 여름내 뽑았던 풀을 쌓고 그 사이사이에 음식물 찌꺼기를 넣었다. 양이 꽤 쌓였기에 방수포를 덮고 겨울을 지난 후 봄에 열어 보니 발효가 덜되어 밭에 주고 씨를 뿌리기에는 너무 거칠다. 할 수없이 과수 밑에 묻어 주고 밭에는 퇴비를 사다가 썼다.

좀 더 자료를 뒤져 보았다. 이론적으로는 퇴비를 만들 때 질소대비 탄소비율이 중요하다느니, 퇴비의 발효과정은 고분자 구조를 토양에 좋은 저분자 구조로 분해하는 것이라느니 설명하지만, 옛날 농민들이 그런 이론을 알고 퇴비를 만들었던 것은 아니다. 초보 농사꾼도 알 수 있는 것은 퇴비의 색깔이 검은 색으로 변하고, 헤쳐 보았을 때 김이 날 정도로 열이 나면 성공한 것이다.

앞서의 실패 원인은 아마도 탄소질 재료인 풀에 비하여 질소질 재료인 음식물 찌꺼기가 부족하여 발효가 덜 되었던 것 같다. 한편 제대로 된 퇴비를 얻으려면 수분을 맞추는 것도 중요한데 음식물찌꺼기 등의 질소질이 많으면 빨리 발효되기는 하지만 수분이 많아서 공기가 제대로 통하지 못해 발효가 되는 것이 아니고 부패가 된다.

부패되는 것은 혐기성(산소를 싫어하는 성질) 미생물에 의한 것으로 악취가 나는데 비하여 발효는 호기성(산소를 좋아하는 성질) 미생물에 의한 것으로 구수한 냄새가 난다. 수분이 많은 질소질 재료에 탄소질을 넣는 것은 질소질 대비 탄소질 비율을 맞추는 의미도 있지만 수분을 조절하고 통기성을 좋게 하는 의미도 있다.

어렸을 때 시골에서 보았던 퇴비장의 악취는 당연히 그런 것이라고 생각했었는데 지금 생각해 보니 퇴비더미에 덮개도 없어 빗물이 고여 부패되었던 것 같다. 따라서 제대로 발효시키려면 수분조절이 중요하므로 약간 축축할 정도로(수분 50%내외가 좋다고 한다) 맞추고 비를 맞지 않도록 덮어 두어야 한다.

거꾸로 너무 건조하다 싶으면 물을 뿌려준다. 흙을 섞는 것도 발효시키는데 도움이 되는 것 같다. 아마도 흙 속의 미생물이 퇴비를 발효시키는 역할을 할 것이다. 그리고 퇴비가 숨을 쉬도록 가끔 포크로 뒤집어줘 퇴비의 겉과 속을 바꾸어 주면 좋다.

두 번째에는 이런 것들에 좀 더 정성을 들였다. 탄소질의 재료는 주위에서 얻는 것만으로도 충분하다. 여름에 뽑거나 벤 풀만으로도 산더미처럼 쌓이고 풀이 없는 가을 이후는 주위에 널려있는 낙엽도 좋은 재료가 된다. 각종 농산물의 부산물도 훌륭한 재료가 된다.

뽑은 풀은 뿌리에 흙이 붙어있어 흙을 보충하는 효과도 있다. 문제는 질소질인데 음식물찌꺼기 만으로는 양이 부족하다. 인분이 제일 좋으나 여의치 않고, 아는 사람을 통하여 쇠똥을 얻어다 넣고 마침 한약 찌꺼기를 계속 얻을 수 있는 곳을 발견하여 꾸준히 넣었다. 양적으로 제법 많이 모였다.

뒤집어 주려고 덮개를 열어보면 김이 나고 뜨끈뜨끈 열이 난다. 제대로 발효되고 있다는 증거다. 일단 성공은 한 셈인데 완전히 발효되어 봄에 밑거름을 줄 때가 되니 부피가 많이 줄어 버렸다. 또 퇴비를 사다가 보충해야 했다.

질소 성분으로 좋다는 깻묵과 인산, 칼륨 성분으로 좋다는 쌀겨는 쉽게 구할 수 없다고 지레짐작하고 포기 했었는데 기름을 짜는 시골 방앗간에 가보니 깻묵이 항상 쌓여있고, 정미소에는 쌀겨가 항상 있었다. 전문 농민들이 보통은 퇴비를 사다가 쓰고 직접 만드는 경우가 많지 않아 이런 재료들이 내게까지 돌아온다. 깻묵과 쌀겨를 사려면 돈이 들어가는 것이 문제이긴 하지만, 양적으로 보면 퇴비를 직접 사는 것보다는 싼 셈이니 퇴비재료를 대량 확보하는 것은 해결된 셈이다.

그래서 우리 집 퇴비재료의 기본은 3년 만에 깻묵, 쌀겨, 음식찌꺼기, 주변의 마른풀과 흙으로 정착되었다. 흙은 따로 넣는 것은 아니지만 밭에서 뽑은 잡초의 뿌리에는 흙이 묻어 있으니 안성맞춤이다. 구들방에서 나오는 재도 있다. 퇴비장도 한 곳 더 늘렸다. 퇴비를 뒤집을 때에는 옆 퇴비장으로 옮기면 퇴비의 아래 위가 자연스럽게 뒤섞인다.

퇴비의 양이 확보되고 매년 퇴비를 밭에 넣으면서 조금씩 땅이 비옥해지는 것을 느낀다. 일조량을 탓하던 문제들이 자연스럽게 해결된 것이다. 거기에 우리 집 퇴비장은 호박밭의 구실을 겸한다. 퇴비장에 버렸던 호박씨에서 싹이 나오더니, 호박밭의 덩굴보다도 왕성하게 자라는 것을 본 후로는 봄에 퇴비를 밭에 준 후에는 아예 호박을 퇴비장에도 심기 시작한 것이다.

퇴비장의 구실이 한 가지 더 있다. 명아주 지팡이의 생산지이다. 예로부터 명아주로 만든 지팡이는 청려장(靑藜杖)이라고 하여 가볍고 좋아서, 임금님이 장수하는 노인들에게 하사할 정도로 귀하게 여겼다. 밭이나 주변에 나는 명아주가 지팡이가 될 정도로 클 수 있다는 게 믿기지 않아, 지팡이용의 명아주는 종자가 다른 것이라고 내심 생각하고 있었는데, 퇴비장에 우연히 난 명아주가 과연 사람 키만큼 큰 것이다. 제대로 지팡이를 만들려면 줄기를 삶아야 한다는데 긴 것을 넣을 만한 용기가 없어 삶지는 못했지만, 그대로도 쓸만한 지팡이는 되었다. 다용도 퇴비장이다.

그런데 이렇게 힘들게 터득한 대량 퇴비 만들기는 2~3년으로 끝났다. 농민들에게 지원하는 싼 가격의 퇴비를 나도 공급받을 수 있게 된 것이다. 그 후로도 음식물 찌꺼기 처리를 위한 소량의 퇴비 만들기는 계속되고 있지만, 굳이 돈 들여 깻묵과 쌀겨 사기를 단념한 것이다.

처음에는 지레짐작으로 이 작은 텃밭으로 내가 농민대열에 들어갈 자격은 없다고 생각하고 있었는데, 법적으로 농민임을 증명할 수 있는 것이 농지원부이고, 농지원부가 발급되는 최저농토가 1000㎡인데 우리 밭이 1000㎡를 약간 상회한다는 것을 알게 된 것이다. 그래서 나도 정식으로 퇴비를 지원받는 농민 대열에 들어가게 되었다.

농기구

사라지는 농기구

쟁기를 물린 소가 논밭을 가는 모습은 옛날 농촌의 대표적인 풍경이었다. 유일하게 소의 힘을 빌리는 이외에는 힘든 일이 모두 농사꾼 몫이었다. 어쩌다가 소로 논밭을 가는 풍경을 보게 되면 그렇게 반가울 수가 없다. 근래에는 소 대신 연료를 사용하는 농기계가 그 자리를 차지하게 되었다.

농기계를 사용함으로써 대규모 농사가 좀 더 편해진 것은 사실이지만 농약, 화학비료와 더불어 농기계 때문에 농업 원가가 상승한 것도 어쩔 수 없는 현실이다. 특히 농기계야말로 비싼 돈 들여 사놓고 1년에 며칠을 사용하는가를 따져보면 비용 대비 생산성 측면에서 대단히 비효율적이다. 대량생산을 지향하는 산업화의 수단들이 거꾸로 생산비용을 상승시키고 있는 것이다.

농사도 모르는 사람이 편한 소리한다고 하겠지만, 옛날에는 인력

이외에는 다른 비용이 들지 않았던 것이다. 혼자서 하거나, 혼자 하기 벅찬 일은 품앗이로 때웠다.

농기계 사용은 요즈음 농촌 현실로 보면 다른 대안이 있는 것도 아닐 게다. 농촌인구가 점점 줄어 이미 오래전에 우리나라 전체 인구의 10% 밑으로 줄어든 데다가 젊은 사람들은 모두 도시로 떠나고 노인들만 남아서 농사를 짓는 처지가 되어버려 작은 텃밭이라면 모를까 큰 농지를 농기계 없이 어떻게 감당할 것인가.

이제 소를 동원하던 논갈이는 로터리 기계로 바뀌었고 못줄을 대고 손으로 심던 모심기는 이앙기로 대치되었다. 넓은 논이라도 콤바인 한 대면 수확에서 탈곡까지 한나절에 끝내 버리지만 옛날식으로 한다면 일일이 낫으로 베어서 단을 묶고 세워놓아 며칠을 말린 뒤 지게로 운반하여 탈곡하는 과정이 보통 일이 아니었다.

어렸을 때 듣던 탈곡기의 '왱~왱~'거리는 소리와 마당에 콩, 팥 등을 널어놓고 '탁~탁~' 도리깨로 털던 소리는 농촌을 상징하는 소리로 기억 속에 남아 있다.

수동식 탈곡기는 나무로 된 원통에 굵은 철사를 U자형으로 여러 개 박아 놓은 것으로, 발로 밟아 돌리면서 거기에 볏단을 대어 벼를 털어내는 기계다. 탈곡기보다 좀 더 원시적인 것으로는 홀태가 있었다. 쇠로 만들어진 대형 머리 빗 모양인데 그곳에 볏단을 끼워 넣고 당기면 나락이 떨어진다.

탈곡기를 사용하건 홀태를 사용하건 탈곡은 거기서 끝나는 것이 아니고 벼에는 검불이 많이 섞여 있어 풍구로 바람을 일으켜 걸러

낸다. 풍구가 없을 때는 바람 불 때를 기다려야 했다. 풍구에는 이런 용도에 쓰는 대형 풍구가 있고, 풍로나 아궁이에 불을 피울 때 사용하는 소형 풍구가 있다.

이곳에 집을 짓고 초기에 구들방에 불을 땔 때는 불이 잘 들이지를 않아 선풍기까지 동원하다가 옛날에 쓰던 소형 풍구가 생각이 나서 서울시내 골동품상을 다 뒤져 어렵사리 구했지만 이내 고장이 나버려 이제는 골동품으로 남아있다.

모심기에서 탈곡까지를 사람 힘으로 하더라도 벼를 찧는 일은 방앗간을 이용했는데, 요즈음에는 가정용 정미기까지 보급이 되었다. 아마도 방앗간이 없던 더 옛날에는 절구로 찧어 먹었을 것이다. 좀 더 편한 기구라고 해봐야 디딜방아나 연자방아 정도였을 것이다. 우리 집에는 돌절구가 하나 있기는 한데, 인절미를 꼭 한번 해 먹은 후로는 휴직(?) 상태이다.

도리깨는 긴 장대 끝에 구멍을 뚫어 작은 막대를 끼우고, 작은 막대에는 회초리 모양의 가는 막대 두세 개를 묶어 회전하도록 되어 있는 기구로, 이것을 회전시키면서 내려쳐 콩이나 팥, 들깨 등을 깍지에서 털어내는 것이다. 이렇게 털어낸 곡식에는 검불과 돌이 섞여 있었다. 옛날 어머니들은 키질의 명수로 곡식을 키에 담아 까불러서 검불을 골라내었다.

옛날 쌀에는 왜 그리 돌이 많았던지, 밥을 하려면 조리를 물속에서 휘젓는 조리질로 쌀을 건져 올린 뒤 바가지로 쌀을 일어 돌을 골라내야 했다. 조리는 복조리의 형태로나마 아직도 눈에 띄기는 하지만 대부분의 농기구들은 박물관에나 가야 구경하게 되었다.

농기구 갖추기

첫해 텃밭농사는 삽과 호미만으로 시작했다. 삽과 호미는 밭일의 거의 모든 것을 할 수 있는 만능 기구다. 사실은 초기의 농사라는 것이 흉내일 뿐이었으므로 더 필요한 농기구도 없었다.

밭일에 만능으로 쓰이는 것이 호미인데, 내게는 전통적인 모양인 아래가 뾰족하고 비스듬한 삼각형모양의 호미보다, 뾰족한 모양이 양쪽으로 나있는 이등변 삼각형 모양의 양날 호미가 더 쓸모가 있다. 어린 잡초들을 아래 면으로 긁어서 처리하기가 더 쉽다. 요즈음은 호미 같은 농기구조차 중국산이 판을 친다. 싸기는 한데 약해서 텃밭을 가꾸는 정도로도 날이 달아버리는가 하면 밭에 돌을 캐내다가 부러지기도 한다.

튼튼한 국산을 찾아보고자 몇 군데 시골 철물점을 돌아보았지만 허사였다. 국산은 비싸서 장사가 안 된다고 한다. 미국에서 누군가가 중국산 상품을 안 쓰고 일 년을 살아보았는데 거의 생활이 안 될 정도였다니, 세상이 그렇게 변했다.

튼튼한 국산을 구하려면, 지금은 거의 없어진 대장간이라도 찾아보아야 할 모양이라고 생각하고 있었는데, 남쪽지방 여행 중에 시골 장에 갔다가 대장간을 발견했고, 거기서 내가 쓰고 있는 모양의 호미를 발견했다. 반가운 김에 얼른 하나 사기는 했는데 나중에 보니 쓰고 있던 중국산과 너무 닮았다. 그러고 보니, TV에서 어떤 대장간을 소개한 적이 있는데, 희미한 기억이지만 그때 보았던 호미의 모양은 좀 투박했던 것 같고, 값이 비싸기 때문에 싼 것을 찾는 손님을 위하여 중국산도 팔고 있다고 했던 것 같은 기억이 있는 것이다. 살 때, 진짜 그 대장간에서 만든 것인지 물어볼 걸.

집을 지은 다음해부터는 이왕 해보려면 제대로 해보자고 마음을 먹으니 농기구가 하나 둘씩 늘기 시작한다. 골을 파는 데는 삽보다 괭이가 편해서 괭이를 구입하게 되고, 밭을 만들다 보니 땅이 돌투성이라 삽과 괭이만 가지고는 큰 돌을 파내기가 힘들어 튼튼한 곡괭이를 구입했다. 곡괭이를 사기 전에는 삽으로 돌을 캐려다 삽자루를 두 개나 부러뜨렸다.

밭과 과수밭을 정리한 후 과수밭 쪽은 풀을 다 뽑는 것이 아니고 키가 컸을 때에만 깎기 위해 낫이 필요하게 되었다. 낫은 그 외에도 주변의 풀을 정리하거나 땔나무를 마련하기 위한 필수품이다.

이랑에 씨를 뿌리기 위하여 흙을 평평하게 고를 때에는 쇠스랑이 편리하다. 퇴비를 뒤집거나 퍼 나를 때에는 삽으로 안 되니 포크가 필요하게 된다.

퇴비 등을 나르거나 짐을 운반할 경우 제일 편한 것이 외바퀴 수레다. 밭고랑 등 아무데나 이동이 가능하므로 편리하다. 이와는 별도로 작은아들이 네 바퀴 수레를 가져 왔는데 외바퀴 수레에 비하여 안정되어 편하기는 하지만 움직일 수 있는 지역이 한정되어 있어서 효용성으로 보면 사치품이다. 손주들의 놀이기구로 몇 번 쓰이고는 잠을 자고 있다.

콩이나 들깨 타작은 도리깨가 없으니 두꺼운 깔개 위에 펴놓고 막대기로 두드린다. 수확량이 많아야 콩이 한 말 정도, 들깨가 몇 되 정도이지만 타작하는 날은 하루 종일 법석을 떤다. 그런데 두드리는 데는 빨래 방망이가 안성맞춤이다. 그래서 빨래방망이도 우리 집 농기구로 등록이 되었다.

타작 후의 키질은 장난감 같은 작은 키가 있기는 한데 키질이 서툴러서 차라리 손으로 골라내는 편이 빠르다. 아마도 타작에 들어가는 인건비로 콩 한 말과 들깨 몇 되 정도는 살 수 있을 게다.

구들방과 난로에 불을 때려면 나무가 있어야 하므로 톱과 도끼를 준비했다. 화목은 주위에 널려 있다. 구들방 아궁이용은 주변정리를 하기 위하여 낫으로 자른 잡목으로도 충분한데 난로용은 굵은 장작이라야 한다. 이곳은 산자락이므로 굵은 나무도 주위에 널려있다. 생나무를 자르면 안 되지만 쓰러진 나무나 간벌한 나무만 모아와도 충분할 정도다.

옛날에는 모두가 나무를 땔감으로 사용하여 산이 황폐했지만 주연료가 연탄시대를 거쳐 석유와 가스로 바뀌면서 이제는 깊은 산골이 아닌 한, 시골에서도 나무를 때는 집은 별로 없다. 꾸준한 조림사업으로 식목일이 의미가 없을 정도로 나무가 무성해져, 산자락에 사는 한, 땔감은 충분히 해결할 수 있게 되었다.

그렇기는 하지만 난로에 넣으려면 짧게 잘라야 한다. 전원생활을 소개하는 대표적인 풍경이 장작을 쪼개는 일인데, 사실 장작을 쪼개는 일은 재미로도 할 수 있는 가벼운 일이지만, 정작 힘드는 일은 자르는 일이다. 자르려면 톱을 사용해야 하는데 몇 개 자르고 나면 힘이 빠진다. 그래서 큰맘 먹고 엔진 톱을 구입했더니 땔감 준비가 훨씬 쉬워졌다.

사실은 풀 깎는 작업을 좀 더 효율적으로 하겠다고 낫 외에 예초기를 구입했었는데 예초기와 더불어 엔진 톱은 연료를 사용한다는 면에서 보면, 소위 '적정기술'을 사용하여 인력으로만 해결한다는 원칙에 위배되는 기기이고, 우리 집의 사치품인 셈이다. 그렇다고 해서 엔진 톱과 예초기를 포기할 생각은 없다.

환경을 생각하는 사람들은 '적정기술'만을 사용하여 살자는 것을 대단히 의미 있는 일로 여기는 것 같지만, 내가 무슨 힘으로 겨울에 땔 장작을 모두 톱으로 자를 것이며, 얼마 동안만 방치해도 기를 쓰고 자라는 우리 집 전체의 잡초를 낫으로 어떻게 다 처리할 것이며, 더 좋은 핑계는 벌초는 예초기 없이는 너무 힘들다는 거다. 그래서 절약할 수 있는 시간을 낭비하는 것이 단순하게 사는 현명한 방법은 아니고, '적정기술'도 경우에 따라 기준이 바뀌어야 하는 거라고 내가 정한 것이다.

옛날에는 시골에서 만능 운송수단으로 쓰이던 것이 지게였다. 어렸을 때 시골에서 보면 수확 농작물의 운반은 물론이고, 퇴비 재료인 풀이나 소에게 먹일 꼴 등을 지게로 날랐다. 그 시절은 연료가 나무밖에 없었으므로 농한기가 되면 지게를 지고 먼 산에 나무를 하러 다녔다. 지게에 산더미처럼 한 짐씩 나무를 지고 와 헛간에 쌓아 놓고 겨우내 땔감으로 썼고 더러는 읍내에 내다 팔기도 했다.

시골뿐이 아니고 도시의 차부(그 시절에는 버스 터미널을 그렇게 불렀다)에는 지게꾼들이 있어서 버스에서 내리는 사람들의 짐을 날라 주고 삯을 받았다.

그러던 것이 요즈음은 시골에서도 지게질 하는 사람을 보기 힘들게 되었다. 우리 집 뒷산에서부터 땔 나무를 운반해 오려면 외바퀴 수레로는 어려워 지게가 있으면 좋겠다고 생각을 했다. 그러나 요즈음 파는 지게들은 운치도 없이 금속 파이프로 만들어져 있다. 나무로 된 지게를 구하는 것이 쉽지 않아 차일피일하던 차에 마침 파는 곳을 알게 되었다. 반가운 김에 3만원 달라는 것을 아까운 줄도 모르고 덜컥 사버렸다.

집에 가지고 와서 보물을 구한 양 대견해 하며 감상을 하다가 어깨 끈을 만들어 달고, 지게를 받치는 작대기로 쓰기 좋은 재료를 찾아 자귀로 깎아 놓았다.

지게를 마련하기는 했지만 아직 쓸 일이 없다. 가까운 곳에 나무가 널려있어 굳이 지게를 사용할 이유가 없는 것이다. 직접 져본 것은 아직 한두 번 밖에는 없다. 그것도 지게질을 할 수 있는지 시험을 해 보기 위해서 뒷산에서 땔감을 날라본 것뿐이다. 옛날에 보았던 나무꾼들의 짐에 비하면 반의반도 안 될 양이건만 중심잡기가 쉬운 일이 아니다.

이렇게 해서 농기구 일습이 갖추어진 셈이다.

텃밭의 경제학

논농사를 5800평 짓고 있는 후배가 있다. 논의 넓이는 보통 마지기로 표현하는데, 한 마지기는 한 말의 씨앗을 뿌릴 정도의 땅이라는 뜻으로 200평쯤 된다. 그러니 후배의 논은 29마지기가 된다. 내가 어렸을 때 보았던 시골의 영세한 농사꾼 기준으로 보면 꽤 큰 논인 셈인데 혼자서 농사를 짓고 있다. 농기계는 빌려서 쓴다고 한다. 포클레인을 빌려 농지를 정리하고, 봄에는 로터리를 치고, 모심을 때는 이앙기를 빌리고, 추수 때는 콤바인을 빌리는데 사용료가 마지기당 기 만원씩 하니 기계 사용료만 수백만 원이 들어간다고 한다.

거기에 비료 값, 농약 값, 관정용 전기비용, 정미소 비용을 제하면 쌀 80가마를 수확해도 손에 들어오는 것은 800만 원 이하가 된다고 한다. 벌써 몇 년쯤 전에 들은 이야기이니 지금은 숫자가 조금 바뀌었을 수도 있지만 사정이 더 좋아졌을 가능성은 없을 것이다.

요즈음의 생활비 수준으로 볼 때, 이 정도로는 기본 생계비 충당도 어려울 것이다. 최근의 통계로 보면 농촌의 하위 20% 수익이 790만 원 정도라고 하니 농촌에서 수천 평 농사를 지어보아야 그 수준밖에는 안 된다. 그러니 농촌에서 생활이 되려면 땅부자이거나 수익이 되는 특수 작물이 아니면 안 되는 것이다.

옛날 농촌은 자기식구 먹을 양식 이상만 수확이 되면 풍성하게 느꼈고 남는 쌀을 내다 팔아서 생필품을 사왔다. 옛날이라면 풍성하게 느낄 만한 농사를 지어 놓고도 생활이 어려운 시대가 되어 버렸다.

원래 농업이 직업이라기보다는 기본적인 생계 수단이었고, 모든 동물들의 먹이활동과 마찬가지인 생명활동 그 자체였다. 그러던 것이 농업도 산업의 일부가 되어 돈을 만드는 수단이 되었고, 생산성을 중시하게 되었는데 생산성 측면으로 본다면 가장 비효율적인 산업으로 전락했다.

공업의 발달과 더불어 생성된 산업사회는 모든 사물의 가치척도를 돈이라는 괴물로 환산하게 되었고, 실제로 돈으로 생활의 모든 문제를 해결하게 되었다. 그러다 보니 어떤 산업이건 목표는 돈을 버는 일인데, 한정된 시간에 많은 돈을 벌려면 대량생산을 지향할 수밖에는 없다

화학비료와 농약이 개발되어 농업도 산업화되면서 획기적인 대량생산이 이루어졌다. 농작물의 영양분을 대량생산하고 잡초를 제거

하는 방법이 개발되자 먹이를 얻기 위한 기본 수단이었던 농업에도 공업의 생산개념이 도입되어 산업화된 것이다.

소위 관행농법의 배경에는 먹이를 얻기 위한 생명 활동이었던 농업에, 산업의 발달과 더불어 발생한 경영개념을 무리하게 적용하려는 시도가 한 몫을 했으리라고 본다. 농업기술의 발전으로 인한 증산에도 불구하고 농업이 비효율적인 산업으로 전락한 것은 농산물이 공장에서 텔레비전을 생산하듯이 무한정 생산성을 개선하여 양산할 수 있는 물품이 아니기 때문이다. 모든 농산물은 생명체이고 자기 스스로의 생명활동으로 자라고 열매를 맺는 개체이지 사람이 생산할 수 있는 물품이 아닌 것이다.

옥수수 한 포기에는 옥수수가 한 개 혹은 두 개가 열리는데 포기의 등치로 보아 일견 비효율적인 것 같지만, 생각해보면 한 개만 열린다고 하더라도 옥수수 한 알이 수백 개의 알로 불어난다. 이를 기업의 대차대조표(貸借對照表)로 표시한다면 일 년 사이에 자산이 수백 배 불어난 셈이다. 대차대조표는 어떤 시점의 자산의 상태를 나타낸다. 이는 다른 농작물도 마찬가지여서 씨앗에서부터 수확까지는 최소 수십 배에서 수백 배로 늘어난다.

어떠한 우량기업도 자산을 일 년 사이에 수십 배, 수백 배로 불릴 수 있는 기업은 없다. 먹이를 얻는 행위로 보면 무(無)에서 유(有)를 창조했다고 할 수 있을 정도로 경이로운 일인데, 기업의 핵심 관건인 손익계산서(損益計算書)로 보면 의미가 달라진다. 손익계산서는 일정기간에 발생한 매출과 비용에 의한 손익을 표시한다.

이익을 내려면 매출이 비용보다 커야 하는데 다른 산업에 비하여 매출 액수가 상대적으로 너무 적은 것이다.

농사과정의 모든 비용을 무시하더라도 문제는 인건비다. 인건비의 기준이라는 것이, 이익을 내려는 목표에 맞추어 인건비 비용을 최소화해야 하는 기업의 필요성과 노동으로 생계를 꾸려야 하는 노동자의 필요성의 균형으로 이루어진다. 다른 산업에서는 생산성의 증가로 인건비가 계속 상승되어 왔다. 그리고 그것이 상대적인 물가와의 균형으로 생활비의 기준이 되었다.

그러나 농업에서는 관행농법으로 생산성이 증가되었다고는 하지만 그것도 한계가 있어서 한 사람이 생산할 수 있는 생산량은 무한정 올라갈 수 있는 것은 아니다. 수천 평의 논농사를 지어 년 간 800만원의 수익이 된다고 하더라도 이는 본인의 인건비를 비용으로 계상(計上)하지 않은 것으로 직장생활을 할 때의 인건비를 감안한다면 적자인 셈이다. 손익계산서를 맞추는 방법은 사람 대신 기계를 사용하여 더 넓은 면적의 농사를 짓는 수밖에는 없다.

국제곡물가격에서 옥수수의 가격이 오르고 있다고 한다. 세계 옥수수 시장의 70퍼센트를 차지하는 미국에서 친환경 바이오 에너지인 에탄올로 전환되는 옥수수 비중이 높아졌기 때문이라고 한다. 지구 한편에서는 굶주리고 있는 상황에서 곡물로 연료를 만든다는 것이 바람직한 일은 아니라고 생각되지만, 그런 것을 논하려는 것이 아니고 가격이 오르더라도 우리나라에서 생산 가능한 가격은 아니라는 것이다. 끝이 보이지 않는 평야에서 기계로 작업하여 생산해낸 옥수수 가격을 포기마다 사람 손을 거친 옥수수 가격에 대비할 수는 없는 것이다.

한편의 시각으로는 현재 방법의 농업으로는 국제 경쟁력을 가질 수 없고 기업형의 대단위 농업이 아니면 안 된다는 논리가 있을 수 있다. 실제로도 논 2만평, 밭 2만평으로 쌀과 콩을 재배하여 1억의 수익을 올리고 있다는 예도 있고, 농촌에서의 수익도 상위 20%는 9천만 원 가까이 된다는 최근의 통계도 있기는 하다.

그러나 우리나라 같이 국토의 대부분이 산이 많아 오밀조밀하고 작은 땅 덩어리로 큰 나라의 대단위 농업방식은 적합하지 않다는 것이 문제이고, 땅값이 점점 오르다 보니 그 땅에서 농사를 짓는 것 보다는 땅을 파는 게 이득이 되는 곳도 많을 것이다.

시골 국도변에서 파는 찐 옥수수의 표준 판매가격은 오래전부터 세 개에 2000원이었다. 아마도 이것이 옥수수 판매가격으로는 최고가일 것이다. 이 가격으로도 예를 들어서 100만원을 벌고자 하면 1500개가 있어야 한다. 우리 밭에서 나오는 것이 150개라고 하면 국도변의 가격으로 10만원은 되는 셈인데 이번에는 판매 인건비가 문제다. 국도변에서 하루 종일 있어야 인건비가 나오려나. 찌지 않고 파는 날 옥수수는 찐 옥수수 가격의 반 정도 되는데, 판매비용 없이 대량으로 팔 수 있다면 괜찮은 가격이라고 생각되지만 내가 텃밭에서 애지중지 기른 것은 그 가격에도 아까워서 못 팔겠다.

결국 수익을 개선하는 길은 단위면적당 농작물의 생산량을 높이는 수밖에 없고, 그러자니 또 비용을 들여 시설재배를 하고 화학비료와 농약을 사용하는 악순환의 고리를 끊을 수 없다. 손익계산서를 중시하다 보면 인간에의 유해성이나 환경문제는 등한시할 수밖에 없다. 손익계산서에는 매출과 비용항목만 표시될 뿐, 이러한 문제들을 숫자로 표시하는 항목은 없기 때문이다.

환경문제를 접어둔다고 하더라도 생산자로서는 할 말이 많을 것이다. 농약을 안 치면 우선 농작물이 볼품이 없어지고 상품성이 떨어진다. 슈퍼마켓에 매끈한 농산품과 벌레 먹고 빈약한 모양의 농산품이 나란히 진열되어 있을 때 대부분의 소비자는 같은 값으로 볼품없는 쪽을 집어 들지는 않는다. 거기다가 농약을 안 치면 생산량도 떨어진다.

경제문제까지 포함한 대안이라는 것이 친환경 유기농산물을 생산하고 소비자가 이를 비싼 값에 사 주는 것이다. 현재 이러한 시스템이 일부 가동되고 있기도 하다. 그러나 확산이 쉽게 되지 않는 것을 보면 확실한 대안으로 정착되기는 아직 이른 것 같다. 소비자 입장에서 가계부의 손익계산서도 비용을 줄여야 하는 경제논리 때문이다. 이 손익계산서에도 역시 인간에의 유해성이나 환경문제 등을 표시하는 항목은 없다. 결국 언젠가는 더 큰 비용을 지출하지 않으면 잠재된 문제점이 치유될 수 없다는 인식이 필요하고 이러한 항목들이 반영된 새로운 방식의 손익계산서가 도입되어야 할 것이다.

전 국민에게 땅을 나누어주고 기본식량은 자급자족하라면 어떨까 하는 실없는 생각이 든다. 원시시대로부터 기본적인 먹이활동으로 획득하던 먹거리를 다른 상품과 같이 돈으로 환산해야 하는 불합리성이 사라질 것이고, 자기가 먹을 것이니 유해성 문제는 논란 이전에 스스로 개선하려고 노력할 것이다. 그에 따라 환경은 자연히 개선될 것이다.

모든 문제점들에도 불구하고 농업을 경제논리에서 떼어놓고 본다면 농업이야말로 경이로운 생산 활동이다. 농업으로 생계를 이어가야 하는 농민들에게는 어려운 일이지만 돈을 벌어야 할 목적이 배제된 텃밭이야말로 그것이 가능하고, 그것이 텃밭의 덕목인 것이다.

텃밭에서는 인건비를 따질 필요가 없고, 인건비를 배제하면 손익계산서도 흑자로 전환된다. 인건비 외의 원가라는 것이 씨앗, 모종, 퇴비 등이다. 채소의 씨앗은 한 봉투에 2000원 정도 하는데 텃밭에서는 보증 기간인 2년을 쓰고도 남는다. 씨앗을 자가 채종하는 것들은 그나마 원가가 없다.

모종은 씨앗보다는 비싼 편이지만, 예를 들면 우리 밭에 심는 고구마의 모종 값으로 만원 이내면 된다. 이것들에 비하면 퇴비재료나 퇴비 값으로 들어가는 비용이 더 많아서 모두 합하면 년간 영농비용이 18만 원 정도 된다.

생산되는 것들은 감자, 고구마, 깨, 배추, 무, 알타리, 고추, 파, 양파 등 양으로는 소꿉장난 정도지만 종류로는 그 외에도 상추, 쑥갓, 부추, 아욱, 시금치, 열무 등의 채소, 옥수수, 강낭콩, 동부, 울타리콩, 팥, 땅콩 등의 곡식류, 오이, 호박, 가지, 피망, 토마토, 토란, 도라지 그리고 과수밭에서 나오는 복숭아, 매실, 밤 등, 이것들을 시장가격으로 치면 아무리 적게 잡아도 원가의 몇 배는 될 것이니 괜찮은 이익률이다. 인건비를 제외함으로써 가능한 일이다. 아마도 이 정도의 이익률을 내는 기업이 흔치는 않으리라.

그러나 텃밭에서 얻을 수 있는 가치를 시장가격으로 대비할 수 있는 것은 아니다. 그것은 원시시대로부터 생명유지를 위한 먹이였고, 생명의 의미를 알게 해주는 매개체인 것이다.

어느 정도 경험이 생기자 이제는 텃밭이 몇 백 평 정도가 더 있어도 감당할 수 있겠다는 과욕이 생기기도 한다. 그러나 텃밭의 넓이는 너무 욕심을 부려도 문제가 된다. 천 평 정도를 가지고 있는 지인의 이야기에 의하면 힘에 부쳐 동네에서 농기계를 빌려서 쓴다고 한다. 하루 빌려서 쓰는데 10만원이 든다는데 그것을 보충하기 위하여 고추를 심어 내다 판다고 한다. 주객이 전도된 결과다. 식구가 먹을 채소를 조달하면서 생명의 의미를 느끼기에는 10평 정도라도 충분하다.

현재 우리나라는 쌀만은 남아 돌 정도로 풍족한데 식량자급률은 23퍼센트 밖에는 안 된다고 한다. 한 가정이나 한 지역이 모든 것을 자급할 수 없으니 필요한 것들을 매매하여 조달하듯이, 국가 간에도 필요한 것을 교역으로 조달하는 것이 당연한 논리이지만, 일부에서는 식량만큼은 자급해야 한다는 우려의 목소리도 있다.

현재 우리나라의 경지면적을 인구수로 나누면 국민 1인당 약 100평 남짓 된다. 우리 집 두 식구로 보면, 우리 밭이 300여 평은 되니 평균이상 가지고 있는 셈인데 이 땅으로 자급하라면 가능할 것인가? 현재의 내 재주로는 어림도 없는 일이다. 만일 세계적인 식량위기가 닥치고 국제교역 논리가 무너져, 각자의 식량생산으로 자급자족해야 한다면 방법이 찾아지려나?

地
天下大

고라니

고라니라는 동물은 옛날에는 본 적도 없거니와 이름을 들어보지도 못했다. 그러던 것이 근래에는 흔한 동물이 되었다. 환경 파괴를 걱정하는 이들이 많지만, 우리나라는 조림사업이 성공한 나라로 숲이 우거진 산이 고라니의 번식에 한 역할을 했을 것이고, 고라니를 먹이로 하는 천적이 없다는 것도 한 몫을 했을 것이다.

호랑이가 벌써 옛날에 한반도에서 자취를 감춘 것은 그렇다고 쳐도, 내가 어렸을 적만 해도 밤중에 늑대의 울음소리가 들렸고, 시골 동네 아저씨네 새끼 돼지를 늑대가 물어 가기까지 했었는데 이제는 그마저 없어졌다.

근래에 고라니 숫자가 급격히 늘어나다 보니, 세계적으로도 우리나라에 제일 많다는데, 이제는 이놈들이 산속에서만 사는 것이 아니고 생활의 터전을 넓혀서 인간 세상으로 나오기 시작했다. 내가 처음 고라니를 본 것도 양평 집을 다니는 차도에서 '로드 킬'을 당한 모습이었다.

두 번째의 조우도 처참한 모습이었는데, 눈이 잔뜩 쌓인 겨울 날 일주일 만에 양평 집엘 가보니 아래 개울가 눈 위에 고라니가 피투성이가 되어 죽어 있었다. 아랫집인 절의 개가 물어 죽인 것으로, 스님에게 "이 집 개가 물어 죽인 것이니 처리하십시오." 하고 정중하게 요청했다. 나는 고라니를 먹을 생각이 없지만, 스님이 고라니를 먹을 생각은 더욱더 없을 터이다. 스님은 아랫동네 누군가에게 전화를 한다. 먹을 사람을 수소문 하는 모양인데 금방 수배가 되었는지 재깍 가지고 가서 처리가 되었다.

그 다음 조우는 드디어 산 놈이었는데 어미가 새끼를 동반하고 옆 개울로 산보를 내려왔다. 아내가 먼저 보고는 나더러 카메라 가져 오라고 소리치는 바람에 어미는 도망가고, 새끼는 겁을 먹고 그 자리에 얼어붙었다. 덕분에 고라니 새끼 사진까지 찍기도 했지만 편히 가라고 우리는 철수해 버렸다. 그래도 궁금하여 이튿날 아침에 가 보았더니 그때까지도 고라니 새끼가 그 자리에 있다가 그제서야 정신을 차리고는 기력을 다하여 도망갔다.

이때까지만 해도 나는 고라니에게 전혀 적의를 가지고 있지는 않았다. 일말의 동정심이랄까, 먹이가 모자라 '얼마나 살기가 팍팍하면 인간세상 가까이까지 출몰할까' 하고 생각했었다. 그래도 우리 밭까지는 얼씬도 하지 않던 놈들인데 언제부터인가 우리 밭에 출몰을 하기 시작했다. 이놈들이 밭의 채소를 먹기 시작한 것이다. 봄 배추나 열무 등의 채소가 표준 메뉴이고 고구마 잎, 땅콩 잎, 상추, 호박잎도 먹는다. 적 상추는 입맛에 맞지 않는지 청 상추만 먹고 큰 호박잎은 안 먹고 순만 따 먹는다. 처음에는 조금씩만 먹어서 별로 대수롭지 않게 생각했다. 산에 있는 풀들이 모두 억세니 부드러운 풀들도 먹어보고 싶겠지, 하고 생각했다. 이놈들이 제일 좋아하는 것이 고구마 잎인데 줄기가 많이 뻗은 후에는 잎을 좀 따 먹어도 고구마 달리는 데는 큰 지장이 없다. 그런데 다음해에는 고구마 줄기가 뻗기도 전에 순을 모두 먹어버려 줄기가 자라지를 못하니 고구마는 구경도 못할 처지가 되고 말았다.

되돌이켜 생각을 해보면, 이때가 우리 집 바로 아래에 있던 절이 산 쪽으로 이사를 한 직후의 일로, 그 전에는 절의 개가 우리 집을 고라니로부터 지켜 주었던 것이다. 아내가 올 때마다 개 먹이를 준비했다가 절의 개에게 주었으므로, 이놈이 우리 집을 자기의 영역으로 생각하고 수시로 드나들었던 것이다.

동물들은 자기의 영역을 표시하기 위하여 배설물을 이용하는데, 이놈도 우리 집 여기저기에 똥을 싸놓고는 했다. 아내는 개 먹이를 매번 챙겨주면서도 똥 싸놓는 것은 질색을 하여, 똥 치우는 것은 내 몫이었는데 귀찮던 그 일이 고라니를 지켜주는데 대한 대가였던 셈이다. 사실은 절이 이사 간 후에도 절 개의 자기영역 시찰은 계속되어 4~5백 미터를 산보 삼아 내려와서는, 자기가 먼저 살던 집이며 우리 집까지 들러서 똥을 싸 놓고 가고는 했다.

전에 어디서 들은 바로는, 멧돼지의 피해를 입는 농민들이 멧돼지의 출몰을 방지하기 위하여, 동물원에서 호랑이의 분변을 얻어다가 자기 밭 주변에 뿌려놓아 효험을 보았다는 이야기를 들은 적이 있다. 그런데 개가 우리 집을 고라니로부터 지켜주기는 했지만 개똥까지 효험이 있었던 것은 아니었던 모양이다.

어쨌거나 이제는 고라니를 물리치지 않으면 텃밭이 모두 망가질 상황이 되어, 다음 해에는 부랴부랴 고라니 방지망과 지주를 사다가 밭 주위를 둘러 쳤다. 그런데 웬걸, 또 고라니 발자국이 이랑 여기저기에 산재해 있다. 우선은 망의 밑을 쳐들고 들어온 것이 아닐까 하는 생각으로 망의 밑을 땅에 고정하는 보강 공사를 했다. 그래도 들어온 흔적은 계속 추가된다.

이번에는 다큐멘터리에서 고라니가 뛰던 장면을 떠올리고는, 그래 이놈들이 높이뛰기를 상당히 잘하니 높이 1.5m의 망을 뛰어넘는 게야, 그렇다면 더 높게 하는 수밖에. 모든 지주 위에 막대기로 높이를 연장하고는 줄을 쳤다. 이제는 제 놈이 아무리 머리가 좋아도 들어올 방법이 없겠지 하고 제풀에 안심했는데, 네가 나를 이길 수 있겠냐는 듯 또 들어온 흔적이 있다.

이제는 내 적개심도 최고조에 달하게 되어, 꼭 필요한 이랑에만 별도로 또 고라니 망을 쳐서 겨우 방어에 성공했다. 한 이랑만 별도로 고라니 망을 치면 방지망이 높지 않아도 들어가지 못한다. 그래, 제 놈이 넓은 지역에서는 달려가다가 높이뛰기를 하니까 높이 뛰어 넘지만 좁은 지역에서 제자리높이뛰기로는 뛰어 넘지 못하는 게야, 이것이 나의 해석이다.

이미 구겨진 체면은 그렇다고 쳐도, 고라니가 제자리높이뛰기는 잘 못한다는 추정을 대발견이라고 자만하며, 매해 돌려 심기를 하는 이랑을 따라 고라니가 잘 먹는 이랑에만 방지망을 재설치 할 수는 없는 노릇이 아닌가. 근본적인 대책을 세워야지 하고 고심하던 끝에 집 전체를 고라니 망으로 둘러치기로 했다.

개울 쪽은 어느 정도 높이의 뚝방이 형성되어 있으니 그 위에 망을 치면 제가 뚝방을 뛰어 올라 망까지 넘지는 못할 거고, 길 쪽은 쥐똥나무 울타리가 있으니 거기 기대어 망을 치면 그걸 넘을 생각은 못할 게다. 뒤곁은 평지라 좀 문제이긴 하지만, 잡목들이 자라 있으니 뛰어오다 넘기에는 장애물이 되어 취약점인 제자리높이뛰기로는 넘지 못할 게다.

나로서는 대공사인데 공사 시기는 겨울 직전으로 잡았다. 그래야 겨울에 눈이 왔을 때 발자국을 보고 이놈들이 들어 왔었는지 판정이 될 것이다. 드디어 공사를 마치고는 의기양양하여 눈이 오기만을 기다렸는데, 눈이 잔뜩 쌓인 날 시찰을 해보고는 기가 죽어 버렸다. 고라니 발자국이 선명하게 찍혀 있었다! 그래도 발자국을 추적하여 망 밑을 들치고 들어온 곳 두 곳을 찾아서 작전 성공이라고 치부하고는 다시는 들추지 못하도록 단단히 보강공사를 했다.

드디어 봄이 되어 4월에 씨를 뿌리고, 5월에 모종을 사다 심었다. 봄 채소도 별 문제가 없었고, 고구마 순도 큰 문제없이 줄기를 뻗고 있었다. 이야기가 그렇게 끝났으면, 그래 네놈이 그렇게 극성스러워도 만물의 영장인 인간을 이길 수 있겠냐, 하고 씩 웃어주고 끝냈을 거였다. 그런데 대낮에 이놈이 밭에 나타났다! 공식적인 출입구는 대문밖에 없으니 대문으로 내쫓아야 하는데 아무리 쫓아다녀도 대문으로 나갈 생각은 안하고 여기저기 망에 머리를 박고 쫓겨 다닌다. 워낙 빠른 놈이라 동에 번쩍 서에 번쩍하니 방향을 유도하기도 어려워 아내와 둘이서 겨우 내쫓고는 대문을 닫았다. 초기에는 설치하지 않았던 대문을 근래에 설치했는데, 그것도 낮에는 열어 놓았었지만 이제는 낮에도 닫기로 했다.

그걸로 끝이 아니고 아직도 이야기는 남아 있다. 대문을 닫는 걸로 해결이 된 줄 알았는데 며칠 뒤 대문이 닫혀 있는데도 고라니가 나타났다. 요전과는 다른 놈인 새끼 고라니인데, 날쌔기는 어미나 같아서 이번에도 내쫓는데 애를 먹었다. 문제는 고라니가 들어오는 길이 오리무중이라는 거다. 발자국을 추적하려면 눈이 오는 겨울까지 기다려야 하는데, 그때까지 기다리면 벌써 먹기 시작한 고구마 잎은 끝장이 나 버릴 터이다. 아내는 CCTV를 설치하자고 하지만 텃밭에 고라니 감시한다고 배보다 배꼽을 더 키울 수야 없지 않은가.

우선은 고구마를 살려야 하니 또 임시방편으로 고구마 이랑에만 방지망을 설치했다. 그리고는 추리력을 다시 발휘했다. 울타리를 뛰어 넘어 왔다면 지난겨울부터 몇 달간 상황이 바뀐 것이 없는데 제가 높이뛰기 연습을 몇 달 동안 해서 이제야 실력이 늘었다는 건가. 아니다, 내 생각으로는 네놈이 제자리높이뛰기로 넘어올 수는 없어. 그렇다면 어딘가 방지망 밑을 뚫은 게야. 그런 가정으로 겉보기는 멀쩡한 망의 밑을 막대기로 일일이 들추며 울타리 전체를 다시 검사했다. 그리고 드디어 밤나무 아래에서 들추어지는 곳 한 군데를 발견하여 단단히 보강했다.

며칠 뒤 새로운 문제가 없는지 울타리 시찰을 하다가 밤나무 아래 고라니 방지망 밖에서 요전에 왔던 새끼 고라니가 풀을 뜯어 먹고 있는 모습을 발견했다. 나는 얼떨결에 "야 이놈아 또 왔냐, 얼른 네 집으로 가." 하고 소리를 쳤는데, 쳐다보지도 않고 도망가지도 않는다. 아마도 중간에 울타리가 있으니 내가 요전처럼 자기를 쫓아오지는 못할 거라고 빤히 알고 있거나, 아니면 거기가 자기 집인지도 모르겠다.

이로써 고라니 방지망이 완벽하게 완성되었다는 자만은 어미 고라니에 의하여 또 한 번 깨졌다. 이번에는 밤나무 아래 설치한 간이 출입문이 반쯤 열려 있었다. 이것을 고라니가 열었다는 것은 고라니 스스로 가르쳐 주었다. 이놈을 쫓아내려고 쫓아다니는 과정에서 이놈이 급하니까 여기 저기 망에 머리를 박고 미는데, 뒤쪽에 설치된 간이 출입구에 머리를 박고 밀치자 같은 모양으로 반쯤 열린 것이다. 이제는 간이 출입구의 고정 장치를 보강할 차례다.

이놈이 이후에 방지망을 뚫고 들어오는 방법을 또 찾아낸다면 이야기가 또 계속 될 것이고, 이야기가 여기서 끝난다면 고라니가 다시는 우리 밭에 못 들어왔다는 이야기가 된다.

도시생활 VS 전원생활

인간들에게 도시는 오아시스인가

도시 사람들은 대부분 하루 종일 신발에 흙 한번 묻히지 않고 산다. 어렸을 때 시골에서는 그러한 도시인들의 생활이 부러움의 대상이었고 땅이나 파먹고 사는 시골 사람들은 천덕꾸러기라고 자조 섞인 이야기들을 듣고는 했다.

나도 그 시절에는 서울로 통하는 신작로가 미래의 꿈으로 통하는 길이었다. 언젠가는 저 길로 서울 가서 성공하리라 다짐하곤 했다. 그런 의미에서 청년시절 이후 환갑이 지나도록 서울서 직장을 갖고 살았으니, 넉넉한 노후 대책을 마련하지는 못했더라도 반쯤은 성공했다고 보아도 될는지 모르겠다.

대부분의 사람들은 도시를 선호한다. 1차적으로는 생계를 위한 수단이 도시에 모여 있기 때문에 그러하지만 은퇴를 하더라도 보통은 도시를 떠나려고 하지 않는다. 우리나라 사람들 80% 이상은 도시에 살고 있는데 일단 도시생활이 편리하기 때문에 그렇다. 일본의 예를 보면 전원생활을 하던 노인들이 도심으로 회귀하는 경향도 있다고 한다. 우리나라는 도시화가 빠른 편이었지만 도시화가 늦었던 후진국들도 근래에는 도시화가 빠른 속도로 진행 중이어서 지구 전체로 보면 약 100년 전인 1900년에 도시인구가 10%에 불과했던 것이 이제는 50%를 넘어섰고 2050년에는 75%가 도시에 살게 되리라고 한다. 1차 산업 위주에서 2차 산업, 3차 산업으로 이행되고 있기 때문에 그러하다.

오늘날 성공적인 삶으로 예찬되는 것들은 도시적인 환경에서 이루어지는 삶이다. 그것은 산업사회의 경쟁에서 이긴 성공담이고 그것이 가치 있는 삶이라고 부추긴다. 나에게도 그것은 마찬가지여서 항상 최고의 가치관은 오로지 돈을 버는 일이었다. 그리고 그것을 달성하기 위한 스트레스의 연속이었다.

기업의 핵심논리는 그 집단의 조직원들이 어떻게 하면 열심히 일하게 할 수 있느냐, 그리고 어떻게 하면 생산성을 높여서 이익을 내게 할 수 있느냐 하는 것이 관건이다. 말하자면 우량기업 만들기란 돈을 벌고 싶은 개인들을 부추겨 돈을 잘 버는 특성을 가진 집단을 만들어내는 기술인 것이다.

비즈니스계에서의 성공을 위한 각종 지침서들이 쏟아져 나오는데, 하나같이 마법 같은 비법들을 소개하면서 그러한 원칙에 따라 성공한 기업들의 성공사례들을 소개한다. 그러나 그러한 해법이 성공한 기업들의 분석에서 도출되었다는 것은 맞을지 모르지만, 거꾸로 그러한 비법을 아무나 사용할 수 있는 것도 아니고, 사용한다고 반드시 성공이 보장되는 것도 아니라는데 문제가 있다.

어쨌든 그 내용이란 것이 인간만의 삶의 방식인 산업논리에 적응시키기 위한 전략들이 핵심이 아닌가 생각된다. 각종 처세술이나 자기계발서는 거기에 자신을 어떻게 적응시키느냐, 각종 리더십은 조직 내의 다른 구성원들에게 어떻게 좀 더 일을 시키느냐, 그리고 각종 성공 비결은 한정된 시간 내에 어떻게 빨리 부의 축적을 이루느냐는 방법을 제시한 것에 다름 아니다.

현대 사회를 살려면 당연히 돈이 필요하므로 이러한 가치관들은 당연한 것으로 여겼고 사회통념도 그렇지만 일단 거기에서 빠져 나오고 보니 그러한 가치관들이 부자연스러워 보이기 시작한다. 그러나 그 안에 있을 때는 그렇게 스트레스를 받으면서도 부자연스러움을 느끼지 못한다. 모든 일에 금전을 필요로 하는 사회 구조는 너무나 뿌리가 깊어서 이에 거역하고 살기는 힘들게 되어 버렸다.

문제는 산업사회가 되면서 조직 내에서 각자의 역할이 세분화되어 대부분의 직장에서는 조직원 각자의 일이라는 것이 자기가 하고 싶은 일과는 관계가 없다는 것이다. 대기업, 중소기업 혹은 자영업이라고 할지라도 상황은 같아서 자기가 하고 싶은 일과는 관계없이 돈을 벌 수 있는 일을 찾아서 끊임없이 경쟁해야 한다.

사람들은 일을 하여 생계를 해결하고 더 나아가서는 부를 축적하여 미래의 행복을 얻고자 한다. 현재는 미래를 위하여 희생하자는 태도로 일을 한다. 그러다가 문득 인생의 대부분을 허비해 버린 자신을 돌아보게 된다. 진정으로 자기가 하고 싶은 일을 하면서 살 수는 없을까? 취미와 직업이 일치하는 사람들이야 말로 행복한 사람들이다. 진부한 이야기이지만 우리 모두는 돈이라는 수단을 목적으로 착각한다. 결국 수단이 목적을 배반하는 시대에 살고 있는 것이다.

그러한 모든 경쟁들이 대부분 도시에서 이루어지고 있는데, 사실은 같은 땅이라도 시멘트와 아스팔트로 덮여있는 도시의 땅은 죽은 땅이고 시골의 땅은 살아있는 땅이다. 업무용 빌딩은 물론이고 주택도 아파트 비율이 이미 50%를 넘어섰다는데, 빌딩 숲으로 덮여있는 도시는 인간을 제외한 생물들에게는 사막과도 같은 곳이다. 식물들이 살 곳이 없어지고 그렇게 되니 거기 서식하던 동물들도 살기 힘들게 되었다.

그럼에도 도시의 땅은 비싸고 시골 땅은 싸다. 오직 인간들만이 도시가 사막의 오아시스인 양 모여 살고 있다. 심지어는 전원 주택지를 선정하는 지침에도 도시로의 접근성이 좋아야 한다는 조건이 반드시 따라 붙는다. 도시를 선호하는 가치관은 끈질긴 것이어서, 도시를 떠나더라도 멀리 가고 싶지 않고 가까울수록 더 값이 비싸고 투자가치가 있는 것으로 꼽힌다.

그렇게 도시에 중독되어 도시생활에 찌들었다가도 자연을 접하면 누구나 평온을 느끼고 마음이 정화됨을 느낀다. 그것은 인간의 흔적이 없는 오지로 가면 갈수록 더 그렇다.

그러나 일회성 경험으로서의 오지생활은 선호하지만 시골에 정착한다면 이야기가 달라진다. 대부분이 도시문화에 젖어서 사람들 사이에서 멀어진다는 것이 두렵고, 어렵게 결심을 하더라도 가족 전체의 동의를 얻는 것도 걸림돌이 된다.

도시 사람들은 오지의 경험을 경험으로서 즐길 뿐, 오지에 사는 사람들은 거꾸로 불편을 견디지 못하여 빈집이 늘어가고 있다. 아마도 도시생활의 편리성을 버리지 않고 자연을 가까이 접할 수 있으면 가장 최선의 대안이 될 수 있을 것이다.

여유가 있는 사람들은 도시로의 출퇴근이 가능한 곳에 터전을 마련하거나, 좀 먼 곳이라면 삶의 터전으로서의 전원주택이 아니고 생활터전은 도시에 둔 채 주말 주택형 전원생활을 꿈꾸게 된다.

더 간단한 방법은 도시에 살면서 전원을 즐기는 것인데, 그런 의미에서 과학 이야기의 글을 쓰는 아이삭 아시모프(Issac Asimov)는 재미있는 제안을 했다. 지하도시에서 살자는 것이다. 지상의 도시를 없애고 지하에 도시를 건설하자는 것이다. 그렇게 되면, 멀리 교외로 나갈 필요도 없이 조금만 위로 올라가면 바로 시골인 것이다.

지하도시의 장점은 날씨에 관계없다. 난방비, 냉방비가 필요 없다. 시간이 의미가 없다. 지리적인 시간에 관계없이 자기에 맞추어 살 수 있다. 지구의 생태학적 균형이 개선된다. 인간의 구조물이 지하로 내려가서 지상은 야생의 생태가 된다. 자연이 우리에게 더 가깝다. 도시 위로 몇 백 미터만 올라가면 된다.

환상적인 이야기이지만 실현 가능성은 없다. 여유만 있다면 도시의 주택을 그대로 두고 시골에 땅과 주택을 마련하여 필요한 때만 이용한다면 최선일 게다.

느리게 살자

내 경우 초기에는 시골집이 주말 주택이었고 백수가 된 후에는 시골로 주거의 중심이 옮겨져 하남 집이 서울에 용무가 있을 때만 이용하는 세컨드 하우스가 되었다. 하남의 아파트가 주말 주택인 셈이지만 알량한 텃밭농사도 김장이 끝나면 12월부터 2월까지는 농한기가 되니 피한(避寒)삼아 하남에 주로 있게 된다.

결과론이지만 도시와 시골 양쪽에 거처를 마련할 수 있는 여유가 없더라도 시골에 정착하는 과정에 일정기간 양쪽에 거처가 있다면 환경의 급격한 변화로 인하여 생기는 문화적 충격을 상당부분 완화할 수 있겠다는 생각이 든다. 사실 도시문화에 젖은 사람이 갑자기 시골에 적응한다는 것이 쉬운 일은 아니다.

도시와 시골을 왕복하다 보니 양쪽의 환경과 생활 형태가 극명하게 대비되는 것을 느낀다. 도시를 생존경쟁의 전쟁터라고 하지만 도시에서의 생활환경은 일단 편리하다. 그 생존경쟁을 살아내는 기술이 필요하지만 말이다. 교통이 편하고 주거환경이 편하여 모든 일에 시간이 절약된다.

어떤 의미에서는, 역설적이게도 도시생활이 친환경적이라고 한다. 세계적으로 도시인구가 절반을 넘어섰다고 하지만 그 면적은 육지의 3%도 안 된다고 한다. 그러니 농촌 거주자들에 비해 공간을 적게 차지하고 에너지도 덜 소모하고 자연 생태계에도 영향을 덜 끼친다는 것이다. 모든 것이 효율적으로 되어있어서, 대중교통을 이용함으로써 일인당 사용하는 화석연료는 교외에 사는 것보다 적어지는 것이다.

물론 시골에 사는 것도 사는 방법에 따라 다르기는 하지만, 나만 하더라도 서울나들이를 할 때는 항상 대중교통을 이용하지만, 시골집을 왕복할 때는 자동차 없이는 왕래가 안 되니 어쩔 수 없이 화석연료를 소모하고 있는 것이다. 하남의 아파트에서는 강추위가 아닌 한겨울에도 거의 난방을 안 하고 산다.

그래도, 위아래와 옆이 모두 다른 집이니 냉기가 들어올 데가 없고, 앞뒤 베란다는 창이 이중으로 되어 있으니 단열이 좋아서 추위를 모르고 산다. 이에 비하면 난방에 관한 한, 시골에서가 오히려 에너지 비용이 더 들어가는 것 같다. 시골이라고 해도 요즈음은 정말 오지가 아니면, 구들방을 사용하는 집이 드물고 보통은 석유 보일러나 혹은 전기를 이용한 심야 보일러를 사용하는데 상당한 비용이 들어간다.

그런데 도시에서는 그런 편한 환경에서 모두 시간이 모자랄 정도로 바쁘다. 시골에서의 생활이라는 게 꼭 전문적인 농업에 종사하지 않더라도 몸을 움직여 무언가 일을 하게 되어 있는데, 도시에서는 일상적인 일이 필요 없을 정도로 생활은 편리하지만, 대부분의 시간을 생계를 위한 일에 바치게 된다. 바꾸어 말하면 편하고 효율적인 도시의 구조는 인간이 스스로 자신들을 바쁜 일에 혹사하기 위한 장치이다. 그러한 사실은 거기에서 나와 봐야 알게 된다.

그리고 그러한 바쁨 속에서 서서히 스스로를 상실해 가게 된다. 이 또한 그 속에 있을 때는 느끼지 못하는 일이다.

문만 닫으면 별개의 폐쇄된 공간이 되는 아파트는 직장일로 바쁜 하루를 보내고 밤에 쉬는 용도로는 좋지만, 직장이 없는 나에게 용무도 없이 아파트에서 하루를 보내는 것은 좀이 쑤실 정도다. 옛날부터의 버릇이 책이라도 보다가 밤 12시를 넘기면 잠이 안 와서 새벽 두세 시까지도 책을 보곤 하는데, 그 시간에 창밖을 내다보면 아직도 불이 켜있는 집이 많다.

도시생활을 하면 야행성이 된다. 시험 공부하는 수험생들도 있겠지만 끝없는 미로에서 나갈 길을 찾아 헤매느라고 불면의 밤을 보내고 있는 사람들도 있으리라. 나는 얼마나 많은 밤을 사회생활에 필요하다는 핑계로 알코올에 젖어서 보냈으며, 또 집에 돌아와서는 좀처럼 풀리지 않는 해답을 얻기 위하여 불면의 밤을 보내었는가?

쓰지 신이치(辻 信一)의 『슬로 라이프』에는 빠빠라기(문명인) 이야기가 나온다. 20세기 초, 사모아 근처 티아비아섬의 촌장인 투이아비가 처음 방문한 유럽의 빠빠라기에 관해서 자신의 동포들에게 들려준 이야기이다.

"빠빠라기는 시간에 대해 아주 호들갑을 떨며, 너무나도 어리석은 말들을 늘어놓는다. 그렇다고 해봐야 해가 뜨고 해가 지는 이상 시간이 절대 더 있을 리 없는데도 빠빠라기는 결코 그것만으로는 만족하지 못 한다."

이것이 20세기 초의 이야기라니 지금은 경제적으로도 훨씬 더 발전했고 그에 따라 훨씬 더 바빠졌다. 그러한 경제발전의 결과로 화석연료를 과다 사용하여 이제는 유가(油價)의 계속적인 상승으로 경제 발전에 위기가 온다느니 지구 온난화 문제로 위기가 온다느니 호들갑을 떨고 있다. 현재의 상태대로 흘러가면 이번 세기 안에 지구상의 생물 종 중에서 반 이상은 멸종할 것이라고 한다. 지구 온난화 문제로 현재의 대륙빙이 모두 녹으면 해수면이 60미터나 높아져 세계의 모든 해안 도시들은 물에 잠길 것이라고도 한다.

지구 온난화의 문제는, 인류가 번성하기 이전에도 빙하기와 간빙기가 여러 번 있었다고 하니 꼭 인류의 탓이라고 증명할 길이 없다고 하더라도, 지구상에 나타났던 어떤 동물도 하지 않던, 자원의 과다 사용과 환경오염의 문제는 아무리 좋게 보려고 해도 변명의 여지가 없어 보인다.

산업이 발달한 나라, 문명이 발달한 나라일수록 부유한 나라이고, 그러한 나라일수록 자원과 에너지를 많이 소비한다. 따라서 부유한 나라일수록 지구환경을 망치는데 공헌(?)하고 있다고 생각된다. 그럼에도 국가별 행복지수를 조사한 바에 의하면 국가별의 부유지수와 행복지수는 비례하지 않는다.

오히려 가난한 나라 사람들의 행복지수가 높은 것을 알 수 있다. 행복을 객관적인 잣대로 수치화 한다는 것이 쉬운 일은 아니어서, 조사기관에 따라 혹은 방법에 따라 들쭉날쭉하기는 하지만, 때로는 중진국이 상위권에 오르는가 하면 후진국이 상위권에 오르기도 한다. 한국을 비롯해서 경제 대국들이 상위권에 오르지 못하는 현상은 현대 물질문명의 논리가 잘못되었기 때문이 아닐까.

문명의 발달과 더불어 인구가 도시에 집중되고, 목표로 하는 부의 축적을 이루면서도 그만큼 행복해지지 못하는 것은 아마도 일정 영역의 땅을 필요로 하는 동물의 특성을 저버리고 땅을 떠나 살게 되었기 때문이 아닐까 싶다.

최근 우리나라도 출산율의 저하가 사회문제가 되고 있는데 부유한 나라일수록 출산율이 낮아지는 것이 혹시 자연을 해치는 인간들 스스로 종의 수를 조절하려는 본능의 발현일지도 모른다. 동물들이 종별로 개체 수를 조절하는 것은 먹이사슬이다. 인간은 상위의 먹이사슬도 없고 식량문제도 잘 해결하여 1800년대 초 10억이던 인구가 급격히 늘어 70억을 넘어서버린 것이다.

인류가 지속적으로 번영하려면 이제는 속도를 조금 늦추고 지구 환경을 비롯한 기본적인 문제에 대해 되짚어 보아야 할 때가 아닐까 싶다. 다시 투이아비의 이야기이다.

"우리는 저 불쌍하고 정신이 혼란스러운 빠빠라기들이 광란에서 벗어나 시간을 되찾을 수 있도록 해 주어야 한다. 그러기 위해 그들이 갖고 있는 작고 둥근 시간 기계를 깨부수고 인간이 필요로 하는 시간보다 훨씬 많은 시간이 해가 뜰 때부터 질 때까지 있다는 것을 알려 주어야 한다."

투이아비가 이야기한 '작고 둥근 시간 기계'를 깨부수려면 도시를 버리고 전원으로 들어갈 일이다. 도시에서 생활을 하려면 그것을 깨부수는 것이 불가능하다. 시골이라야 가능한 일이다. 시골이라면 시간이라는 것이 날이 밝아지거나, 해가 머리 위에 뜨거나, 날이 어두워지거나 정도의 구분 이상은 할 필요가 없다.

운동할 기회도 없이 바쁜 도시에서는, 많은 이들이 시간을 쪼개어 건물 속의 기계 위에서 돈을 내고 운동을 한다. 시골에서는 낮에는 무엇이던지 일로 몸을 움직이게 된다. 뚜렷한 목표가 있는 노동을 하는 것은, 그것도 돈을 벌기 위한 간접 노동이 아니고 먹거리를 키우기 위한 노동을 하는 행위는 소박한 즐거움을 준다.

밤에는 일찍 잠이 든다. 해만 지면 지척을 분간할 수 없게 캄캄하니 야행성이 될 수도 없다. 아침에는 날이 새면 자연스럽게 일찍 잠이 깬다. 그리고 밖으로 나가 나의 손길을 기다리고 있는 밭일을 시작한다. 온몸의 관절운동이 저절로 된다.

시골에서는 일찍 자고 일찍 일어나게 된다는 것이 사실이기는 하지만, 내가 일찍 일어나는 것은 나이 탓인지도 모르겠다. 아파트에서도 다섯 시가 되면 어김없이 깨어 배달된 신문을 읽게 된다. 아버지, 어머니가 살아계실 때는 새벽이면 두 분이 어둠 속에서 두런두런 말씀하시는 소리가 들려서 노인네들이 잠도 없으시네 하고 생각했는데 내가 그렇게 된 것이다.

이야기가 옆으로 흘러 버렸지만, 전원으로 가더라도 투자가치가 있는 도시근교를 노릴 것이 아니라 좀 멀리 떨어진 시골을 찾아볼 일이다. 아마도 전원생활을 하면서 진정으로 환경친화적이 되려면, 교통이 불편하여 석유배달이 안되고 전기도 없는 곳에서 자동차 없이 살아야 할 것이다. 사실, 조선시대의 유배지가 그런 궁벽한 곳이었다. 말하자면 편리한 환경과 사람들로부터 격리시키는 것이 형벌이었던 것이다. 그런데 이 또한 역설적이게도 그런 곳이 자연과 친할 수 있는 곳이다. 너무 극단적이 되어 거기서 견뎌낼 수 없다면 허사이므로, 저울질을 해보아야 하겠지만 어쨌든 도시에서 멀수록 살아있는 땅이고 거꾸로 그런 곳일수록 값은 싸게 마련이다.

전원생활의 걸림돌

그렇다고 문명 생활에 식상하여 모두 시골로 들어가 버리면 큰 일이기는 하다. 경제는 파탄이 날 것이고 사회는 혼란스러워질 것이다. 그래서 반대 이야기도 좀 해야겠다.

전원생활을 하고자 시골로 가는 경우, 그것이 농사를 위한 귀농이 되었건 혹은 단순한 귀촌이 되었건, 이웃이 있는 시골 동네로 들어가거나 또는 이웃이 없는 한적한 곳에 자리를 잡게 된다. 이웃이 있는 경우는 현지 주민들과 어울리지 못하고 갈등이 생겨 문제가 되는 예도 종종 있다.

사실 외지 사람이 시골에 들어가 어울린다는 것이 그리 쉽지는 않다. 도시민들의 경우 친목 문화란 것이 지역에 관계없이 직장이나 학연을 따라 이런저런 인맥으로 정서가 맞는 사람들끼리 이루어지는 것이 보통인데, 시골의 경우 교통 사정상 지역을 중심으로 친목 문화가 형성되어 있다. 그러다 보니 외지인들에 대하여 어느 정도 배타적인 성향이 있기 마련이다. 외지 사람이 이러한 문화적 특성을 이해하고 감수하면서 스스로 조화되려는 노력을 하면 좋겠지만, 도시에서의 버릇대로 정서에 맞는 사람들만 사귀려 하면 조화를 이룰 수 없다.

이곳을 드나들면서 가끔 이웃동네 주민들을 차에 태워주는 경우가 있다. 버스가 자주 없으므로 주민들이 가까운 나들이를 할 때 지나가는 차에 손을 들어 태워달라고 한다. 동네 노인 세 분을 태워준 적이 있었다.

"면사무소까지만 태워주면 좋겠구먼요. 어디 사시우?"

"저 위 절 있는 골짜기에 있어요."

"아, 흙집 말이군요. 주말에만 오시는 가요?"

"아직은 왔다 갔다 하는데 직장 끝나면 들어와야지요."

"고맙군요."

무엇이 고맙다는 이야기인지 모르겠는데 이어지는 자기들끼리의 이야기가 듣기 거북하다.

"살지도 않을 집 지어놓고 잘났다고 거들먹거리면서 왔다 갔다 하는 사람들 나쁜 사람들이여."

"우리보고 촌놈이라지만 지들이 서울 촌놈이지."

술을 좀 드신 것 같은데다가 딱히 끼어들 말도 없어 흘려듣고 말았지만 도시 사람들에 대한 거부감이 묻어난다.

좀 더 심한 경우도 있다. 아랫동네를 거쳐 큰길로 나가려는데 근처에서 일을 하던 동네 사람들이 길에다 음식을 펼쳐놓고 소주를 반주 삼아 새참을 먹고 있다. 차가 지나가도록 비켜줄 생각은 안하고 돌아서 가란다. 차를 돌릴 수도 없는 좁은 길인데 말이다. 아내가 눈치 빠르게 내려서 인사를 하고 말을 걸자, 그나마 얼굴을 아는 사람이 있어서 길은 비켜주었다.

비켜주기 전에 몇 마디의 잔소리를 들었다.

"우리는 모르는 사람인 줄 알았지."

모르는 사람은 길을 막고 비켜주지 않겠다는 말인가? 사실 시골은 빤해서 얼굴을 모르는 사람도 '절 위의 흙집'은 다 안다. 결국 여러 사람들의 훈계가 뒤따랐다.

"집 지은 지 오래 됐잖아요?"

"동네 일에 참여도 하고 그래야지요."

씁쓸한 마음을 지울 수 없었다. 결국 애꿎은 아내와 가벼운 말다툼을 했다.

"차에서 내려서 인사도 하고 그래야지 버티고 있으면 되우?"

"아니 내가 죄지은 게 있나, 왜 괜히 굽실거려야 돼?"

나중에 알게 되었지만 죄지은 게 있기는 했던 모양이다. 동네 환경정리를 한다고 모이라고 방송을 했는데 일하러 안 나왔다고 심술을 부린 것이다. 그래도 그렇지, 방송이 들리는 곳이라면 모를까, 우리 집에서는 방송이 들리지 않는다.

도시에서는, 특히 아파트에서는 같은 아파트라도 이웃이라는 개념도 없이 남남으로 지낸다. 그것을 오히려 서로 부담 없이 편하게 생각한다. 시골에서는 그게 안 통한다. 그러한 태도가 거꾸로 갈등을 부른다.

그래도 처음 집을 짓고는 신고 삼아 마을 대동계에 찬조금도 내고, 어쩌다가 마을회관에 소주박스도 들여놓고 한 적도 있지만 그 정도로 친해보자는 발상이 잘못된 것이었나 보다. 외톨박이로서 낯선 시골 동네에 정착하게 될 경우 친교를 위한 비결을 가르쳐준 사람이 있었다. 이웃의 경조사에 적극적으로 참여하고 어떤 모임이건 있기만 하면 얼굴을 비추라는 것이다.

작은 선물이라도 미리 준비하고 있다가 들고 갔더니 쉽게 친해질 수 있었고, 이제는 동네 모임에 감초가 되어 막걸리 파티에는 단골 멤버가 되었다는 자랑이었다. 일리 있는 이야기다. 시골 동네의 배타적인 성향을 섭섭하게만 생각할 것이 아니라 스스로 적응할 뜻이 있다면 충분히 동화될 수 있을 것이다.

귀농을 위하여 시골에 정착하는 경우라면 어떤 형태로든 현지 주민들과 협력을 하지 않으면 안 된다. 현지 주민과의 갈등으로 결국 이농을 하게 되어버린 많은 사례를 접하게 된다. 이러한 비결을 몰라서 실천하지 않은 것인지, 아니면 이러한 비결이 맘에 들지 않았던지 모를 일이다. 내 경우는 텃밭이 있다고 해 봐야 생계를 위하여 현지 주민들의 협력이 필요한 것은 아니니 다행이라면 다행이다. 그 결과로 아랫동네와의 친교라는 게 좀 어정쩡한 상태에 있기는 하다.

원주민과의 갈등을 피하는 또 한 가지 방법은 아예 현지 주민들과 담을 쌓고 사는 길이다.

우리 집이 아랫동네와 꽤 떨어져 있는 것은 현지 주민들과 어울리는 것이 싫어서 일부러 그런 곳에 자리 잡은 것은 아니다. 아무 생각 없이 우연히 그런 곳에 자리를 잡게 되었지만 나로서는 이곳이 편하다. 세상사에서 좀 떠나 살고픈 나에게 시골에 와서까지 또 사람들과 부대끼고 싶지는 않은 것이다.

그러나 다른 사람들을 보면 이웃이 없는 한적한 곳으로 간다고 만족하는 것도 아닌 것 같다. 그런 사람들 중에는 거꾸로 사람이 그리워지고 외로워서 못살겠다고 도시로 다시 회귀하기도 한다.

그런데, 혹자는 나더러 '전원으로 가려면 아주 갈 일이지 도시에 미련을 못 버리고 양다리를 걸치고 있느냐? 회색분자가 아니냐?'고 할지도 모르겠다. 그러면 나는 '여보시오, 유사 이래 사는 방법이 수도 없이 많이 있었지만, 그중에 사는 방법으로 정답이 있다는 이야기 들어보았소?' 하고 말할 것이다.

할 수만 있다면 다양하게 사는 것이 좋지 않나 싶다. 도시와 시골에 양다리를 걸치고 있으면, 전원생활에 실패하고 도시로 회귀하는 시행착오를 방지할 수 있다. 필요에 따라 한쪽 다리를 빼면 되니, 성공이고 실패가 있을 수 없는 것이다. 아니 오히려 도시에의 미련을 버리고 전원에 정착하는데 도움이 되는 것 같다. 매주 4~5일 시골 여행을 한다거나, 매주 2~3일 도시 여행을 한다거나, 두 가지 모두 멋진 삶이다.

어차피 사람 사는 데는 어디나 갈등이 있게 마련이다. 그리고 외롭게 마련이다. 갈등이 있어도 외롭고, 갈등을 피한다고 한적한 곳으로 가도 외롭다. 가끔 가중 미디어에서 귀농생활, 혹은 전원생활이 행복하게 비쳐지곤 한다. 전원생활은 무조건 행복할 것이라는 환상으로 목적 없는 전원생활을 택하면 실패할 확률이 높다.

귀농을 한 사람은 노동만 고달프고 돈이 되지 않아서, 귀농은 아니더라도 시골에 살고 싶어서 시골로 온 사람은 외로워서 다시 도시로 돌아간다. 도시에 살던 사람들이 전원생활로 전환하는 것은 단순히 도시의 혼란한 생활에서 피란하는 것도 아니고, 생활환경을 바꾸는 정도로 그치는 문제도 아니다. 그것은 단순히 거주지를 옮긴다는 차원을 떠나 지금까지의 인생과는 전혀 다른 인생을 산다는 의미인 것이다.

최근의 귀촌 인구 추이를 보면 그러한 어려움을 무릅쓰고 귀촌하는 것은 노년층보다는 용기 있는 젊은 층이 많은 것 같다. 2016년의 경우 귀촌 인구가 47만 5천여 명인데 이중 20대 이하가 26.3%, 30대가 24.9%, 40대가 17.0%, 50대가 16.5%, 60대가 9.5%, 70대가 5.8%로 평균이 40.6세라고 한다.

전원에서 살려면 외로움을 극복해야 한다

외로움을 극복하려면 자연과 친구가 되어야 한다. 자연을 찬찬히 들여다보면 거기에 많은 친구들이 있다. 도시에서 가깝게 지내던 사람들 숫자보다 훨씬 많은 친구들이 있다.

사람이 일생 동안 가깝게 사귈 수 있는 사람 수의 한계가 200명을 넘지 못한다고 한다. 생태계가 살아있는 건강한 땅이라면 주변 가까이만 관찰해도 그보다 훨씬 많은 수의 친구가 있다. 그것도 순박하고 절대로 배반하지 않는 친구다.

버리기

이사

양평 텃밭과 가까운 곳으로 거처를 옮기기 위하여 이사를 하게 되었다. 20여 년간 살던 집을 처분하면서 많은 짐을 버렸다.

주위에는 이사를 요령 있게 잘 다니면서 부동산만으로도 재테크를 하는 재주꾼들이 꽤 있었는데, 그런 재주도 없이 한곳에 눌러 살게 되다 보니 짐이 걷잡을 수 없이 늘었다. 이제부터는 간편하게 살 것이니 꼭 필요한 것만 남기고 모조리 버리자고 생각했지만, 그것이 그렇게 마음대로 되지는 않는다.

우선 이사할 집에 붙박이장이 있으므로 헌 가구는 대부분 버릴 수 있었다. 그것만 하더라도 짐의 크기로 보면 전체 짐의 사분의 일 이상은 줄었다.

가구 수용능력이 줄어들어 당연히 그 안에 넣을 옷가지도 줄여야 하는데, 아이들 다 결혼시키고 두 내외만 사는데도 무슨 옷이 그리도 많은지 놀랄 지경이다. 나는 사치와는 담을 쌓은 사람이라고 자부를 했지만 직장생활을 할 때는 '요새 이런 옷을 입는 사람이 어디 있느냐'는 아내의 비평 등, 이런 저런 이유로 멀쩡한 옷을 두고 또 사는 바람에 이런 사태가 되어 버렸다.

생각해 보면 우리는 자기 자신 때문이 아니라 남의 눈을 의식해서 옷을 산다. 옷 장사는 인간의 필요성 때문에 옷을 생산하는 것이 아니고, 순전히 돈을 벌기 위하여 새로운 옷을 만들어낸다. 우매한 대중들은 남들에게 뒤질세라 열심히 새로운 스타일의 옷을 사고, 옷 장사는 또 새로운 것을 만들어낸다. 사실 우리가 남을 위하여 옷을 입는 것이 아니고 자신을 위해 옷을 입는다면 평생 몇 벌만 있어도 충분할 것이다.

연예인이 아니더라도 의상실을 따로 준비할 정도로 많은 옷을 사들이는 사람들이 있다. 철 따라, 날씨 따라, 용도 따라, 그리고 그날의 기분에 따라 옷을 바꾸어 입는다. 그리고는 오늘은 어떤 것을 입을까 고민한다. 말하자면 옷은 그 사람의 몸을 위한 물건이 아니고 몸이 그 옷들을 남에게 보이기 위한 도구인 셈이다.

학문을 연구하는 사람이 아니라도 시간이 흐르다 보면 책도 쌓이기 마련이다. 이사할 때면 제일 무거운 것이 책이다. 내가 죽기 전에 과연 다시 한 번이라도 들추어 볼 가능성이 있는 책이 몇 권이나 되겠는가. 학문을 연구하는 사람들에게야 다시 볼 가능성이 있건 없건 책 자체가 필수적인 자산이겠지만 나에게는 아무리 후하게 생각하고 간추려 보아도 앞으로 필요하다고 생각되는 책이 수십 권을 넘지 않는다. 나머지는 다 버리자고 아무리 주장을 해도, 그래도 그렇지 아까운 것을 어떻게 버리느냐는 아내와의 의견 충돌 때문에 결국 다 버리지는 못하고 일부는 또 남겼다. 필요 없는 책을 다 버린다고 하더라도 또 늘어나긴 할 것이다. 문학전집을 다시 살 일은 없을 것이지만 마음에 드는 책이 있다면 또 살 것이기 때문이다.

주방 기구는 내 소관이 아니므로 결국 버리자고 강력히 주장하지도 못 했지만 아마도 이것 가지면 다섯 가구도 살림을 할 수 있으리라. 어렸을 때는 모두가 가난할 때이기는 했지만, 대개 집집마다 갖추고 있던 그릇은 식구 수대로의 밥사발, 국 대접, 몇 개의 반찬그릇, 뚝배기, 그리고 유일한 사치품은 제사용 제기 몇 개였지만 그것으로도 부족하다고 느끼는 사람들은 없었다. 결국 이 주방기기들은 두 집 살림으로 나누고도 여기 골짜기에 여러 명의 손님들이 오더라도 부족함이 없다.

요즈음은 부자가 아니더라도 이런저런 도구들을 많이 갖추고 산다. 그런데 이런 도구들이 정말로 우리가 사는데 꼭 필요한 것이냐를 생각해 보면 태반은 일 년 동안 한 번도 사용해 보지 않은 것들이다. 1년은커녕 이삿짐을 꾸리다 보면 구석구석에서 수십 년 전에 샀던 물건들, 누군가로부터 받았던 물건들이 수두룩하다. 산 것은 산 것 대로, 받은 것은 받은 것 대로, 언젠가는 소용이 되겠지 하고 두지만 단언하건대 과거 1년 이상 사용하지 않던 물건은 앞으로도 사용할 일이 없는 것들이다.

인생을 영원히 살 것처럼 언젠가는 필요하겠지 하고 열심히 모아 보아도 결국 인생이 그리 긴 것은 아니다. 나도 앞으로 살 날이 이미 산 날보다 짧다고 절감한 것이 오십이 넘어서이긴 하지만 좀 더 빨리 자각해서 쓰레기를 모으는 일이 없도록 대비할 일이다.

아마도 이사를 계기로 짐을 반 정도는 줄였으리라고 생각되는데 남은 것으로도 두 집 살림이 충분할뿐더러, 미련 때문에 남겨놓은 것들이 아직도 많이 있다.

아마도 우리 내외가 좀 더 현명하게 생각한다면 남은 것의 반 정도는 더 줄일 수 있으리라.

소유욕

많이 소유한다는 것의 폐해는 많이 소유한다고 해서 행복한 것이 아니라는 정도가 아니라, 소유물이 인간의 필요성에 의하여 존재하는 것이 아니고, 주객이 전도되어 인간이 소유물을 관리하기 위한 노예가 된다는데 있다. 남들보다 큰집에 살고 싶다, 남들보다 비싼 차를 갖고 싶다, 같은 용도의 물건이라도 명품을 갖고 싶다는 사치스러운 집단 최면은, 그것을 달성하기 위하여 금전적인 고통을 겪기도 하지만, 그것이 달성되면 그것들이 자기를 위한 도구가 아니고 자기가 그것들에 종속되어 버리는 것이다.

대식구가 아니면서도 대부분은 큰집을 소유하기를 원한다. 그리고는 사용하지도 않는 공간의 청소를 위하여 스스로 청소부로 전락한다. 물론 여유가 있다면 청소도 돈으로 해결할 수는 있다. 낭비는 더욱 조장되는 셈이지만. 필요이상의 고급 차는 소유자를 세차원이나 운전기사로 전락시키고, 수많은 사치품들은 소유자를 그것을 지키기 위한 파수꾼이나 관리원으로 전락시킨다.

실없는 우스갯소리이기는 하지만 거지아버지와 거지아들의 이야기는 시사 하는 바가 있다. 길을 가다가 화재현장을 보고 거지아버지가 '저거 봐라, 우리는 불이 날 집도 없으니 얼마나 좋으냐?' 하는 이야기 말이다.

전화가 없는 시골집은 인터넷이 안 되니 이 기회에 인터넷의 사용을 중지해보자고 생각 했었다. 그래도 전자메일을 안 쓸 수는 없으므로 꼭 필요한 때는 시내에 나갔을 때, 도서관에 가서 해결하곤 했었다. 그러자니 어떤 때는 시기를 놓쳐 대응을 못하곤 했는데, 요새 세상에 인터넷을 안 쓰는 사람이 어디 있느냐, 너는 원시인이냐, 뭐 이런 비평들 때문에 하남 집에다 인터넷을 놓고 말았다. 한번 맛들인 문명의 이기는 쉽게 중독증에 걸리는 경향이 있어서 떨쳐내기가 좀처럼 쉽지 않다.

근본적으로 우리는 사치품은 아니더라도 일상생활을 편리하게 해주는 온갖 기기들의 도움을 받으며 산다. 요즈음의 집에는 옛날에 없던 많은 시설들이 있다. 수도꼭지만 틀면 물이 나오고, 온수도 나온다. 가스레인지의 스위치만 켜면 조리용 불이 켜지고 스위치 하나로 난방도 된다.

옛날 같으면 우물에 가서 물을 길어 와야 했고, 나무를 해다가 아궁이에 불을 때야 되던 일들이었다. 이 모든 것이 별 노력 없이 즉시 이루어진다. 옛날에는 볼일이 있으면 수십 리 길을 걸어서 다녔다. 자동차가 있으면 이동 시간이 수십 분의 일로 줄어든다.

이렇게 시간이 절약되었음에도 불구하고 모두들 옛날보다 더 바빠졌다. 절약된 시간들이 모두 어디로 사라졌을까? 이렇게 편리한 기기들을 사는데 필요한 돈을 벌기 위하여 소비한다. 옛날에도 먹고 살려면 열심히 일을 해야 했다. 그러나 일한 만큼 거두었고 그것 자체가 생활이었다. 말하자면 그러한 생활의 형태는 모든 생명체의 생명유지 활동과 닮아서 좀 더 원초적인 삶의 방식이었다고 할 수 있을 것이다.

먹이를 얻는 일로만 본다면 오늘날에는 조금만 일해도 충분한데 거기서 끝나는 것이 아니고 각종 문명의 이기들을 소유하기 위하여 일을 하고, 더 나아가 일상생활에 꼭 필요하지도 않은 사치품들을 소유하고 소비하기 위하여 일을 한다. 그것이 행복하기 위한 필요조건이라고 생각하기 때문이다. 그런데 그렇게 더 많은 것을 소유하게 되면서 우리들은 그런 것들이 없던 옛날에 비하여 더 행복해졌을까? 국가별 행복지수에서 8위였던 부탄은 국민소득이 2000년대 초반 수백 달러였는데 근래에 5천 달러로 급성장한 반면, 행복지수는 거꾸로 17위로 떨어졌다고 한다.

우리는 누구나 많이 소유하면 행복하다는 생각에 철저하게 젖어 있어서, 가난한 나라의 사람들은 주위에 모두 가난한 사람들뿐이라 많이 소유하는 것의 행복을 이해하지 못한다고 착각하지만, 조금만 더 생각해 보면 진정으로 착각하고 있는 것은 우리 쪽이 아닐까 싶다. 우리는 무엇을 소유할 때마다 그것에 만족하는 경우는 없고 그 다음 것을 또 원하게 된다.

부유한 나라일수록 주위에 부유한 사람이 많을 테니 개인의 욕심의 척도도 그에 따라 점점 상승하게 마련인 것이다. 결국 족하고 부족하고는 절대적인 소유물의 양에 있는 것이 아니고 자기 마음속에 있는 것이다. 족해도 부족하다고 생각하면 항상 부족하고, 부족해도 족하다고 생각하면 항상 족한 것이다. 모두가 가난했던 옛날의 시골은 먹을 양식과 땔나무만 충분하면 행복했던 것 같다.

자연을 접하는 시간이 길어지면서 이러한 인간의 욕심과 소유와 소비의 행태, 그리고 그런 것들에 대한 논리의 허구성에 대하여 조금씩 눈치를 채게 된다. 자연은 인간에게 훌륭한 스승이다. 복잡한 설명이 없이도 자기 모습을 보여줌으로써 삶의 의미를 느끼게 해주고 무엇이 행복인가를 가르쳐 준다.

사실은 우리말에는 행복이라는 단어 자체가 없었다고 한다. 이 개념은 서구에서 수입된 것이고 일본의 학자들이 이 개념을 번역하는 과정에서 만들어낸 신조어인데, 이를 수입한 것이라고 한다.

이곳 우리 집의 내 땅이라는 것은 인간끼리의 소유욕으로 인한 갈등을 중재하기 위하여 인간이 그어놓은 선일 뿐, 여기에 사는 모든 생명들에게는 네 땅 내 땅이라는 구분이 있을 수 없다. 그 생명들이 내 땅에서 산다고 하여 내 소유물도 아닐뿐더러 그늘도 남의 땅에 기생하고 있다는 개념은 없다. 애초에 땅의 주인이 어떻게 있을 수 있겠는가?

백인들이 미국 인디언들의 땅을 사겠다고 했을 때, 시애틀 추장이 했던 연설처럼 말이다.

"…우리가 어떻게 공기를 사고 팔 수 있단 말인가? 대지의 따뜻함을 어떻게 사고판단 말인가? 우리로선 상상하기조차 어려운 일이다. 부드러운 공기와 재잘거리는 시냇물을 우리가 어떻게 소유할 수 있으며, 또한 소유하지도 않은 것을 어떻게 사고 팔 수 있단 말인가?…"

그렇다, 이 땅은 모든 생명체가 사는 동안 잠시 의탁하는 곳일 뿐이다.

개똥철학

전원에서 느끼는 생명력은 진화가 덜된 생명체가 더 강한 것 같다. 이를테면 인간이 하등생물이라고 여기는 생명체일수록 생명력이 왕성하다. 식물의 생명력은 삶과 죽음의 경계가 모호할 정도로 경이롭다. 힘들여 뽑아놓은 잡초더미는 뿌리에 흙이 붙어 있는 한 다시 살아나 풀 더미를 이루는 것을 보면 지겨울 정도이다.

동물도 하등 동물일수록 식물의 생명활동과 닮아 있는 것을 알 수 있다. 도마뱀은 위급상황이 닥치면 꼬리를 떼어 버리고 도망가는데 나중에 다시 복원되고, 지렁이는 뇌에 해당하는 끝 부분이 잘려 나가도 복원된다고 한다. 고등 동물일수록 복원력이 떨어진다. 사람은 수족이 조금만 잘려도 원상으로 회복되지 못하는데 스스로 그것이 불가능한 일이라고 믿기 때문이라고 한다.(이는 생물학자들의

과학적인 논리는 아니고 검증되지도 않은 주장이지만)

결국 생물들의 지능과 생명력은 반비례하는 것 같아서 하등 생물일수록 생명력이 강하다. 그리고 단순하고도 소박한 삶을 살고 있다.

인간을 제외한다면 모든 생물이 사는 데는 그렇게 많은 물자가 필요한 것은 아니다. 자연이 제공하는 범위 안에서 순응하여 질서를 지키며 조화롭게 산다. 오직 인간만이 온갖 물자를 끌어 모으고 그래도 부족하여 갈등하고 고민하면서 끌탕을 하고 있다. 이러한 허망한 욕구들을 버릴 수 있다면 우리는 훨씬 더 행복해질 수 있으련만.

지구상의 모든 동물들 중에서 인간은 유일하게 쓰레기를 만드는 동물이다. 인간 이외의 동물들이 만드는 유일한 쓰레기는 분뇨와 자기 시체뿐인데, 그것은 짧은 시간 안에 자연으로 돌아간다. 인간이 만드는 쓰레기들 중 많은 것들은 오랜 시간이 지나도 자연으로 돌아갈 수 없는 것 들이다.

산골의 캄캄한 밤, 비바람 치는 숲의 소리는 스산하기 그지없다. 초등학교시절, 비바람 치는 밤이면 뒤꼍의 숲에서 들려오는 소란스러운 소리에 죽음에 대한 생각이 떠오르곤 했었다. 산다는 것이 무엇일까? 나도 죽어야 하는 것일까? 이런 생각에 잠 못 이룬 적이 여러 번 있었다. 지금이라고 죽음을 달관한 것도 아니지만 연명치료를 중단하는 존엄사를 바람직하다고 생각하게는 되었다. 존엄사보다 더 적극적인 것이 안락사인데 조력 자살에 가까운 안락사는 대부분의 나라에서 법적으로 허용되지 않아 이것이 허용되는 스위스에 죽으러 가는 사람도 있다. 나는 안락사까지 실천할 생각은 없더라도 그럴 수도 있겠다고 이해는 하게 되었다.

자연을 벗하고 있으면 철학과 종교가 아니더라도 자연의 순리를 조금씩은 느끼게 된다.

'…하늘의 새들을 눈여겨보아라. 그것들은 씨를 뿌리지도 않고 거두지도 않을 뿐만 아니라 곳간에 모아들이지도 않는다. …너희는 왜 옷 걱정을 하느냐? 들에 핀 나리꽃들이 어떻게 자라는지 지켜보아라. 그것들은 애쓰지도 않고 길쌈도 하지 않는다.' 학생시절 영어를 배운다고 영어로 외우고 다녔던 성경 구절이다. 많은 생물 중에서 오직 인간만이 생명유지 차원의 활동을 넘어 먹이를 더 차지하기 위해 노심초사하고, 재물을 모으기 위해 집착하는 것을 일깨워 주는 경구이기도 하다.

우리나라에는 무소유를 실천하면서 오로지 수행에만 정진하는 훌륭한 스님들이 많다. 덧없는 소유욕을 끊고 오로지 깨달음을 위하여 일생을 보내는 그들의 행적과 비교할 수는 없지만, 그래도 자연의 가르침을 오랫동안 받다 보면 조금씩은 마음이 비워지는 것을 느끼고 평온해진다.

한나절만 자연 속에 들어가 온갖 생물들이 사는 모습을 관찰해 보시라. 평소에 눈에 잘 띄지도 않던 작은 야생화들도 좋고, 이름을 아는 것들이면 더 좋지만 이름을 몰라도 좋다. 작은 곤충들이 사는 모습도 좋다. 무심하게 이런 것들을 보고 있으면 자기가 버리지 못하고 있는 온갖 집착과 욕망이 조금은 덧없게 느껴진다.

결국 우리가 버려야 할 것들은 허망한 소유욕이 빚어낸 쓰레기처럼 쌓인 살림살이는 물론이고, 인간만이 특별한 존재라는 자만심도 버려야 하고, 내 인생만 소중하게 생각하는 이기심도 버려야 하고, 자기 생명만 고귀한 것이라고 여기는 집착을 버려야 한다. 그래야 비로소 우리는 거대한 우주의 질서와 순리에 적응하여 조화롭고 행복하게 살 수 있을 것 같다.

자연과 벗하여 살려는 사람에게는 많은 것이 필요하지 않다. 이사를 하며 짐을 줄인다고 나름대로는 많이 버리고 필요하다고 생각되는 것만 챙겨왔건만 아직도 짐들이 너무 많다. 구들방 아궁이가 있으니 허섭스레기를 다 태워 버릴 준비는 되어 있는 셈이다. 일체의 욕심을 다 태워 버릴 수 있다면 좋겠다.

소박한 먹거리

내가 먹을 것은 내가 만들자

중국산 수입 농수산물에 대한 유해 논란이 끊이지 않고 있다. 그러나 꼭 중국뿐만이 아니고 세계 모든 곳에서 유해성 식품에 관한 논란이 계속 들려온다. 작은 텃밭 하나로 먹거리의 많은 문제들이 해결되는 것은 아니지만, 이왕 전원생활을 하려면 자기가 먹을 채소 정도는 직접 재배해 볼 일이다. 직접 해보는 친환경 유기농은 안전한 먹거리 조달은 물론 신토불이(身土不二)의 일석이조가 되는 셈이다.

봄 채소가 자랄 때가 되면 상추, 쑥갓, 시금치, 아욱, 봄배추, 열무 등이 상에 오르고 조금 시간이 지나면 애호박, 오이, 가지, 풋고추, 토마토 등으로 식탁이 풍성해진다. 처음에 상추씨를 뿌리고는 이놈들이 제대로 나올 것인지 의구심을 가졌었는데, 소복하게 어린 싹들이 나오는 것을 보고는 감지덕지 솎아 먹었고, 그 후에는 잎을 계속 따먹어도 대가 자라면서 남들에게 나누어 주기도 힘들 정도로 잎이 자라나 감격해 버렸었다.

식사 직전에 밭에 나가 상추 열 닢과 풋고추 다섯 개를 따오면 반찬이 없어도 한 끼를 때울 수 있다. 요리의 과정을 거치지 않은 음식의 맛이야말로 시원(始原)의 맛이고 일류 요리사도 흉내낼 수 없는 맛이다.

상추는 근래에 고기를 싸먹는 용도로 정착되어 고깃집에서 곁들여 주는 채소가 되었지만 옛날에는 주로 밥을 싸 먹었다. 여름철 점심때면 으레 찬밥 덩이와 된장을 넣고 싸 먹었을 뿐만 아니라 양식이 부족할 때는 된장만 넣고 헛쌈을 먹기도 했다.

따서 바로 쪄먹는 옥수수는 조금 덜 여문 것이 오히려 맛있다. 알이 덜 차서 듬성듬성 박혀있는 것도 맛있다. 한철 먹고 남을 정도의 양이라면 찐 후 바로 냉동실에 보관하면 오랫동안 그 맛이 그대로 보존된다.

김장배추와 무, 고추 등을 재배해서 직접 김장을 담그면 일 년 내내 부식이 되고 가계에도 보탬이 된다. 김장에 빼놓을 수 없는 것이 고추이고 주변의 밭을 보아도 어느 집이나 고추는 심는다. 김장거리로 쓰려면 태양초가 좋다고 하지만 고추 말리기가 기르는 것보다 더 어렵다. 붉은 고추를 일주일 단위로 따서 구들방에 불을 때고 초벌 말리기를 하여 햇볕에 말린다. 뜨거운 구들에 데어 버릴세라 수시로 뒤집어주고 햇볕에 내어 놓았다가는 비가 오면 들여놓기를 되풀이하지만 말리는 과정에서 많이 상해 버린다. 양이 많지 않을 때는 가위로 잘라서 말리기도 하고, 말리는 방법에 관해 여기저기 정보를 구해 보지만 정성 외에는 이렇다 할 정설이 없는 듯하다. 결국 태양초를 만든다고 매년 부산을 떨던 고추 말리기는 결국 소형 가정용 건조기로 낙착이 되었다.

시골 운치를 살린다고 김장독을 묻고, 움을 파서 무도 저장했다. 옛날 시골에서는 이엉으로 둘러친 원추형 모양의 움 덮개를 많이 보았는데 짚이 없으니 멋 내기는 생략하는 수밖에 없다. 이렇게 저장된 무는 겨울철 그대로 날로 먹는 간식거리이기도 했다. 그러나 결국 김치는 김치냉장고로 돌아왔다. 김장독은 봄이면 시어지므로 일 년 내 먹으려면 김치 냉장고가 저장성이 좋기 때문이다.

초등학교시절 도시락의 단골 반찬은 각종 장아찌였다. 가장 흔했던 것이 무말랭이에 말린 고춧잎을 같이 무친 것이었다.

감자와 고구마는 보관만 잘 하면 일 년 내내 먹거리가 된다. 반찬도 되지만 겨울에 은박지에 싸서 난로에 구우면 타지도 않고 알맞게 구워진다.

나의 시골 경험이라는 것이 한국전쟁의 피란 때였으므로 농사는 짓지 않았는데 어머니는 남의 밭에 가서 감자나 고구마 캐는 일을 돕고 얼마간 얻어다 자식들을 먹이셨다.

보리쌀이라도 있을 때는 보리밥 위에 감자를 잔뜩 넣고 쪄서 식량을 보충했지만 그마저도 부족할 때는 찐 감자만 으깨어 고추장에 비벼 먹었다. 우리를 살려준 구황 식품이었던 셈이다.

요즈음은 간간이 보리밥을 파는 식당들이 있는데 어렸을 때 보리밥에 물렸던 사람들은 한사코 안 먹으려고 한다. 쌀밥 먹는 것이 소원이었던 사람들에게 보리밥은 지겨운 것일 뿐이었다. 나는 어렸을 때 감자와 고구마를 그렇게 먹고도 아직도 좋아한다.

옛날에는 김치만 있으면 밥을 먹었지만 텃밭을 가꾸면 풋고추와 감자를 넣은 된장찌개나 새우젓애호박찌개, 아욱국, 상추쌈, 가지나물 등이 훌륭한 부식이 된다.

밭작물도 수확을 목적으로 하는 것 외에 부산물들이 있다. 호박잎, 고춧잎, 들깻잎, 고구마줄기, 토란줄기 등이다.

과수밭에도 조금씩이나마 맛을 보여주는 과일들이 있지만 매실이 열리고부터는 제일 애지중지하는 재료가 되었다. 일한 후 매실주 반주를 곁들이면 최고다.

공짜 먹거리

밭에서 나오는 것들은 어느 정도의 노동력이 필요하지만, 봄이면 재배하는 채소가 자라기 전이라도 주변의 나물들이 훌륭한 먹거리가 된다. 밭일을 시작하기 전부터 봄소식을 알려주는 것이 냉이다. 된장찌개나 국에 몇 뿌리만 들어가도 그 진한 향취를 비할 데가 없다. 그 다음이 달래이고 다음은 지천으로 자라는 쑥 차례다.

인적이 드문 이곳에도 봄나물이 나올 때쯤이면 나물을 채취하는 사람들이 자주 뒷산을 오르는데, 주로 채취하는 것이 참취와 고사리다. 취나물 중의 왕이 곰취라는 이야기는 들은 터라 야생화를 판매하는 곳에서 참취와 곰취를 몇 포기 사다가 심었다. 가을에 보니 참취는 1미터 이상 자라서 하얀 꽃을 피웠고 다음 해부터는 조금씩 퍼지기 시작하는데 곰취는 심은 놈이 죽지는 않았지만 잘 퍼지지 않는다. 아마도 이곳이 살기에 적당치 않은 곳인가 보다.

지나가던 동네 노인들의 이야기로는 우리 집안에 미역취가 지천인데 왜 안 따먹느냐고 한다. 우리가 없을 때, 들어와서 많이 따간 적이 있다고 하면서 많이 있는 장소까지 알려준다. 남의 떡이 크다고, 잘 안 자라는 곰취 타령에 집안에 있는 미역취는 천덕꾸러기가 된 것이다.

이곳에 와서 새로 알게 된 나물들이 많지만, 지나다니는 사람들에게서는 계속 새로운 것을 배운다. 그들이 뜯어가는 것들 중에는 아직 내가 모르는 것들이 많다. 봄에 새순으로 돋아나는 풀들은 거의 다 먹을 수 있는 것들이다. 질경이는 길가를 비롯해서 아무데서나 잘 자라는 흔한 것으로 먹어본 적이 없었는데 이곳에 와서 나물로 무쳐 먹어보니 훌륭한 먹거리였다.

봄나물의 제왕으로는 취나물과 더불어 두릅을 빼놓을 수 없는데 집 주위에도 맛을 볼 수 있을 만큼은 얻을 수 있다. 어린 순은 그대로 초고추장을 찍어서 먹고 쇤 것은 데쳐서 먹는다. 뒤곁에 저절로 퍼진 두릅나무가 여러 그루 있는데 잠깐 한눈을 팔고 있으면 지나다니는 나물채취 꾼들의 차지가 된다. 땅두릅도 있다.

대부분의 나물들이 봄 한철인데 비하여 비름나물은 여름 내내 먹을 수 있다. 머위도 그렇다.

이곳 주변에는 산밤나무가 많아 마을 들어오기 전의 큰길가로 밤을 주우러 원정을 가기도 했는데 잠깐 새에 두세 되 정도는 줍는다. 집안에 심은 밤나무에 밤이 열리기 시작한 이후에는 밤을 주우러 가는 원정은 자연히 중단되었지만, 무엇이든 공짜로 얻을 수 있다는 것은 언제나 즐거운 일이다.

어렸을 때의 시골에서는 공짜 먹거리들이 꽤 있었다. 참외서리, 콩서리, 밀서리, 닭서리 등의 용어는 오늘날에는 의미로만 남아 있지만 시골 어린이들에게는 일상사였다. 재미 삼아 하는 놀이였지만 기실 주린 배를 채우는 수단이기도 했다. 겁이 많은 나는 닭서리 같은 것은 시도할 생각도 못했지만, 친구들과 참외서리 정도는 해본 적이 있다.

남의 무밭을 지나가다가 한 개 뽑아 먹는다거나, 과수원을 지나다가 배 한 개를 따먹는 정도는 서리라고 부르지도 않았다. 그런데 시골이라도 과수는 물론이고 참외, 수박은 돈이 되는 것이라 그랬던지 그것을 지키기 위해 원두막에서 밭주인이 자면서 지키기도 했다.

엄밀히 따지면 이런 서리행위는 절도였지만 합법적으로 구할 수 있는 것도 꽤 있었다. 대표적인 것이 지금은 논에서 거의 사라진 메뚜기인데 잔뜩 잡아다 날개는 따버리고 간장에 볶아서 반찬으로 먹었다. 가끔 큼직한 방아깨비가 잡히면 횡재였다.

개구리는 논두렁 아무데나 지천이었는데 회초리를 들고 다니면서 내려치면 다리를 쭉 뻗고 버둥거린다. 그러면 발로 밟고 뒷다리만 뽑아서 모아다가 소금을 쳐서 구워 먹는다. 지금이라면 야만적이라고 생각할 것이다. 아니, 요즈음은 개구리를 포획하는 것이 불법이다. 그 시절 아이들은 개구리를 먹어 치우는 백로들과 경쟁하면서 영양을 보충했다. 그때는 개구리가 많아 먹이사슬의 균형을 깨는 행위도 아니었다. 사자들이 먹잇감으로 초식 동물들을 잔인하게 죽이는 것과 견주면 아무것도 아닌 먹이 사냥일 뿐이었다.

그 외에도 많은 먹거리들이 있었는데, 예컨대 곤충 중에서 살이 붙어 있는 놈들은 먹을 수 있는 것들이 꽤 있었지만, 다 나열하다 보면 몬도가네라고 할 테니 이쯤하고 조금 고급 먹거리로 가보자.

논 옆에 물웅덩이들이 있었는데 벼를 베고 나면 물을 퍼내고 뻘흙을 뒤져 미꾸라지를 잡는 날, 동네에서는 추어탕 잔치판이 벌어진다. 사실 그 시절에는 먹는다는 것이 중요한 일이었다. 오죽하면 동네 어른들을 만났을 때 인사가 '진지 잡수셨어요?'이었으니까. 지금 생각하면 이상한 인사법이지만, 이는 '안녕하셨어요?'와 동의어였다. 밥을 먹으면 안녕했던 것이다.

특별한 별식은 참새인데, 그것을 잡겠다고 고무총을 만들어 가지고 다니면서 열심히 쏘아보았지만, 정작 맞추었던 기억은 없고 손으로 움켜잡았던 기억만 있다. 날이 추워지면 참새들이 초가집 처마 밑의 구멍 속에 들어가 잠을 자는데 밤에 손전등 불을 비추면 눈이 부셔서 날아가지 못한다. 이때 사다리를 놓고 올라가 손으로 움켜잡는다. 털을 뽑고 소금을 쳐서 구워 먹었다.

어쩌다가 포장마차에서 참새구이가 눈에 띄어 반가운 김에 몇 번 먹어본 적이 있다. 포장마차 주인에게 진짜 참새냐고 물어보면 한사코 진짜라고 했지만 어린 병아리인지도 모를 일이다.

작은 텃밭으로 자급자족은 안 되지만

논이 없으니 쌀은 자급을 못하고, 텃밭이 있다고 하여도 그것으로 부식이 모두 자급되는 것은 아니지만, 그래도 상당히 보탬이 되는 것은 사실이고, 사실 경제적인 보탬 이상으로 풍성함을 누릴 수 있는 것이 텃밭의 덕목이다.

우리나라 사람들에게 김치 외에도 뺄 수 없는 것이 간장, 된장, 고추장 등 장류가 있다. 고추장과 간장, 된장을 담가 보았다. 물론 담그는 것은 아내의 몫이지만. 도시의 아파트에서는 하기 힘든 것들을 직접 담가 볼 수 있는 기회가 온 것이다. 메주는 준비를 못해 주문해서 썼다. 콩 농사라고 해야 잘 되어야 기껏 한말 정도이니 메주를 만들 엄두는 못 내지만 청국장 정도는 만들 수 있다.

나머지 부식은 밭작물로 어느 정도는 충당되겠고, 겨울철이 문제이긴 하지만 김치와 더불어 보존이 가능한 감자, 고구마, 무, 배추, 대파, 양파가 있고 묵나물도 있다. 뿐만 아니라 냉동실을 이용하면 데쳐놓은 나물을 비롯하여 여름한철인 채소를 사시사철 먹을 수 있다. 결국 냉장고의 냉동실로는 모자라 냉동고를 또 하나 장만하게 되었다.

이곳에서 자급할 수 있는 먹거리는 모두 '슬로푸드'다. 땅과 벗하여 살면서 슬로푸드를 스스로 조달할 수 있다는 것은 큰 축복이다. 아내는 본래 햄버거 등 패스트푸드는 물론 콜라, 사이다 등 음료도 불량식품으로 규정하여 먹지 못하도록 금지하고, 인공 조미료도 사용하지 않는다. 가공식품도 거의 먹지 않는다. 이제는 습관이 되어 밖에서 식사를 할 경우에도 자연히 토속음식을 찾게 되고, 결혼식 피로연 등 잔칫상에서도 음료수에는 손이 가지 않는다.

초등학교시절만 해도 사이다는 소풍날에나 맛볼 수 있는 귀한 것이었다. 더운 여름날 갈증을 풀 수 있는 최고급 음료는 미숫가루를 탄 물이었다. 먹을 것이 귀한 시절에 허기까지 해결할 수 있었던 것이다. 그것도 없을 때는 우물물을 길어다가 사카린을 타서 마셨다. 설탕도 귀했던 시절이라 그것이 음료의 대용이었다. 요즈음은 갈증을 푸는 데는 순수한 지하수가 최고다.

공장식 축산이 문제라고는 하지만 그렇다고 해서 채식주의자가 되어야 하겠다는 생각은 아직 없다. 원시 인류는 오랜 세월을 사냥을 통해 먹거리로 육류를 추가하면서 잡식성 동물로 진화했는데 그런 오랜 과정의 진화를 부정할 필요까지는 없지 싶다. 축산업 자체가 문제가 아니고 그 방법이 문제다.

나 혼자의 힘으로 축산 방법을 좌지우지할 수 있는 힘은 없지만, 모든 소비자가 친환경 농산물 소비를 늘려 그 생산을 유도하는 것과 마찬가지로, 육류의 소비량을 줄이고 친환경 유기농으로 기른 가축의 고기를 선호하게 된다면, 그런 방향으로 축산업이 유도되지 않을까 싶다.

그런 의미로 이곳에서 토종 닭 몇 마리를 기른다면 계란, 고기를 생산하여 육류까지 자급자족을 실현하고 닭똥은 퇴비로 활용할 수 있으니 좋겠다는 생각은 든다. 그러면서도 아직 실행 못하는 이유는 집을 비울 때 돌봐 주는 것이 문제이기도 하지만, 주위의 짐승들이 해칠 우려도 있고, 내가 기른 것을 어떻게 잡아먹느냐는 것도 문제다. 어쨌든 닭을 기르는 문제는 아직은 보류 상태다.

자급 원칙에 위배된다고 육류는 안 먹고 채식만 할 것인가? 궁하면 통한다고 방법이 있기는 하다. 한적한 전원에 집이 있다고 하면 으레 방문하고 싶어 하는 사람들은 있게 마련이다. 누군가 오겠다고 하면, 여기는 시장이 없으니 올 때 고기 좀 사오라고 하는 방법이 있다. 이건 농담이지만, 산골이라고 육식을 할 기회가 그렇게 없는 것은 아니다. 친구들이나 방문객이 올 때는 마당에서 고기를 구워먹게 되어 있는 것이다.

시설 재배가 점차 늘어가면서 시골도 정취가 옛날보다 많이 줄어든 것을 느낀다. 시설재배를 하면서부터 옛날에는 제철에나 맛볼 수 있었던 농산물을 사시사철 맛볼 수 있어 편리하기는 하지만, 농업도 생산성과 경제에 치중하게 된 요즈음은 공장의 생산라인 같은 살벌함을 느끼고는 한다. 주변의 새들을 보면 먹이가 많은 봄과 여름에 맞추어 새끼를 기른다. 인간은 인간에 맞추어 농작물을 기르려고 시설재배를 한다.

대량생산의 문제도 그렇지만 제철 농산물을 되도록 조기에 출하하여 비싼 값 받기 경쟁을 하다 보니 정작 제철에는 도시의 대형 농산물 매장은 끝물이 되고 만다. 이렇게 자란 농산물보다는 제철에 노지에서 자연의 힘으로 자란 농산물이 맛도 있고 건강한 먹거리가 아니겠는가.

세상과의 소통

텔레비전 안 보기

모두가 가난했던 어린 시절, 시골에는 라디오도 귀했다. 웬만한 부자가 아니고서는 라디오를 살 수 없었던 때였는데, 광석라디오라는 것이 있었다.

광석라디오도 제대로 만들려면 몇 개의 부품이 필요했지만, 제일 간단한 것은 작은 양철판 두 개를 평행으로 기둥에 고정한 후 한쪽에는 긴 안테나를 연결하고 또 한쪽은 구리철사를 연결하여 땅에 묻고 양철판 사이에 광석을 끼우고 양쪽에 이어폰 선을 연결하면 라디오 소리가 들렸다.

마을 앞 원두막에 이것이 설치되어 있었는데, 나는 피난민이었으므로 밭주인인 친구와 원두막에서 밤에 이걸 들었다. 방송을 선택하는 장치가 없으므로 광석을 움직이면 그 조건에 맞는 전파가 센 방송이 들릴 뿐이지만 그렇게 신기할 수가 없었다.

몇 년 후에는 집집마다 스피커를 달았다. 설치된 것은 선으로 연결된 스피커뿐으로, 업자가 라디오를 틀어 주었으므로 다이얼 선택권은 없지만 모두 감지덕지 들었을 뿐 아니라 저녁이면 마당에 모여 앉아 라디오 연속방송극을 듣고는 했다.

이러한 시절을 보내다가 훨씬 뒤에 등장한 텔레비전은 말로는 표현할 수 없는 경이로움 그 자체였다. 읍내 고모님 댁에 텔레비전이 설치되었는데 물론 흑백이었고 전파도 약해 흐릿한 화면이었지만 저녁이면 동네 사람들이 모두 모여들 정도였다. 이제 텔레비전은 컬러시대를 거쳐 고해상도의 대형화면으로 장족의 발전을 하였고 사치품에서 벗어나 집집마다 당연히 갖추는 필수품이 되었다.

여기서는 10년 이상을 텔레비전이 없는 채로 살았다. 지상파 방송은 안 들어오지만 위성 텔레비전을 설치하면 되는데, 텔레비전 안보기 운동을 하려는 것은 아니고 어쩌다가 설치를 안 했었는데 별 불편을 못 느끼니 그대로 지냈던 것이다. 근래에 타의로 설치하기는 했다.

타의란 아내를 이름인데 무료할 때 TV가 사람 한몫은 할 거라며 설치하자고 주장을 한 것이다. 여기 주로 있는 사람은 나이니 내 걱정을 해준 것이지만, 내심 자기가 왔을 때 평소 보던 드라마가 보고 싶었을지도 모르겠다. 내가 보는 것은 어차피 뉴스 외에는 다큐멘터리 정도다.

요즈음은 텔레비전의 폐해를 인식하는 계층도 생겨서 안보기 운동도 있지만, 대부분의 사람들은 거의 중독 상태에 빠진 정도여서 텔레비전 없이는 못 견딘다. 텔레비전이 한창 보급되던 초기에도 지각이 있는 이들은 바보상자라고 부르기도 했지만 대중의 인기를 누르기에는 역부족이었다. 그런데 없이 지내보니 새삼 텔레비전의 폐해를 느끼게 된다.

마샬 맥루한(Marshall McLuhan)의 미디어 이론에 의하면 텔레비전은 쿨 미디어(cool media)로 정의하고 라디오는 핫 미디어(hot media)로 구분한다. 쿨 미디어는 사람의 참여도가 높고, 핫 미디어는 사람의 참여도가 낮다고 한다. 복잡한 이론이 아니더라도 라디오는 들으면서 다른 일도 할 수 있지만, 텔레비전은 몰두하게 된다. 그래서 다른 일을 못하도록 시간을 빼앗아 간다.

텔레비전의 원래 목적은 시청자에게 정보를 전달하는데 있었겠지만 상업화 되고 채널이 늘다 보니까 시청률 높이는 데에만 혈안이 되어, 가치 있는 정보보다는 시청자를 붙들어 둘 수 있는 재미있는 프로그램만 쏟아 놓는다. 재미있다는 기준 조차도 어디에 초점을 맞추었는지 황금 시간대나 주말에는 온통 내용 없는 무익한 오락 프로그램으로 채워지고 있다.

시청자들이 정말로 그런 프로그램들을 좋아하여 그런 수요에 응하는 건지, 텔레비전 프로그램 제작하는 사람들이 일방적으로 좋아하라고 유도하는 것인지 모를 일이다. 드라마는 왜 그리도 많은지 모두들 자기 인생은 팽개쳐 두고 드라마 속의 남의 인생으로 대리만족을 하고 있는 양상이다.

문제는 하루에도 몇 시간씩 자기 인생을 강탈당하고도, 거기에 중독되고 세뇌되어 스스로는 폐해를 모르고, 텔레비전에만 몰두하여 가족들과의 대화가 단절되니 가정생활조차 문제가 된다. 매일 몇 시간씩 거기에 몰두하여 운동부족이 되니 비만에도 일조한다. 아동 교육에 저해요인이 될뿐더러 심하게는 범죄의 조장에도 일조를 하는 것 같다.

수십 년 전, 일본에 자주 출장을 다니던 시기에 일본에서 텔레비전을 보면 맛있는 먹을거리 소개 프로그램이 어찌나 많은지 이 나라는 먹는데 걸신이 들렸나 하고 의아스럽게 생각하곤 했는데, 요즈음 국내 텔레비전이 그렇게 되어 버렸다. 경제 불황이니 어쩌니 해도 어느 정도 먹고 살만하게 되면 그렇게 되는 것 같다. 이제는 식상할 때도 되었건만 먹거리 프로그램의 열기는 식을 줄을 모른다.

텔레비전으로 습득하는 정보 가치에 아무리 후한 점수를 주더라도 시청해서 얻는 이득 보다는 잃는 것이 더 많다. 텔레비전을 보더라도 꼭 필요한 프로그램만 보고 스위치를 끌 일이다. 자기가 텔레비전의 주인이 되어야지 노예가 될 필요는 없다.

오디오 예찬

이에 비하면 라디오는 나은 편이다. 거의 안 듣던 라디오를 시골생활을 하면서 자주 듣게 되었는데, 주로 음악 프로그램이지만 들으면서 책도 볼 수 있고 다른 일도 할 수 있을 뿐만 아니라 대화도 할 수 있다.

어렸을 때 들었던 광석라디오의 신기함이 계기가 되어 학생시절에는 진공관식 라디오와 오디오도 만들어 봤다. 지금도 일부 오디오 마니아들은 옛날식의 진공관 앰프와 LP판을 고집하지만, 그 시절에는 첨단 기기였고 내가 만든 진공관 오디오에서 흘러나오던 LP음악은 지금도 잊지 못하는 감동으로 남아 있다.

모든 사람들이 자기 세대를 과도기라고 생각하는 경향이 있다. 세상은 그렇게 변해간다. 최근의 변화 주기는 더 빨라졌다. 이제 내가 만들었던 진공관 앰프는 버린 지 오래 되었고 기록 매체로서의 LP는 CD를 거쳐 MP3로 바뀌어 가고 있다. 나로서는 첨단 매체를 선택한다고 LP를 포기하고 CD를 선택했고 그러는 사이에 취향도 클래식에서 바뀌어 재즈 CD를 나름대로는 열심히 수집했다.

한때 라디오에서 서양음악을 클래식, 세미클래식, 경음악, 이렇게 구분하던 시절이 있었다. 음악다방에 앉아 '도라지위스키'라는 국산 브랜드의, 위스키를 탄 홍차인 '위티'를 주문하고 세미클래식 한 곡을 신청하면 세련됐다고 여기던 시절이었다.

그 시절 경음악에는 간간이 재즈가 섞여 있었는데, 그때는 그것이 재즈인 줄도 몰랐다. 그것들이 재즈라는 것을 안 것은 훨씬 뒤에, 일본에 장기 출장을 가서 들은 음악에서였다. 외국에 가려면 외국어 시험을 보아서 합격을 해야 했던 시기였으므로, 어렵사리 나가서 보고 듣는 것이 모두 신기하여 호기심의 발동으로 재즈가 좋아졌는지도 모르겠다. 국내에서 재즈 CD를 구입할 수 있었던 것은 훨씬 뒤의 일이었다.

이제는 CD도 전자 매체로 옮겨진 음원에 자리를 위협 받고 있어 구시대의 유물로 사라질 형편이다.

그러나 내게는 아직도 애써 수집했던 재즈곡들이 소중한 소장품이고 좋아하는 CD를 골라 듣는 것이 좋다. 모든 미디어 중에서 오디오만은 전원에서의 '슬로 라이프'와 어울린다는 생각이다. 국악 중에서 장중한 정악도 좋고, 이와는 전혀 다른 느낌의 재즈도 좋다. 정악은 선조들의 느림의 미학을 느낄 수 있는 음악이다.

재즈란 도회적인 느낌의 음악으로 전원에서 어울릴 것 같지 않지만 한적한 전원생활의 이점은 자유를 만끽하는 것이다. 누구 눈치 볼 필요도 없는 곳인데 나 좋으면 됐지 무엇이 문제일 것인가. 겨울에 난로까지 피워져 있으면 음악을 듣기에는 최고의 분위기이다. 거기에 고구마까지 불 속에 묻혀있다면 금상첨화다.

재즈에는 정형화된 틀이 아닌 다양성이 있고 자유가 있다. 때로는 독특한 리듬이 자연스레 몸을 흥겹게 흔들게 만들고, 때로는 가볍게 날아갈 듯한 느낌을 준다. 때로는 담배연기 자욱한 허술한 창고 같은 지하주점을 연상시키는가 하면 처절한 애수를 느끼게도 해준다. 그리고 재즈는 볼륨을 좀 올려야 제 맛이 나는데, 눈치 볼 이웃이 없으니 좋다. 도시에서는 이웃 때문에 볼륨을 올리는 것도 문제가 된다.

식물은 음악을 들려주면 잘 자란다는 연구보고가 있다. 그런데 클래시은 좋아하고 록 같은 시끄러운 음악은 싫어한다고 한다. 재즈의 독특한 리듬은 내게는 활력소이지만, 혹시 우리 밭작물들이 재즈도 싫어한다면 문제이긴 한데, 거실과 밭은 거리가 있어서 시끄럽게 들리지는 않을 것이니 최소한 작물들이 시끄럽다고 불평하는 일은 없을 것이다.

아날로그는 구식인가

미디어의 종류로 보면, 근래에 우리 생활 속으로 파고 들어온 것에 인터넷이 있다. 텔레비전 중독과 더불어 인터넷 중독도 문제인데 정보전달의 매체로서 인터넷은 옛날에는 상상할 수도 없을 정도로 세상을 바꾸어 놓았다.

인터넷이 태동할 수 있었던 기반은 PC의 대중화다. 1970년대 중반 회사에서 아날로그 컴퓨터의 연수를 위하여 미국출장을 갔을 때가 퍼스널 컴퓨터가 막 태동하던 시기였는데, 출장비를 아껴 초기 모델인 퍼스널 컴퓨터를 키트로 사다가 조립하여 사용해본 적이 있다.

요즈음 형태의 PC는 1980년도 IBM이 PC를 만든 것이 효시가 되었는데 그 이전 초기 형태의 PC는 요즈음 사용되는 프로그래밍 언어도 적용되기 전이라 간단한 계산을 하더라도 컴퓨터가 직접 인식할 수 있는 기계어를 사용하여 며칠을 걸려 프로그램을 만들어야 했다. 모니터도 없어서 텔레비전을 개조하여 모니터로 사용했는데 텔레비전에 글자가 나온다고 신기하게 여겨 동네 사람들이 모여들 정도였다.

당시 컴퓨터 전문가라는 나도 기술의 발달 속도가 어찌나 빠른지 근래에는 컴맹이 되어 버릴 정도로 세상이 변했다.

모든 기술이 그렇지만 초기에는 인간의 필요성과 수요를 위하여 개발되던 것이 어느 정도 이상 진화되면 이번에는 거꾸로 그 기능을 사용하기 위하여 인간이 거기에 종속되어 버리는 것 같다.

초기의 컴퓨터는 필요한 계산을 빨리 하자는 데서 출발했다. 그러던 것이 문자와 그래픽 처리기능이 부가되자 정보를 처리하는 기능으로 진화되었고, 통신기능이 더해지고 좀 더 많은 정보를 좀 더 빨리 처리하게 되자 인간의 생활과 관계되는 모든 분야로 기능이 확장된 것이다.

인터넷의 편리함은 두 말 할 것도 없지만 문제는 자기가 필요할 때 그것을 쓰는 것이 아니고, 그 기능을 쓰기 위하여 쓸데없는 시간을 버리는 것이 문제이다.

그렇게 보면 휴대전화도 마찬가지다. 그 편리함은 옛날에는 SF에서나 볼 수 있을 정도로 상상을 초월하지만, 필요한 용건 전달을 위해서가 아니고 기능을 사용하기 위하여 쓸데없이 통화요금과 데이터요금을 낭비하는 것이다. 요즈음은 누구나 휴대전화기를 가지고 다니는데 대부분의 통화내용은 그리 중요하지도 않은 일상 대화이고, 지하철에서의 통화의 대부분도 마찬가지이다.

"지금 어디야?"

"여기 xx역인데 곧 도착해."

일반전화조차 귀했던 것이 불과 반세기가 안됐고, 친구와 다방에서 약속이라도 하면 본인이 나타날 때까지 무작정 기다려야 했다. 본인이 나타나지 않으면 유일한 수단은 다방마다 출입구에 있던 메모꽂이에 메모를 남기는 거였는데, 이제는 본인의 움직임을 생중계 하는 시대에 이르렀다.

옛날, 손잡이를 돌려 신호를 보내면 교환수와 연결되고 교환수가 상대방과 연결을 해주었던 시기에서, 다이얼을 돌려 직접 통화를 하는 전화기로 바뀐 것이 1960년대라고 기억된다.

그러나 그것도 회선이 모자라 아무나 사용할 수 있는 것은 아니었고, 그에 따라 백색전화와 청색전화라는 구분이 있었다. 이것은 전화기의 색깔을 말하는 것이 아니고, 신청하면 정상적으로 설치해 주는 것이 청색전화이지만 워낙 시설이 부족해서 신청해도 언제 설치될지 하 세월이었으니, 금전적으로 여유가 있거나 전화기가 꼭 필요한 사람은 기존의 전화 중에서 매매가 허용된 일부를 고가에 살 수 있었는데 그것이 백색 전화였다.

그런 시절이 지나 전화기 공급이 확대되자 나타난 첨단 기기가 '삐삐'라는 무선 호출기였다. 통화기능은 없고, 호출만 해줄 뿐이었지만 그 시절에는 첨단 기기여서 그걸 가지고 다니는 사람은 무슨 비밀요원 같은 느낌을 주었으니까. 이제 누구나 휴대전화를 들고 다니게 되었는데, 불편했던 과거의 상황을 모르는 젊은 세대는 그렇다고 쳐도, 그것을 겪은 세대도 이제는 까마득한 옛날로 치부하고 모두 잊고 산다.

휴대전화가 진화하여 문자송신이 가능하게 되고 게임기능이 추가되자 이른바 엄지족이 생겼다. 인간 이외에도 몇 종의 유인원은 엄지를 이용하여 나무를 타거나 먹이를 채취하지만, 엄지를 제대로 사용하는 것은 인간뿐이다. 그렇다고 하더라도, 물건을 집는 것 이외는 별로 쓸모가 없었던 엄지손가락의 기능을 휴대전화가 진화시키고 있다.

카메라기능이 추가되면서부터는 순전히 그 기능을 이용하기 위하여 사진을 찍는다. 이제는 오디오 기능과 비디오 기능이 추가되어 오디오와 비디오를 아우르는 복합기기가 되었다. 휴대전화는 인터넷과 더불어 편지를 없애버린 원흉인데, 스마트폰이 나온 이후는 집중도가 더 높아져 이제는 누구나 스마트폰에 코를 박고 다닐뿐더러 본래의 기능을 떠나 옷과 같이 패션화 되었다.

근래에는 디지털이라는 용어가 본래의 의미를 떠나서 첨단 기술이라는 뜻으로 사용되고, 아날로그는 구식이라는 뜻으로 사용되고 있다. 원래는 컴퓨터에도 숫자로 계산하는 디지털 컴퓨터가 있었고 양적으로 계산하는 아날로그 컴퓨터가 있었다.

초기의 디지털 컴퓨터는 속도가 느려서 실시간에 고속으로 계산을 해야 하는 용도에는 부적합했고, 그런 용도로는 실시간으로 미분, 적분 등의 계산이 양적으로 가능한 아날로그 컴퓨터가 사용되었던 것이다. 아날로그 컴퓨터야말로 사실은 디지털 컴퓨터가 처리할 수 없는 고속 계산이 가능한 첨단 기술이었던 것이다.

사실, 현재의 일반화된 PC는 고밀도의 집적회로 덕분이지만 초기의 컴퓨터는 트랜지스터 소자를 사용하여 만들어야 했으니, 최초의 컴퓨터였던 진공관 컴퓨터보다는 소형화 되었다고 해도 역시 대형이었고, 고가이다 보니 큰 기업에서나 사용할 수 있는 기기였다.

진공관과 마찬가지로 트랜지스터는 아날로그 전기신호를 증폭할 수 있는 기능을 갖는 소자인데 이것을 2진법의 한 숫자를 논리연산할 수 있는 소자로 활용한 것이다. 컴퓨터가 0과 1만을 쓰는 2진법을 사용한다는 것은 대부분 알고 있지만, 컴퓨터의 가장 밑바닥을 들여다보면 이 2진법의 논리 연산이 그 핵심이다.

트랜지스터로 구성한 논리 연산 회로가 있어서 전압의 크기로 나타내는 한 개 이상의 신호(예컨대 0V는 2진수의 '0', 5V는 2진수의 '1')를 트랜지스터의 회로에 입력하면, 논리 연산 결과를 출력하는 것이다. 논리연산의 기본은 AND, OR, NOT의 세 가지인데, 두 입력이 모두 1일 때만 출력이 1이 되는 것이 AND이고, 두 입력 중 하나만 1이라도 출력이 1이 되는 것이 OR이고, 1을 0으로, 0을 1로 반전시켜주는 것이 NOT이다. 아마도 여기까지는 누구라도 이해할 수 있을 것이다.

그런 단순한 논리로 어떻게 컴퓨터가 작동될 수 있냐고? 그 논리를 조금 더 가공하면 2진수의 4칙 연산을 할 수 있고, 이를 우리가 쓰는 10진수로 변환시킬 수도 있다. 사실 초기의 컴퓨터는 그런 계산을 빨리 하자는 게 목적이었다. 그런데 단순한 논리 계산을 수없이 반복하여 결과를 내다보니, 아날로그 회로에 입력을 하면 회로 자체가 즉시 결과를 알려주는 아날로그 컴퓨터보다 빠를 수가 없었던 것이다. PC가 나오기 이전에 기업에서 사용하던 고가 컴퓨터의 대표적인 일은 직원들의 급여계산이었다.

그런 대형컴퓨터의 일들이 현재는 흔해진 PC로 간단히 할 수 있게 된 것이다. 그뿐만이 아니고 그 시절의 대형컴퓨터로도 못하던 문자나 그래픽의 처리가 간단하게 되어 아날로그 컴퓨터의 기능을 훌쩍 뛰어넘게 된 것이다. 어떻게 그런 일이 가능하냐고? 트랜지스터로 구성되던 회로는 부피를 축소하기 위하여 계속 집적되어 같은 크기에 들어가는 소자가 약 2년마다 2배가 되도록 발전되어 와서 많은 데이터를 한꺼번에 처리하니 속도가 점점 빨라졌고, 그 컴퓨터로 데이터를 다루는 기술인 소프트웨어가 나날이 발전하고 있기 때문이다.

반도체의 집적도의 향상과 반비례하여 가격은 2년마다 1/2정도로 하락했는데, 내가 경험한 예만 들더라도 PC이전 기업용 컴퓨터에 문자 200자를 기억하는 기억장치가 자동차 한대의 값이었던데 비하여, 현재는 누구나 들고 다니는 휴대전화에도 수십 기가바이트의 기억장치를 보유하고 있다. 1기가바이트는 10억 자이다.

이제는 이러한 기술이 컴퓨터뿐만이 아니라 거의 모든 전자기기에 사용되어 디지털 세대를 태동 시킨 것이다. 디지털 기술이 발전되어 이제는 새로운 기기들이 정신을 못 차릴 정도로 쏟아져 나온다. 옛날의 오디오 마니아들이나 카메라 마니아들이 좋은 기기를 찾아 끊임없이 바꿈질을 하던 관행이, 이제는 모든 첨단 디지털 기기로 확산되어 새로운 기기들이 출시되자마자 구입하여 즐기는 계층도 생겼다.

디지털 시대는 인스턴트 시대이기도 하다. 첨단 기기들의 부침이 빨라지다 보니 이제 그런 기기들은 보유하는 것이 아니고 소비하는 소모품이 되었다. 음악까지도 자기가 좋아하는 앨범을 수집하는 시기를 지나서 필요한 곡을 다운로드 받아서 듣고 버리는 시대가 되어 버렸다.

세상과의 소통

한적한 곳의 생활이라는 것이 사실은 불편한 것도 있기는 하다. 아날로그적인 미디어로 버리고 싶지 않은 것 중의 하나가 아침마다 이불 속에서 느긋하게 보던 신문인데 이곳은 신문배달이 안 된다. 신문사 지국에 연락을 해보니 직접 배달은 안 되지만 우편으로 보는 방법이 있다고 한다. 아마도 우편배달이 되는지 우체국에 연락을 해 보면 직접 배달이 안 되니 신문사 지국을 통하여 우편을 받으라고 할지도 모르겠다.

사실은 우편배달 자체가 될 것인지 의구심을 갖고 있었는데 한전에서 의구심을 풀어주었다. 어느 때부터인가 전기료 고지서가 배달되기 시작한 것이다. 집배원을 만난 김에 우편으로 신문을 볼 수 있는지 물어보았더니 곤란한 표정이다. 아니 어이없다는 표정이다. 정말 신문을 신청하면 큰일이다 싶은지 "여길 어떻게 매일 와요?" 한다. "그냥 물어본 거예요. 신청 안 할 거예요." 하고 안심시켜줄 수밖에. 신문은 하남에 갔을 때 며칠 치를 몰아서 보아야 하지만 우선은 그것으로 만족하는 수밖에는 없겠다.

도시에서는 집안 살림살이에 무언가 문제가 생기면 해당분야를 서비스하는 업체의 사람을 부르면 된다. 오는 길도 설명하기 쉽지 않은 궁벽한 곳에 살면서 일일이 사람을 부를 수는 없으니 이런 곳에 살려면 웬만한 일은 스스로 해결하는 만능박사가 되어야 한다.

인터넷은 할 수 없이 하남 집에 설치하기는 했지만 일주일에 한두 번 들어가 보는 것이 고작이다. 내 노트북에 인터넷이 항상 연결되어 있을 때는 습관처럼 거기에 들어가게 되고 하루라도 들여다 보지 않으면 세상과 단절된 것 같은 느낌이었는데 거기에서 떠나고 보니 비로소 해방된 느낌이다.

휴대전화만은 버릴 수 없어서 보유하고 있는데 그것만으로도 세상과의 소통은 충분하다. 충분한 정도가 아니고 너무 과하게 세상과 밀착되어 있다는 느낌이다. 조금만 더 떨어져 있으면 좀 더 자유스러울 터인데 하고 생각했더니 새로 바꾼 휴대전화가 그렇게 만들어 주었다. 전화기가 너무 오래되어 새 모델로 바꾸었더니 산골이라도 잘 통하던 전화가 집안에서는 통화가 안 된다. 거실에서는 신호가 울리기는 하는데 통화가 안 되어 통화를 하려면 밖으로 나와야 하고, 방에서는 아예 신호도 울리질 않는다.

알고 보니 전파가 약한 곳이라 옛날 통신 방식인 2G는 통하는데 3G이후의 통신방식은 잘 통하지 않는 것이 이유다. 세상과의 소통에 그만큼 거리를 두라는 섭리인가 싶어 한동안 불편을 감수했지만, 결국 내방객이 가지고 있던 다른 통신사의 전화기가 통화가 되는 것을 안 후에 전화기를 바꾸고 말았다. 그것도 이미 내세가 되어버린 스마트폰으로. 세상과의 소통이 완전히 두절되는 것은 나도 두려웠던 것이다.

아마도 같은 원리이겠지만, 소형의 휴대용 라디오는 여러 방송이 잘 들리는데 내가 애지중지하는 고급 오디오의 라디오는 안테나와 기상상태의 조건에 따라 음악방송과 뉴스방송이 들리다 안 들리다 한다. 한동안 못 듣던 음악방송을 안테나를 더 길게 연장하고야 듣게 되었는데, 그 후에도 음악방송과 뉴스방송에 따라 가끔 안테나 위치를 바꾸어 주어야 한다. 말하자면 세상과의 소통에 있어서 경계에 있는 셈이다.

나이를 먹어감에 따라 눈은 침침해지고, 귀는 어두워지고, 세상과의 소통을 위한 기관들의 성능이 떨어진다. 세상과의 소통을 그만큼 줄이고 살라는 뜻인지도 모르겠다.

각종 미디어가 범람하는 것이 현실이지만 가치 있는 지식을 얻는 매체는 아직도 책이라고 나는 믿고 있다. 학창시절에 대부분의 문학전집을 독파했고, 그때 읽었던 플루타크 영웅전이 밑거름이 되었던 점에 비추어 보면 요즈음의 학생들은 책을 너무나 안 읽는다.

아날로그 미디어는 무조건 경시하고 인터넷을 통하여 지식이 아닌 단편적인 정보를 끌어 모으고 있는 것이 아닌가 생각된다. 인터넷 정보라는 것이 생활에 필요한 것도 있기는 하지만 인스턴트식품 같은 단편적인 것들이 많고 때로는 경박하고 오류가 섞인 것들도 많이 발견된다.

'요즈음의 젊은이들은 못됐다'는 말은 로마의 유적에서도 발견된다는데, 사실은 우리나라 학생들이 책을 많이 안 읽는 것은 그들을 못됐다고 탓하기 이전에 교육제도의 탓이 더 크다.

소위 아날로그적인 환경이 그리워지는 것은 나도 나이를 먹은 탓인지도 모르겠다. 아직은 인터넷 뉴스보다 신문이 좋고, 전자책에는 거부감이 있어서 종이 책이라야 한다. 시류에 굴복해 스마트폰은 어쩔 수 없이 샀으니 통신이 편하기는 하지만 아무 때나 울려대는 카톡 소리가 거슬려 와이파이가 안 되는 지역에서는 데이터 사용방지 설정을 해놓았더니, 여기 산골에서는 카톡이 안 되다가 와이파이가 되는 하남에 나가면 비로소 카톡이 대량으로 수신된다. 말하자면 여기는 원시세상이고, 하남은 문명세상인 것이다.

디지털 문명에 대한 저항치고는 미약한 셈이지만, 사실은 여기가 산골이라 지금도 통화조차 그리 잘 되는 것은 아니다. 통신 전파는 4G를 거쳐 5G에 접어들고 있지만 통화가 잘 안 될 때도 있고, 도중에 끊기기도 한다.

그런데 나도 LP를 냉큼 버리고 CD로 바꾸었건만, 요즈음 LP가 부활하고 있다고 한다. 내가 나이를 먹어서 아날로그를 좋아하는 것이 아니고 디지털에 식상한 젊은 세대도 아날로그를 좋아하는 계층이 있다는 얘기다. 그러고 보면 신문과 종이 책도 곧 사라질 것이라는 예견이 있었는데 아직도 건재하고 있다.

디지털시대가 심화되면 될수록, 몸을 움직이는 일을 하는 직업은 점점 자취를 감출 것이라는데, 그렇게 보면 가장 아날로그적인 일은 호미와 삽으로 하는 것이다.

문명을 발전시킨 좀 더 근원적인 문제로는 전기가 있다. 인간이 전기를 발명한 후부터 어둠을 모르고 사는데, 조명뿐이 아니고 현대 문명의 이기들은 대부분 전기를 사용한다. 일 년에 하루쯤은 집집마다 전등을 꺼서 에너지도 절약하고 어둠 속에서 별을 보자는 운동도 있는 것 같다.

내가 전등의 혜택을 누린 것은 고등학교 이후이고, 그 이전 시골에 있을 때는 석유 등잔을 사용했다. 그나마 후반의 몇 년간은 유리가 씌워진 남포등을 사용했는데 등잔을 사용하던 것에 비하면 이것도 괄목할 만한 밝기였다.

등잔불마저 없던 옛날에는 늘 어둡게 살아 형설(螢雪)의 공이라는 용어가 생겨났을 터인데 눈빛으로 책을 읽는 것은 아무래도 과장인 것 같지만, 혹시 반딧불이라면 가능하지 않을까 하여 초등학교시절 실험을 해 본 적이 있었다. 반딧불을 여러 마리 잡아 병 속에 집어넣고 책에 비추어 보았는데 역시 글을 읽기에는 역부족이었다.

도시에서는 조명등을 끄더라도 주변의 불빛으로 인한 간접조명으로 어두움을 모르고 사는데 간접조명이 없는 여기 산골은 밤이 되면 1미터 앞을 식별할 수 없을 정도로 어두워진다. 보름달이 휘영청 밝다는 것은 이런 곳이 아니면 실감할 수 없다.

전원생활의 덕목은, 위치에 따라 정도의 차이는 있지만 도시생활에서 겪는 각종 미디어의 홍수에서 벗어날 수 있고, 도시적인 환경으로 인해서 상실된 인간성을 어느 정도 회복할 수 있는 계기가 된다는 것이다.

문화생활을 할 수만 있으면 시골 가서 살 용의가 있다는 누군가의 이야기를 들은 적이 있다. 도시적인 문화생활이라는 것이 표면적으로는 각종 공연을 보거나 예술을 감상하거나 뭐 그런 것이 연상되지만, 기실은 일상화된 각종 미디어와 몸의 움직임을 최소화할 수 있는 편리성과 사람들과의 빈번한 교류를 뜻하는 것이 아닌가 싶다. 도시생활에 중독이 되면 이런 것들로부터 떠나는 것이 두렵고, 전원생활을 희망하더라도 이러한 모든 것은 유지한 채 맑은 공기와 아름다운 자연의 경치만 원하게 되는 것이다.

이왕 전원생활을 하려면 이러한 문명의 이기들로부터 좀 떠나볼 일이고, 그것이 사회의 고아가 되는 것이 아니고 인간성의 회복이라는 점을 깨달아야 할 일이다.

혼자 놀기

우리 집은 아랫동네에서 골짜기를 따라 1㎞이상 올라와야 한다. 중간에 띄엄띄엄 몇 집이 있는데다가 근처에 절도 있어서 오지라고 할 수는 없지만 골짜기의 마지막 집이므로 좀 외진 곳이긴 하다.

애초에 인적이 없는 오지에서 수도자적인 생활을 하는 게 목적이 아니었으므로 이웃이 있건 없건 개의치 않았지만 이왕 자연 속에서 자유롭게 살려면 동네와 어느 정도는 떨어져 있어서 독립성을 갖는 것이 좋다고 생각한다. 그래야 남을 의식하지 않고 하고 싶은 일을 마음대로 할 수 있기 때문이다. 진정한 자유를 누리려면 외로움 정도는 극복해야 한다.

정원 가꾸기

전원생활에서 하기 좋은 것은 취미에 관계없이 정원을 가꾸는 것이다. 하루를 행복하려면 술을 마시고, 한 달을 행복하려면 결혼을 하고, 평생을 행복하려면 정원을 가꾸라고 한다.

우리나라에는 없는 새지만 정자새의 수컷은 정자를 만들고 정원을 가꾼다. 이놈은 행복하기 위하여 정원을 가꾸는 것이 아니고 암컷을 유혹하기 위하여 정원을 가꾼다. 나뭇가지를 물어다 정자를 짓고, 각종 꽃이나 열매, 조개, 곤충, 심지어는 인간이 만든 각종 화려한 색깔의 플라스틱 조각 등을 가져다가 장식한다.

유혹의 경쟁에서 이기기 위하여 다른 수컷이 만든 정자를 부수고 장식물을 훔치기도 한다. 그러다가 이 정원에 반하여 접근하는 암컷과의 짝짓기에 성공하면 목적은 그것으로 끝난다. 다른 곳에 둥지를 짓고 새끼를 기르는 것은 암컷의 몫이다. 알고 보면 못된 놈이다.

평생을 행복하려면 정원을 가꾸라는 말이 정자새처럼 남을 유혹하기 위하여 정원을 가꾸라는 뜻을 아닐 게다. 스스로 즐기기 위해서인 것이다. 세상에 혼자서 즐기기에 이보다 더 좋은 것은 없다.

정원을 가꾼다고 하여 돈을 들여 조경업자에게 의뢰하거나, 조경업자가 하듯이 인위적인 모양을 만들고자 하려는 것은 아니다. 돈 안들이고 주위 환경과 어울리게 자연스럽게 만들어 보자는 것이다. 텃밭을 가꾸는 것도, 나무 한 그루, 풀 한 포기 심는 것도 즐거운 정원 가꾸기의 과정이다.

정원의 중요한 요소는 나무다. 새로 심는 나무보다 원래 있던 나무들이 더 자연스럽게 정원을 꾸며준다. 길 쪽으로는 찔레꽃과 사귀나무가 있고, 개울 쪽으로는 산초나무와 병꽃나무, 뒤곁에는 조팝나무, 생강나무 등이 있다. 없던 나무가 어디에선가로부터 오기도 한다. 긴꼬리조팝나무 같은 것들이다. 새로 심은 것들로는, 전에 분재로 있던 소나무, 소사나무, 느티나무, 느릅나무, 대나무, 단풍나무 등이 일찌감치 마당 한 켠에 자리를 잡았고, 그 외에도 마당부근에는 공작단풍, 배롱나무, 불두화, 해당화 그리고 밭 주변에는 목수국, 수수꽃다리, 산수유, 목련 등이 추가되었다. 매실나무가 여러 그루나 있는 데도 홍매화가 또 한 그루 추가되었다.

아내는 유실수보다는 꽃을 볼 수 있는 나무를 더 좋아하는데 매년 봄에 들르는 나무시장에서 설중매라고 이름이 붙은 나무를 보고는 또 욕심을 부린 것이다. 사군자 중에서도 대나무는 추위에 약해서 겨울이면 죽기 일쑤고, 봄이 되면 뿌리에서 다시 나오고는 했는데, 이제는 추위에 내성이 생겼는지 안 죽고 크기 시작하더니 너무 퍼져서 문제다.

매화는 눈 속에서도 꽃을 피우니 추위를 타는 문제는 없을 것이다. 아마도 이놈이 우리 집에서 제일 귀한 나무로 자리매김을 하리라. 조선시대의 퇴계 이황은 임종하던 날 제자에게 매화 화분에 물을 주라고 했다던가.

그런가 하면 퇴출되는 나무들도 있다. 밤나무 옆의 졸참나무는 키만 커서 과수에 그늘을 만든다는 죄목으로 퇴출되었고, 집 옆에 붙어있던 은사시나무는 지붕에 너무 낙엽을 떨구어 지저분하다는 죄목으로 퇴출되었다. 바람이 거의 없는 날도 '사시나무 떨듯' 팔랑거리는 모습의 잎사귀는 사실 낙엽이 되면 시커멓게 지저분한 모습으로 변한다.

뒤곁의 산밤나무는 앞에 심은 밤나무에 밤이 열리기 전까지는 산밤을 줍던 곳인데, 앞의 밤나무에 밤이 열리기 시작하자 베어버렸다. 토사구팽(兎死狗烹)을 당한 것은 아니고 나무가 너무 꼬부라져서 땅을 기는 형상인데다, 옆의 소나무가 기를 펴게 하려면 없애는 게 좋을 듯해서다.

참나무나 은사시나무는 땔감으로나마 활용되었는데 산밤나무는 땔감으로도 활용가치가 별로 없는 듯하다. 잘 타지를 않으니 바싹 마르면 탈까 싶어서 계속 말리고 있기는 한데, 어디선가 들은 바에 의하면 밤나무를 때면 유독가스가 나온다고 한다. 실내의 난로에서 때는 것은 포기하고, 아궁이에나 때야 할 모양이다.

이렇게 이야기하면 무슨 멋있는 수목원이라도 만들어놓은 것 같지만, 사실을 말하면 우리 집 정원은 도시인들의 눈으로 보면 그냥 황량한 잡초밭일뿐이다. 이름 있는 수목원들을 보고 나무만 많이 심으면 그렇게 되는 줄 알았는데, 그것이 대단한 노동을 요하는 관리를 거치지 않으면 그렇게 깔끔하게는 될 수 없다는 것을 해보고서야 알았다.

꽃밭이라고 이름 붙여진 곳도 몇 군데 있기는 하다. 이곳에는 옛날부터 전통적으로 꽃밭을 차지하던 백일홍, 과꽃, 봉숭아, 맨드라미, 코스모스, 나리, 금잔화, 샤스타데이지 등의 꽃들이 일부 있기는 하지만, 구절초, 벌개미취, 비비추, 패랭이, 매발톱, 능굴레, 할미꽃, 초롱꽃, 바늘꽃, 층층이꽃, 꿩의 다리, 마타리, 으아리, 매미꽃, 현호색, 앵초, 쥐손이풀 등 야생화가 같이 들어가 있고, 무엇보다도 이 모든 것을 능가하는 잡초들이 공생을 하고 있다. 사실 전통적으로 옛날부터 꽃밭에 있던 꽃들은 주변 야생초에 밀려 퇴출될 위기에 있다.

야생화들은 그냥 두어도 매년 꽃을 보여 주지만 사람의 손을 타는 꽃들은 주변의 잡초를 관리해 주지 않으면 자기 혼자서는 씨를 퍼뜨리지 못한다.

야생초라고 하여 아무데서나 잘 자라는 것은 아니고 제가 좋아하는 환경이 있어서 사람 마음대로 한곳에 모아놓으려고 해도 말을 듣지 않는다. 잡초들은 들어오라고 초대를 하지 않아도 제 마음대로 들어와서 자리를 차지한다.

개울 쪽의 꽃밭은 물봉선이 개울에서 올라와 제집으로 자리를 잡았다. 거꾸로 꽃밭을 벗어나서 온 집안에 퍼지는 것들이 구절초와 벌개미취, 산국화들이다. 루드베키아도 외부에서 몇 포기 갖다가 심었었는데 집안 여기저기 조그만 군집을 이루며 퍼져있다. 자기들이 살 곳을 맹렬히 찾고 있는 게 분명하다.

과수밭과 뒤꼍에는 그냥 두어도 자기들이 알아서 꽃들을 피우는데, 과수밭의 단골은 붓꽃, 애기똥풀, 산괴불주머니, 엉겅퀴, 범의귀, 제비꽃, 원추리, 망초, 미역취, 여뀌, 뱀딸기, 토끼풀 등이고, 제일 인기를 차지하는 놈은 뒤꼍의 흰진범이다. 키 큰 잡초들에 싸여 있어 잘 눈에 띄지도 않지만, 잘 살펴보면 꼭 흰 오리들이 오글오글 모여 있는 형상이다.

집과 길 사이에는 울타리가 없었다. 울타리 만드는 방법을 놓고 아내와 논쟁만 하다가 몇 년을 보냈다. 주위에 돌이 많으니 돌담을 쌓자, 그걸 어느 세월에 쌓느냐 나무기둥을 넓은 간격으로 박고 가로로 재목을 두세 개 걸쳐서 간이 울타리를 만들자, 아니다 개나리는 꺾꽂이를 해도 잘 사니 개나리 울타리를 만들자, 이런 식이다. 결국 돈이 비교적 적게 들고 손쉬운 쥐똥나무로 낙착이 되었다.

크지 않은 묘목을 심었으니 울타리 구실을 하기까지 또 몇 년은 걸렸다. 쥐똥나무 안쪽으로는 구절초 등 야생화로 겹으로 울타리를 삼았다.

외바퀴 수레가 다니는 길에는 돌을 깔았다. 윗면이 편편한 돌로 틈새가 없도록 각도를 맞추어 제법 튼튼한 오솔길이 되었다. 그러나 튼튼하다는 것은 내 생각이고 잡초들이 틈새를 비집고 나기 시작하면 금세 내 체면을 구겨놓는다.

그래도, 무슨 일이건 하다 보면 기술이 늘게 마련이어서 앞 계단 밑에 나중에 만든 곳은 비교적 튼튼한 돌길이 되었는데, 제일 처음에 만들었던, 밭과 과수밭의 사이 길은 재공사를 해야 될 판이다. 그러나 아무리 재공사를 하더라도, 돌 사이에 바늘도 들어가지 않을 정도로 정교한 잉카인들 건축기술을 습득하지 않는 한, 그 사이에 잡초가 뚫고 나오는 것을 막을 방법은 없을 게다.

정원이라야 대부분이 텃밭이니 텃밭 가꾸기가 정원 가꾸기의 많은 부분이다. 크지도 않은 텃밭이지만 그것도 농사랍시고 봄에서부터 가을까지는 대부분의 시간을 밭에서 보낸다.

아내와 같이 있더라도 각자 하는 일이 따로 있어서 둘이 함께 일을 하는 경우는 드물다. 나는 밭에 관심이 쏠려있고, 아내는 야생화에 관심이 쏠려있다. 어쨌든 정원 가꾸기는 둘이 놀기인 셈이다.

연못 만들기

주변엔 유난히 돌이 많다. 개울 바닥은 암반이고, 대문 옆에도 큰 바위가 하나 박혀있고, 집 아래 밭 입구에도 바위가 하나 있다. 직경이 1미터 이상 되어, 파낼 수도 없고 이왕 그대로 두려면 활용해 보자고 그 둘레를 파서 연못을 만들기로 했다. 그런데 시작만 해놓고는 일 년을 방치했다. 작은 텃밭이지만 농사철에는 바쁘다는 핑계로, 농사철이 끝나도 게으름을 피우다가 겨울이 되면 땅이 얼어붙었다는 핑계로, 차일피일하다가 공사기간이 한정 없이 길어진 것이다.

작은 연못을 만들 경우 방수 시멘트로 벽을 만들어야 물이 새지 않는다는 조언을 들어온 터이지만 부자연스러운 것 같아 사용하지 않겠다고 생각은 하면서도 내심 반신반의하고 있었는데 장맛비가 걱정을 덜어 주었다. 억수 같은 비가 계속 오자 제풀에 물이 채워져서 연못 모양이 만들어졌다. 비닐 호스 물이라도 계속 공급만 한다면 연못이 되겠다는 자신이 생겼다.

집에 온 아들들까지 손을 빌려 대강 모양을 완성하고 개울 상류에서부터 호스로 물을 끌어 왔다. 그런데 웬걸, 아무리 기다려도 물이 제대로 채워지질 않는다. 가는 호스로 흘러오는 물의 양이 연못 바닥으로 스며나가는 물의 양을 넘지 못하는 것이다.

인공적인 방수를 하지 않고 스며나가는 것을 막으려면 개흙을 구하여 깔든지 아니면 호스를 굵은 것으로 교체하여 물의 양으로 해결하는 수밖에는 없는데 이번에도 또 생각만하고 방치하면서 1년이 가버렸다. 그러자 자연이 문제를 해결해 주었다. 시간이 지나면서 흙이 다져졌는지 수면이 조금씩 올라가기 시작한 것이다. 결국 작은 연못 하나 완성하는데 3년이 걸린 셈이지만, 세상에는 100년 걸려서 짓는 건물도 있는데 3년이 대수랴.

대충 연못의 모양이 갖추어지자 어디서 왔는지 소금쟁이가 나타났다. 소금쟁이는 지상을 이동할 수 있는 놈이니 그럴 수도 있겠거니 생각 했는데 이번에는 송사리가 나타났다.

물을 개울 상류에서 끌어들인 호스는 길이가 100미터 정도로, 오래되면 이물질이 들어가 호스가 막히는 터라 이물질이 들어가지 않도록 취수하는 호스 끝을 페트병으로 덮고 작은 구멍들을 뚫어 놓았었는데 송사리가 어찌 들어 왔을까? 아마도 송사리 알이 흘러들어왔을 게다. 처음에는 서너 마리가 보이더니 열 마리 이상으로 불어났다.

그런데 이번에는 추리도 할 수 없는 놈이 나타났다. 밤톨만한 우렁이 들이 나타난 것이다. 개울에서는 우렁이를 본 적이 없고 상류에는 논도 없는데 어디서 왔을까?

어쨌든 자연의 힘으로 연못다운 모양으로 변모해가고 있는데 십을 비운 사이에 문제가 생겼다. 장맛비로 개울물이 불자 호스의 취수 하는 쪽이 흘러가 버려 물이 끊어진 것이다. 물이 끊기면 하루 이내에 물이 모두 없어질 터인데 소금쟁이와 우렁이는 괜찮겠지만 송사리가 문제다. 개울의 위험한 급류를 헤치고 취수부분을 긴급 복구하자니 이놈들도 우리 식구라고 속 썩이네 생각하다가 혼자 실소가 나온다.

이때는 송사리를 살렸지만 그 후에 내가 없는 사이에 호스가 막혀 물이 끊어지는 바람에 결국 송사리는 죽고 말았다. 어쩔 수 없이 물이 끊어지는 확률을 줄이기 위하여 호스를 하나 더 설치했다. 그 덕에 연못의 수면은 좀 더 올라가게 되었지만, 결과적으로 송사리란 놈들이 목숨을 바쳐 우리 집 연못의 수면을 올려놓은 셈이고, 다음해에 들어올 송사리들이 혜택을 보게 되었다.

그런데 어차피 겨울에는 호스가 얼어 물이 끊기니, 겨울이 되기 전에 연못의 송사리를 어항으로 잡아 개울에 방생을 해준다. 큰 페트병으로 어항을 만들고 된장을 조금 넣어 놓으면 송사리들이 잘들 들어가는데 아무리 해도 잡히지 않는 뺀질이 몇 놈이 있다. 어항에 잡히는 놈들은 살고, 안 잡히는 놈들은 죽는, 우리 연못만의 역설이다.

그런가 하면 내 힘으로는 어쩔 수 없는 일도 있다. 봄이 되자 얼음이 녹기를 기다려 호스로 물 공급을 시작했는데, 개구리가 기다렸다는 듯이 알을 잔뜩 낳아 놓았다. 올챙이가 깨어나자 작은 연못이 올챙이로 오글오글 가득 찰 정도가 되었다. 이놈들이 무엇을 먹고 사나 걱정스러워 어쩌다 집에 남아있던 거북이 먹이를 뿌려주고는 했는데 어느 날 연못에 뱀이 출현했다. 불길한 생각이 들기는 했지만 올챙이를 모두 잡아먹을 줄이야! 이튿날 보니 올챙이가 한 마리도 남지 않았다. 평화롭게 보이는 이곳에도 무자비한 먹이사슬은 있다. 그러나 뱀이 잡아먹었다는 것은 내 추측이고 현장을 목격한 것은 아니니 알 수 없는 일이다.

연못 옆에다 해시계를 만들기로 했다. 처음에는 간단하게 만들려고 평판에 막대를 세우고 매 시간마다 막대 그림자를 따라 선을 그었다. 그것으로 된 줄 알았는데 날짜가 지나면서 그림자의 시각표시 위치가 달라진다. 가만 생각해보니 지구가 자전하는 상태로 볼 때 일정시각의 그림자는 그림자의 각도가 일정한 것이 아니고 그림자 끝부분의 남북 위치가 일정한 것이다. 그리고 평면일 경우는 매 시간의 그림자 간격이 일정하지도 않다.

결국 조선시대의 앙부일구(仰釜日晷)를 흉내 내어 큰 나무토막에 오목하게 구면으로 판 후 그림자를 위한 뾰족한 막대를 설치했다. 이제 실제 그림자를 보면서 매 시간마다 시간을 나타내는 선을 남북으로 그리고, 계절에 따라 하지, 춘분과 추분, 동지의 선을 동서로 그리면 시각과 계절을 볼 수 있는 해시계가 되는 셈이다. 그런데 표시를 끝내려면 일 년이 걸린다. 해당하는 계절에 날이 흐려서 해가 안 난다면 계절 선은 몇 년이 걸릴 수도 있다.

혼자 놀기

사실 여기 골짜기에는 거의 혼자 있는 편이고, 아내는 다른 일로 바쁘니 가끔씩만 주초에 여기에 올 뿐이다. 완전 백수인 나는 주중을 여기서 보내고 주말에만 하남으로 나간다.

단어 만들기 좋아하는 일본에서 만든 용어이지만 '졸혼(卒婚)'까지는 아니더라도 반 이상은 별거하는 셈인데, 매일 같이 살면서 티격태격 싸우는 것보다는 훨씬 자유스럽고 좋다. 어찌 티격태격 안 할 수 있겠는가, 남자와 여자는 DNA가 0.1퍼센트나 다르다는데. 인간과 침팬지도 1.23퍼센트 밖에 다르지 않다는데, 0.1퍼센트면 상당한 차이다.

나는 부부싸움 한 번도 안하고 항상 금슬이 좋다는 부부는 이해가 안 된다. 부부 금슬을 위해서도 주기적으로 혼자가 되는 것이 도움이 된다. 아마도 매일 붙어 있으면 몰랐을 서로의 가치도 떨어져 있음으로써 더 알게 될 것이다. 그리고 인생의 관심사가 서로 다르니, 따로 행동하는 것이 서로의 인격을 존중해 주는 것도 된다.

혼자 있을 때는 식사가 큰 행사다. 식사준비래야 밥이나 하는 정도이고 반찬은 아내가 해준 것을 먹지만, 할 줄 아는 반찬이 별로 없으면서도 내가 만들어 먹을 것이니 반찬 싸주지 말라고 또 티격태격 싸운다. 아마도 내가 아내의 지배력을 벗어나려면 반찬까지도 혼자 해먹어야 한다는 잠재의식이 있는지도 모르지만, 반찬을 안 싸주면 이번에는 또 다른 트집으로 티격태격 할지도 모르겠다. 이런 것들이 시시콜콜한 부부싸움의 재료다.

혼자 식사한다는 것이 을씨년스러우니 대충 때우자는 생각도 들지만 나는 먹지 않을 반찬까지도 일부러 차려놓고, 음악을 틀고, 반주할 술까지 준비해 놓고 우아하게 식사를 한다.

음식 찌꺼기가 남더라도 퇴비로 들어가면 되므로 문제될 것이 없지만 설거지하기가 번거로우니 스님들이 공양할 때 김치 쪽으로 바리때를 씻어 먹듯이 그릇을 깨끗하게 비운다. 식사 계획도 면밀하게 세운다. 점심은 대충 때우더라도 저녁에 밥을 할 때는 두 끼를 하여 저녁은 제대로 먹고 이튿날 아침은 찬밥을 먹는 대신에 일부를 남겨서 눌은밥을 끓여 먹도록 양을 조정한다.

혼자 있으면 텃밭 일은 오히려 효율이 좋아진다. 모든 일은 되풀이하다 보면 숙달 되는 법이어서 텃밭 일도 초기처럼 온몸이 쑤시는 정도로 힘들지는 않은데, 아내가 있을 때는 팔다리가 쑤신다는 핑계로 쉬었다가 밥 먹고 하자는 둥 딴청을 부린다. 혼자일 때는 이야기할 상대가 없으니 일에만 몰두하게 되고 그러다 보면 밥 때를 지나쳐 일을 할 때도 있다. 일을 끝내고 저녁식사도 끝내고 평상에 홀로 앉아 있어 보면, 문득 하루 종일 말 한마디 없이 지냈다는 것을 깨닫지만 그런 의식도 없이 지낸다.

잡초를 보면서는 '그놈들 끈질기게 나오네', 토마토를 지주에 묶어 주면서는 가지 사이에 새순이 자란 것을 보고 '지난 주에 따주었는데 또 나왔네', 과수밭에 늘어가는 붓꽃을 보고는 '이 놈들이 이제 봄꽃들과 임무교대를 하네' 등 마음속 혼잣말이 대화를 한 것으로 생각되는 것이다.

어느 정도 일손에서 벗어날 기회가 되면 대금을 불어 볼 때도 있다. 나는 원래가 음치라 음악과는 인연이 없어서 이런 저런 술자리 후 노래방에 끌려가면 괴롭기 그지없어 하는 주변머리다. 그런 터라 음악을 할 생각은 없었는데 언젠가 라디오에서 국악 중에 청성곡이라는 독주곡을 들은 후 단소와 대금을 배워야겠다고 마음먹고 독학으로 해보았다.

음치이긴 해도 듣는 것은 가능하듯이, 소리를 내는 것이 목소리가 아니고 악기라면 안 될 것도 없다는 생각에 시도해 보니 단소는 그런대로 독학이 가능했다. 소리는 대금이 좀 더 깊은 맛이 있는데 어려워서 포기하고, 청성곡의 독주는 대금보다 단소가 더 청아하다고 자위하고 있던 참이다.

그래도 대금에 대한 미련이 남아 있었는데, 이제는 시간의 여유가 있으니 재도전을 해보는 중이고, 조금씩이나마 소리가 좋아지는 것에 혼자 즐거워한다. 국악을 하는 사람들이 내가 내는 소리를 듣는다면 웃을 일이지만, 그래도 국악 악보를 혼자 어느 정도 터득한 것이 대견스럽고, 이러한 훌륭한 우리의 음악체계를 두고 학교에서는 왜 열심히 서양음악만 가르치는지 의아스러운 생각이 드는 것이다.

여유가 생긴 김에 수채화도 그려 보자고 생각하고 있던 참에 화구(畵具)를 기증 받았다. 그림 그리기는 학생 때 수채화를 해본 후는 본격적으로 해본 적이 없지만, 어렸을 때는 장래희망이 화가였던 적도 있었으므로 은퇴하면 해보자고 벼르고 있던 참이었다.

화가가 되었다면 평생 그림을 그리며 살아왔겠지만, 그래도 직업이 화가라면 그림 그리는 일에 어느 정도 스트레스가 있을 터인데, 스트레스 없이 하고 싶은 일을 마음껏 해볼 수 있다는 것은 즐거운 일이다.

은퇴 후 새로 결심한 취미에는 사진 촬영도 있다. 사진은 사회

초년병시절에 SLR카메라를 마련하여 심취한 적이 있었다. 기회가 되면 취미를 살려 아마추어 사진작가가 되어보자고까지 생각해보기도 했지만, 도둑이 들어 카메라를 잃어버린 후에는 바쁘다는 핑계로 손을 놓고 있던 참이다.

디지털 SLR은 초기에 천문학적인 가격으로 직업적인 전문가가 아니면 엄두를 낼 수 없을 정도였는데 최근에는 다른 전자제품과 마찬가지로 가격대가 떨어졌다. 일반 자동카메라에 비하면 아직 SLR이 비싸긴 하지만 큰맘 먹고 마련했다. 노후 준비로 투자한 것 중에서 제일 비싼 놈이다.

시골로 들어올 준비를 하면서 언젠가는 장승을 깎아 보겠다고 끌 세트를 구입했다. 초기 투자로 기 만원이 필요하긴 했지만 장승을 깎는데 더 이상의 돈은 필요 없을 것이다.

장승은 원래 마을을 수호하거나 경계표시, 이정표 등의 목적으로 만들었다고 한다. 요즈음은 많이 없어졌지만 옛날에는 흔했던 것으로 보아 전문 조각가가 만들었던 것 같지는 않고 마을에서 어느 정도 손재주가 있는 사람이 만들었을 것이다.

형태도 소박하고 예술적 가치를 중시하지도 않았던 것으로 보여 나도 해볼 수 있겠다는 생각이 든 것이다. 요즈음 만드는 장승들은 변형이 많지만 전통적인 장승들은 왕방울 눈에 주먹코와 뻐드렁니가 가장 흔한 형태로 일견 무섭게 생기기는 했지만 소박하고 해학적이어서 친근감이 든다.

습작을 해보았다. 습작한 작품을 보더니 아랫집의 스님이 뒷산의 절터공사에서 베어낸 나무도 갖다 주었다. 집 입구에서 지킴이 구실을 하라고 천하대장군과 지하여장군을 만들어 세웠다. 여러 개 만들었던 장승들이 이제는 삭아서 아궁이로 들어가고 있는데, 새로운 재료는 내 게으름으로 아직 준비를 못하고 있는 참이다.

솟대도 세웠는데, 솟대는 마을의 수호와 더불어 풍년을 기원하는 의미도 있다니 텃밭일망정 농사 잘 되라고 풍농도 기원할 겸 소일거리로는 좋은 일이다. 장승이 되었건 솟대가 되었건 잊혀져 가는 우리의 옛 풍습을 재현해 보는 일도 의미 있고 보람 있는 일이라고 생각된다.

내가 하고 싶었던 이러한 것들이 모두 혼자서 할 수 있는 것들이니 전원에 묻혀 자유롭게 해 보기는 안성맞춤이다. 그러나 아무리 한적한 곳이라고 하더라도 이 모든 것을 하기에는 시간이 모자란다. 아마도 몰두할 수 있는 한두 가지에 정진하는 것이 현명한 일인지도 모르겠다.

장자(莊子)에 의하면 '파란색, 노란색의 여러 가지 무늬의 화려함은 그릇된 것'이라 하였고, '쇠와 돌과 실과 대로 만든 악기의 소리도 그릇된 것'이라 하였다. 요는 미술과 음악에 깊이 빠지는 것은 도(道)가 아니라는 말이다.

부귀를 우습게 보고 자유를 존중하는 장자이기는 하지만, 어짊과 의로움조차 이를 내세우는 것이 올바른 일이 아니고 본성대로 자연스럽게 살아야 한다는 가르침까지는 이해한다고 하더라도, 미술과 음악까지 배척하는 것은 너무하지 않았나 하는 생각이 든다. 도통

한 사람이라면 모를까, 하고 싶은 일 하고 행복해지는 게 더 자연스럽게 사는 길이지 싶다.

그래서 내가 장자를 공자(孔子)보다도 우위로 쳐주고 있는데도 불구하고, 이 대목만은 마음에 들지 않았는데, 장자가 내게 한 가지를 가르쳐 주기는 했다. 전부터 주위에 국악의 음계를 아느냐고 물어보면 하나같이 '궁상각치우'라고 대답을 하니 어째서 중국 것만 알고 소중한 우리 것은 모른단 말인가 하고 탄식을 했었다. 그래서 나는 자랑스럽게 "서양음악이 12음계 중에서 7음계를 골라 쓰듯이 국악도 12율명(律名)이 있고, 조에 따라 그중에 5율명을 골라서 쓴다."고 자랑스럽게 설명해 주고는 했다.

그런데, 장자가 음악을 언급한 대목이 '…쇠와 돌과 실과 대로 만든 악기와 황종(黃鐘) 대려(大呂)의 음악은 그릇된 것이다.' 운운(云云)으로 되어 있는데 '황종'과 '대려'는 현재 우리 국악에서 쓰이고 있는 12율명 중에 들어 있는 것이다. 내가 우리 것이라고 그렇게 자랑스럽게 설명했던 것이 이미 장자시절에 중국에서 쓰고 있었던 것이라니.

각설하고, 내가 하고 싶었던 일들이 모두 혼자 하기에 적합한 것들이니 혼자 놀기에 안성맞춤이지만, 자기가 하고 싶은 일들이 모두 사람들과 어울려야 할 수 있는 일이라면 문제이긴 하다.

그렇더라도 가끔은 혼자 놀아볼 일이다. 모름지기 옛날 성현(聖賢)들의 위대한 생각들은 혼자 있을 때 깨달은 것들이지, 여럿이 토론하여 나온 것들이 아니다.

천문학자가 아니라도 별을 보자

매일 매일이 사회생활에 찌들어 거의 의식하지 못하다가, 자연 속에서 주변을 가만가만 살펴보면 지구는 인간들만의 독무대가 아니고, 현란한 생명체들의 무대이고 사람은 거기에 한 다리 끼어있는 조연에 불과하다는 느낌마저 든다.

주변에는 평소에 의식하지 못하던 미시(微視)의 세계가 있다. 개미들을 관찰하고 있으면 그것만 가지고도 한나절은 보낼 수 있다. 개미뿐 만이 아니다.

작은 벌 한 마리가 먹이를 물고 가는 것을 관찰한 적이 있다. 벌이라고 꽃에서 꿀만 따는 것이 아니고, 육식을 하는 종들도 있다. 개미와 큰 벌의 중간쯤 되는 놈으로 자기 몸만한 곤충의 시체를 옮기고 있었다. 먹이가 무거워 날지를 못하니 얼마 동안은 기어가고 있었다. 그러다가는 꾀를 생각해 내었는지 먹이를 물고 벽을 오르기 시작했다. 50㎝정도 오르자 비행을 시도했다. 그러나 먹이가 무거우므로 수평비행을 못하고 45도 각도로 떨어졌다. 그러한 작업을 끈질기게 되풀이 한 끝에 3m정도는 어렵사리 이동할 수 있었다.

나는 어디로 가는지 끝까지 지켜볼 작정이었는데, 마지막 비행에서 아쉽게도 내가 불쏘시개로 쓰려고 모아둔 잔가지 사이에 먹이를 떨어뜨려 버렸다. 사람이라면 고달픈 인생이라고 탄식을 했을 터인데, 먹이를 떨어뜨리는 순간 이놈은 금방 미련을 버렸는지 날아가 버렸다.

눈에 잘 띄지도 않는 괭이밥은 새끼손가락의 손톱만한 작고 노란 꽃을 피우는데 잘 보고 있으면 거기에 걸 맞는 크기의 작은 나비가 열심히 찾아다닌다.

강낭콩을 수확하고 어쩌다가 툇마루 밑에 흘린 것 같은데 농사책에 나와 있는 시기와는 아랑곳없이 싹을 틔우더니 영양부족으로 한 뼘도 못 자랐다. 그래도 후손을 이어야겠다는 의무에는 충실하여 꼬투리를 두어 개 만들어 내었다.

강낭콩 이야기가 나온 김에 강낭콩 이야기를 하나 더 해야겠다. 농사일이라는 게 대개는 같은 일을 반복하게 되는데 전문 농사꾼들의 밭은 한 종류의 농산물을 많이 기르는 것이 보통이므로 하루 종일 같은 일을 반복하게 된다. 거기에 비하면, 텃밭은 조금씩 여러 종을 심으니 작물 종류에 따라 하는 일이 조금씩 달라서, 지루할 틈이 없다는 것이 덕목이다. 밭매기가 밭 전체로 보면 지루한 일 같지만, 작물의 종류에 따라 호미질의 방법이 조금씩은 달라지는 것이다.

우리 집의 경우는 그나마 제일 많이 심는 것이 강낭콩인데, 강낭콩을 따놓고 몇 시간을 까려면 조금 지루해지기 마련이다. 그래서 까기 쉬운 방법을 찾게 되는데, 하루쯤 꾸들꾸들 말려서 콩깍지를 비틀면 콩깍지의 한 쪽이 터진다. 등 쪽이 터질 때도 있지만, 배 쪽이 더 많이 터진다. 어느 쪽이 배냐고? 콩의 배꼽이 붙어 있는 쪽이 배라고 내가 정했다. 콩의 배꼽은 콩이 자랄 때 본체로부터 영양을 받던 곳이니 인간의 배꼽과 같은 구실을 하는 곳이다.

그런데 배꼽이 콩깍지의 갈라진 쪽에 있으니 콩깍지에 어떻게 붙어 있을까? 잘 살펴보면 좌우 콩깍지에 차례로 어긋나게 붙어있다. 그리고 강낭콩은 대개 장마철에 따게 되는데 여문 것을 빨리 안 따면 싹이 나 버린다. 싹은 배꼽에서 나올 법 한데 그건 아니고 조금 밑에서 나온다. 그런데 강낭콩 포기에 뇌가 달린 것도 아니고, 이 모든 것은 누가 설계를 하고 지시를 하는 것일까? 식물에는 뇌에 해당하는 곳이 없다. 각각 해당하는 곳에 있는 세포가 각자 알아서 그렇게 될 뿐이다. 이것이 내가 강낭콩을 까면서 해본 생각이다.

거시(巨視)의 세계를 느끼고 싶으면 평상에 누워 구름을 관찰해 보면 된다. 비행기를 생전 처음 탔을 때, 비행기 밑으로 깔린 구름을 보고 세상은 참 넓은 곳이구나 하고 감격한 일이 있는데, 평상에 누워 구름을 보면서 스스로 허공에 떠 있다고 상상을 하면 세상을 보는 시야가 넓어진다.

지구 정도가 아니고 우주적인 거시의 세계로 확대하고 싶다면 밤에 평상에 누워 별을 보면 된다. 도시에서는 불빛 때문에 별이 잘 보이지 않지만 시골에서는 해만 지면 사방이 칠흑같이 되니 잘 보인다. 캄캄한 밤에 혼자 평상에 누워 별들을 보고 있으면 금방이라도 쏟아져 내릴 것 같은 별들로 인하여 천문학자가 아니더라도 몽상에 빠지게 된다.

지구는 태양계에서 세 번째 행성이다. '수금지화목토천해명'은 대부분 외우고 있겠지만 명왕성은 국제천문연맹에 의해 태양계 행성에서 퇴출되었다. 크기가 달보다도 작고 천문관측기술의 발달로 그 정도 크기의 것은 계속 발견되기 때문이다. 따라서 태양계의 행성은 8개로 줄었다. 태양계의 그림은 대부분 태양과 행성의 크기에 비하여 거리가 가깝도록 왜곡되게 그려져 있어서 그 구조를 많은 사람들이 오해하고 있다. 실제로는, 태양의 크기가 축구공 만하다면 지구는 30미터 정도 떨어져 있는 깨알 정도의 크기이다.

밤하늘에 보이는 별들은 대부분이 태양과 같은 항성인데 육안으로 식별되는 것은 수천 개에 불과하지만 우리 은하계에는 4000억 개의 항성이 있다고 한다. 우리 은하계는 원반모양으로 별이 퍼져 있고 태양은 그 가장자리에 위치하고 있다. 별들 사이의 평균 거리는 3~4광년 정도이고 은하계 중심에서 태양까지의 거리는 3만 광년 정도라고 한다. 따라서 육안으로 초롱초롱 빛나 보이는 별들은 사실은 짧게는 3, 4년 전, 길게는 수만 년 전의 모습을 보고 있는 것이다. 앞서 든 예와 같이 태양을 축구공 정도로 축소하면 제일 가까운 별은 8㎞이상 떨어져 있는 또 한 개의 공일뿐이다. 우주는 적막한 공간인 것이다.

그런데 우주에는 우리 은하계만 있는 것이 아니고 평균 1천억 개의 별들로 구성된 은하계가 1천억 개 정도 있다고 한다. 은하계끼리의 사이는 더 멀어서 우리 은하계와 제일 가까운 은하계가 200만 광년 정도 떨어져 있다. 이상이 천문학자들이 설명하는 우주의 구조다.

거대한 우주 속에서 인간이 얼마나 보잘것없는 존재인가를 느끼게 한다. 그런데 이러한 별들의 숫자는 스스로 빛을 내는 항성의 숫자를 말하는 것이고, 각 항성은 이와 비슷한 숫자의, 우리 지구와 같이 빛을 내지 않는 행성을 거느리고 있다고 한다.

우주 전체적으로 이 많은 별들 가운데는 지구와 비슷한 환경을 가진 행성이 있을 확률은 충분히 있으므로, 그 행성에 인간과 같이 진화한 생물이 있다면 비슷한 생각을 하면서 별들을 쳐다보고 있을지도 모를 일이다.

얼마 전에 보았던 천문 다큐멘터리가 생각난다. 우주를 향하여 날아가고 있는 보이저호에서 찍은 우주사진을 보고 있던 천문학자가 사진에 묻은 먼지를 털어내려다 보니 그게 먼지가 아니고 사진에 찍힌 지구였단다.

캄캄한 밤에 홀로 평상에 누워 이러한 우주의 크기를 상상하면서 별들을 보고 있으면, 인간이란 우주 속의 티끌에 지나지 않는다는 처절한 외로움을 느낄 수 있고, 도시에서 떨어진 한적한 시골이 외롭다는 정도는 사치라고 생각하게 된다.

전문가용이 아닌 초보자 수준의 것이지만 천체망원경이 하나 있어서 가끔은 달의 분화구를 볼 때도 있다. 사실은 분화구가 아니고 운석이 떨어진 자리라고 하는데, 망원경으로 보고 있으면 금방이라도 UFO가 나타날 것 같은 착각에 빠진다.

소박한 삶

전원생활의 진정한 덕목은 자유스럽게 무엇을 해본다는 것보다도, 거기에 산다는 생활 그 자체에 있는 것 같다.

미국의 스코트 니어링(Scott Nearing)과 헬렌 니어링(Helen Nearing) 부부는 50여 년을 한적한 숲속의 농장에서 손수 집 짓고 농사지으면서 살아온 기록을 몇 권의 책으로 남겼다. 버몬트에서 살았던 전반부의 기록이 '조화로운 삶'이고 메인에서 살았던 후반부의 기록이 '조화로운 삶의 지속'이다. 요즈음 전원 주택지를 소개하는 부동산 업자들은 개발 가능성을 내세워 투자가치를 선전하곤 하는데, 니어링 부부는 거꾸로 살았다. 한적하던 버몬트가 개발되어 사람들이 꼬이자 이를 버리고 다시 한적한 메인으로 옮긴 것이다.

도시 문명을 거부하고 소박하게 살았던 그들의 일생이 부럽지만 내게는 특히 스코트 니어링이 죽은 방법이 마음에 든다. 100세를 살고는 음식을 끊음으로써 위엄을 잃지 않고 삶을 마쳤다고 한다. 오래 산다고 좋은 것이 아니고 미련이 없을 만큼 인생을 충실하게 살고, 이제 다 살았으니 죽자고 생각할 수 있는 인생이야말로 행복한 인생이 아닐까.

'9988234'라는 이야기가 떠돌았었다. 99세까지 88하게 살다가 2,3일 앓고 사망하자는 이야기다. 스코트는 그보다 한 살을 더 살았다. 그리고는 앓지도 않고 자연스럽게 죽었다. 100살이나 웰빙(well being)을 했다는 것이 부러운 것이 아니라 웰다잉(well dying)을 했다는 것이 부러운 것이다.

오래된 책을 정리하다가, 그 사이에 낀 오래된 신문의 스크랩을 발견했는데, 니어링 부부가 살았던 메인의 터는 그러한 삶을 기리고 그들이 살던 대로 소박하게 자급자족하는 삶을 대안으로 생각하는 사람들의 성지가 되었고, 외국으로부터도 많은 방문객이 온다는 기사였다. 그중에서도 한국으로부터의 방문객이 많다니, 우리나라에 물질문명에 싫증을 내는 사람들이 그만큼 많다는 증거다.

도시에서의 생활 형태는 직업상으로도 그렇지만, 그것이 아니더라도 대개는 시간에 쫓기는 생활을 하게 된다. 식사를 하는 것도 배가 고프면 먹는 것이 아니고 식사 때가 되면 기계적으로 밥을 먹는다.

항상 시간이 모자라니 자연히 야행성이 된다. 시골에 살면 몸의 리듬이 스스로 자연의 리듬과 맞추어진다. 시계를 보고 생활하는 것이 아니고 해의 위치에 따라 생활하게 된다. 창문이 훤해지면 자연스럽게 눈이 떠지고 일어나서 움직이게 된다.

아침을 먹기 전에 상당히 많은 일을 할 수 있다. 식사도 시간에 맞추는 것이 아니고 배가 고프면 먹게 된다. 소박하게 살기는 도시보다 전원에서가 훨씬 쉽고 어울린다. 도시에서는 소박하게 살려고 마음을 먹어도 거기에 반하는 유혹들이 주위에 너무 많다. 유혹들을 뿌리치려면 거기에서 떠나는 것이 가장 빠른 방법이다.

국민연금으로 살기

두 부부가 여생을 풍족하게 살려면 적어도 10억 원은 있어야 한다고 하기도 하지만, 그만큼까지는 사치라고 하더라도 어느 정도는 있어야 할 텐데 나는 여유가 전혀 없는 상황이다. 나이를 먹었어도 돈을 벌려고 들면, 정식 직업을 갖기는 힘들어도 아르바이트 정도는 할 수 있을 텐데, 그건 내가 할 생각이 없다.

큰 집은 아니지만 집이 두 채인 '하우스 푸어'이니 한 채를 팔거나 주택연금을 들자고 해도, 돈에 대해서는 지금까지도 고수 노릇을 해온 아내가 왜 공연히 돈을 낭비하려 하느냐고 반대를 해서 못 이기는 체하고 있는 참이다. 그래도 태연자약하고 있는 것은 국민연금이라는 믿는 구석이 있어서이다.

내 국민연금은 첫해에 월 79만원으로 시작하여 매년 물가 상승률만큼은 오르고 있는데, 이제 100만원은 넘어섰다. 과거의 생활비 추세로 보아 100만원으로 한 달 생활을 한다는 것은 어려운 일이지만, 그래도 굶어 죽지나 않을까 하는 공포로부터는 벗어날 수 있는 금액이다.

국민연금 제도는 1988년에 시작되어 아직 역사가 짧은 탓도 있기는 하지만 국민연금 수령자의 월 평균 금액이 40만원이 안되고 100만 원 이상 수령자도 16만 명에 불과하다니 연금이 적다고 끌탕을 할 처지도 못되지만, 어쨌든 구차하지 않게 생활할 수 있는 금액은 아니다.

잠재적인 수입의 가능성을 스스로 배제하고 빈한하게 사는 것을 '자발적인 빈곤'이라고 한다면, 다른 가능성이 없이 국민연금으로만 살아야 하는 경우는 '필연적인 빈곤'이라고 불러야 할지도 모르겠다. 어쨌든 노년을 당혹스럽게 보내지 않으려면 면밀한 예산이 필요할 터인데 대책도 없이 유유자적하고 있는 한심한 상황인 것이다.

한적한 전원에 살면 꼭 '자발적인 빈곤'을 실천할 의지가 아니더라도 자연히 돈 씀씀이가 줄어들기는 한다.

'의식주' 순서로 검토한다면 우선 의(衣) 생활인데 도시에 주로 머물고 있는 아내의 속생각은 모르겠으되 아마도 내 생각과는 달리 의복비의 부족을 큰 문제로 생각하고 있을 것 같기는 하다. 여기서는 현재 가지고 있는 것으로 버티기로 해도 가능할 것 같고 그렇게 하더라도 헐벗는 지경까지 갈 것 같지는 않다. 갖고 있는 옷을 밭에서의 작업복으로 입는다면 평생 입고도 남을 것이다.

사실 도시에서의 의류비용이라는 것이 철 따라 맵시를 내려는 욕구와, 새 옷을 두고도 유행 따라 또 사야 하는 사치 때문에 비용이 올라가는 것이지, 보여주어야 할 사람도 없는 지금, 새로운 옷이 필요할 일도 없다.

그래도 닳아 없어지는 장화나 내의, 양말 정도는 가끔 사게 되겠지만 큰돈 들 일은 없다.

식비는 주식인 쌀농사를 못하니 사먹어야 한다. 둘이서 한 달 동안 먹는 쌀의 양이 10kg이나 될까? 한 28,000원 정도면 밥은 먹고 산다. 부식비는 텃밭이 상당한 도움이 될 것이니 5만 원 정도면 되지 않을까? 그렇게 생각을 했는데 웬걸 몇 달 치의 가계부를 평균해보니 한 달 식비가 20만원 가까이 된다. 둘만의 외식도 별로 안 하는데 웬 식비가 그렇게 드느냐고 이야기했다가 세상 물정 모른다고 아내에게 타박만 받았다.

텃밭을 하기 전부터도 먹는 것만큼은 선별을 하겠다고 값이 비싸더라도 유기 농산물을 사 먹었었는데, 텃밭 좀 한다고 부식을 다 조달할 수는 없는 것이고, 가끔은 고기도 사야 하고 밭에서 생선이 나오는 것이 아니니 생선도 사야 한다. 자주 있는 일은 아니지만 가끔 손님이 있을 때는 어느 정도 목돈이 들어간다. 그렇기는 하지만 소박한 생활을 추구하려면 줄여야 할 부문이다.

주거비는 집이 두 채이므로 낭비가 되는 항목으로 생각을 했는데 오히려 생각보다 적게 들어간다. 하남의 아파트는 작은 평수이므로 한 달 관리비가 10만 원대 정도이다. 도시가스 비용은 지독히 추운 날이 아니면 난방을 하지 않으므로, 혹한기에는 꽤 나오지만, 1만원도 안 될 때도 많다. 시골집의 난방이 석유 보일러이므로 석유 값이 문제인데 겨울철에는 구들방을 이용하고 본채의 석유 보일러는 되도록 사용하지 않는다.

구들방과 본채의 난로용 땔감은 주변에서 해결할 수 있으니 돈이 들지 않는데, 석유 보일러는 석유 값을 피할 수 없으므로 하절기에는 가끔 더운물이 필요한 경우만 사용하고, 동절기에도 어쩌다가 손님이 있을 경우에는 때지만 평상시는 외출기능을 이용하여 동파를 방지할 수 있을 정도만 땐다.

그렇게 하니 겨울철 집안의 온도는 항상 5~6도를 넘기지 못한다. 그렇게 하더라도 동절기에는 석유 값이 상당히 들어간다. 거실은 난로로 해결하고 잠은 별채 구들방에서 잔다. 구들방에 불을 때는 것이 번거롭기는 하지만 옛날에는 모두 그렇게 살았다.

그리 춥지 않은 때라도 구들방 아랫목에서 몸을 지지면 몸이 가뿐해진다. 매일 많은 시간을 수고해야 하지만 불 때는 것 자체를 생활의 일부로 생각한다면 수고랄 것도 없다. 수고라기보다 불 때기는 재미있다.

옛날 어른들이 아이들에게 불장난하면 오줌 싼다고 말하던 것은 그 시절 아이들이 놀거리가 많지 않아 불장난을 자주 했기 때문이었겠지만, 달리 보면 그만큼 재미있었기 때문일 것이다. 불 피우기는 가장 원시적인 행위이기도 하다. 유인원에서 인류로 발전한 핵심 기술이기도 하니, 만일 인류가 불 피우는 법을 몰랐다면 아프리카를 떠나서 여기 추운 지역까지 올 수도 없었을 것이다.

주위에서 나무를 구하면 우선 정리하여 분류를 한다. 가지를 잘라내고 굵은 나무는 30~40㎝정도 길이로 잘라서 난로용의 장작으로 비축한다. 아궁이에는 주로 잔가지들을 때는데 계속 쭈그리고 앉아서 넣어 주면 탁탁 소리를 내면서 잘 탄다. 계속 넣는 것이 싫증나면 좀 굵은 놈이나 그루터기를 넣고 놓아둔다. 다 땐 후에 감자나 고구마를 묻어 두는 것도 불 때는 재미다.

처음에는 불이 잘 들이지 않아 선풍기를 들이 대 보기도 하느라 애를 먹었는데 아마도 고래가 완전히 마르지 않았던 모양으로 이제는 불이 잘 들인다. 구들에 문제가 있기는 하다. 아랫목이 탈 정도로 불을 때도 윗목은 따뜻해지지 않는다.

머리를 윗목으로 하고 누우면 두한족열(頭寒足熱)이 된다. 두한족열이 건강에 좋다고 하니 그것으로 만족할 수밖에. 그래도 불을 깊이 넣는 노하우를 터득하고 난 다음에는 좀 나아졌다. 요즈음에는 구들을 많이 쓰지 않으므로 제대로 구들을 놓을 줄 아는 기술자가 귀하다고 하니 이 정도로 만족하는 수밖에는 없다.

들은 이야기로는 신라시대에 만들었다는 칠불사의 아자방(亞字房) 구들은 한번 불을 때면 49일간 따뜻했다고 하기도 하고, 100일간 따뜻했다고 하기도 한다. 두 번 소실되었다가 복원하기는 했지만 성능이 옛날만큼은 못하다고 한다. 우리 집 구들방은 그래도 하루는 온기가 계속된다. 옛날 시골에서 새벽마다 또 군불을 때던 집보다는 성능이 나은 것이다.

아궁이의 불은 한참을 넣어야 겨우 열기의 소식이 오지만, 방이 약간 미지근할 정도에서 그쳐야 한다. 불 때기를 그쳐도 서서히 뜨거워진다. 불 때기를 멈추는 때를 잘못 맞추어 장판을 몇 번 태우고서야 조절의 정도를 터득하게 되었다. 첫날은 1시간 30분 내외, 둘째 날 이후는 그 절반 정도를 때면 된다.

그래도 가끔은 너무 뜨거워 이불이 탈까 봐 한밤중에 이불을 젖혀놓고 둘이서 이리 저리 피란을 다니고는 했지만 이 문제도 이불을 방 중간에 펴는 것으로 해결 되었다. 아랫목은 뜨거운 방바닥이 노출되어 대류작용으로 방을 데워주고 중간은 이불의 보온으로 바닥이 따뜻해진다. 요즈음은 온통 '빨리빨리'로 바뀌어 버렸지만 온돌이야말로 은근과 끈기의 대표적인 구조다.

윗목이 뜨뜻해지지 않는 문제를 해결하겠다고 보완책으로 화로를 구했다. 요즈음은 화로를 파는 곳이 드물어서 오지로 만들어진 것을 겨우 구했는데, 열효율로야 그리 큰 기대를 할 수 있는 것이 아니지만 옛날 생각을 자아내는 기물이다. 옛날 집들은 벽이 얇은데다가 방문과 창은 창호지 한 겹인 터라 겨울이면 불을 때더라도 위풍이 심하여 추웠고 그럴 때면 화로를 끼고 살아야 했다.

구들방을 지을 때, 부속 화장실을 검토했었는데 겨울철의 동파를 우려하여 포기했더니 밤중에 소변이 마려우면 본채의 화장실로 가야 한다. 옛날에는 당연히 밖에 있는 뒷간으로 갔지만 추운 겨울에는 이게 여간 귀찮은 일이 아니다. 옛날식으로 요강을 사용할까도 생각해 보았지만 궁상맞은 것 같아 포기했다.

돈이 들지도 않는 구들방 난방이야기로 길어졌지만 어쨌든 석유값이 큰돈으로 연간 500리터는 써야 한다. 여기에 전기세 등 주거

비용 전체로 195,000원이다.

농사는 내 힘으로 할 것이고 농기구는 대부분 구비가 되어 있으므로 영농비가 크게 들어갈 일은 없다. 씨앗과 모종의 구입비가 있는데 일 년에 한번이므로 월평균으로는 소액이면 된다. 퇴비 구입비가 제일 많은데 년 간 10만원을 넘는다. 그래도 영농비 전체로 한 달 평균으로는 15,000원 이내면 족하다.

은둔생활을 하려는 것이 아닌 이상 내 디젤차를 버릴 수는 없다. 자동차를 유지하려면 연료 외에도 보험료와 자동차세가 필요하다. 매달 서울에서의 등산모임 등 여러 모임이 있어서 하남으로 나간다. 바로 집 뒤에 한적하고 사람 없는 진짜 산을 두고, 등산을 사람들로 북적대는 서울로 간다는 게 이상한 이야기이지만, 사실은 등산이 목적이 아니고 사람들 만나러 나간다.

하남 집을 네 번 정도 왕복하면 월간 연료대가 5~6만 원 정도 되지만 가끔은 원거리 운행도 있어서 평균 10만원 가까이 든다. 그 외에도 두 사람의 서울 나들이 등을 위한 버스요금 등도 있어서, 보험료, 자동차세를 월간으로 나눈 금액과 합하면 교통비 합계가 23만원은 된다. 기본 생활비 중에서 제일 큰 몫을 차지한다.

통신비는 두 사람이 휴대 전화를 따로 가져야 하고, 집 전화, 인터넷 요금이 있으니 9만 원쯤 된다.

소위 문화생활비는 많은 부분 생략한다고 하더라도 입에 가시가 돋지 않으려면 책은 읽어야 하는데, 책을 많이 사는 편은 아니지만 한 달에 두어 권 정도는 구입한다. 하남에는 아직 신문도 구독하고 있어서 합계로 57,000원.

그 외에 재산세, 의료비 등이 있다.

여기까지의 기본 생활비를 근래의 가계부로 정리해 보니 월 평균이 90만 원 정도 된다.

집을 두 채 가지고도 국민연금으로 기본 생활이 충분히 된다!

그러나 사실을 말하면 국민연금으로 살아보자는 생각은 어림도 없는 이야기다. 이것은 말 그대로 생계비일 뿐이고, 사실은 생활비라는 것이 기본 생계비보다는 외부 활동을 하는데 더 많이 필요하다. 전원에서 살더라도 외부와 단절을 하고 살 수 있는 내공이 쌓인 고수들이라면 모를까 그렇지 않으면 이런저런 체면유지비가 필요한 것이다.

내가 보기에 우리나라에서 제일 문제가 되는 것이 축의금과 조위금 등 경조사비인 것 같다. 사회 풍조로 볼 때 참석해 달라고 연락을 하는 범위가 넓어서 경조사비를 내는 쪽으로 보면 너무 빈번하고 부담이 된다. 고쳐야 될 풍조다.

우리 집은 아버지가 돌아가시고 몇 년 후 어머니가 돌아가셨는데 그동안 자녀들의 혼사도 있고 해서 주위에 너무 민폐를 끼치는 것 같아, 형제들이 의논하여 어머니 장례식 때는 조위금을 받지 않았었다. 일부 문상객으로부터는 왜 접수 안 하느냐고 항의를 받기도 했지만 대부분은 환영하는 분위기였다.

일본 풍습은 좀 다른 것 같다. 오래전 일이지만 일본 친구가 상을 당하여, 참석은 못했지만 조위금을 전달했더니 나중에 그 금액에 해당하는 선물을 가지고 왔다. 그것이 일본의 관례란다.

또 한 가지의 체면유지비 항목은 친지들을 만날 경우의 교제비다. 아는 사람들이나 친구를 만나려면 돈이 필요하다. 내 경우는 사교가 넓은 폭이 아니라고 생각되는 데도 직장 다닐 때는 나 혼자의 경조사비와 교제비를 포함한 용돈이 현재의 국민연금을 상회했었으니 대폭 통제를 하지 않으면 펑크가 날 상황이다.

친구들을 만나는 경우, 사적으로 만나는 경우도 있고, 모임이 있는 경우도 있다. 나는 다행히 골프는 하지 않으므로 절약에 한 몫을 할 것이고, 매달 몇 번의 산행 모임이 있지만 산행 후에 식사를 한다 해도 소박하여, 주류를 포함하더라도 대개는 1만 원이나 2만 원 정도의 회비로 끝난다.

그 외의 모임도 회비를 내는 모임은 큰 부담이 되는 것이 아니므로 유지해도 되지만, 우리나라만의 특유한 문화로 자기 분수에 넘치게 한턱을 낸다거나 하는 목돈이 들어가는 만남이나 선물 등은 자제하는 수밖에 없다.

우리의 한턱 문화는, 특히 술꾼들이 모이면 끝날 줄 모르고 몇 차씩 이어지는데, 그 그룹의 상사이거나 남들보다 알려진 직위에 있는 당사자는 암묵적으로 비용을 부담해야 하는 짐을 지게 마련이다. 요즈음의 젊은 세대들의 문화는 많이 바뀌어 더치페이 문화도 어느 정도 자리를 잡아가는 듯하지만 우리의 전통은 그래도 있는 사람들이 없는 사람들에게 베푸는 것이 덕목이었다.

나의 학생시절만 하더라도 대부분 가난한 처지에, 친구들과 모여서 한잔 생각이 나면 대책 없이 막걸리 집으로 몰려가서는 거나해진 후에 상대적으로 여유가 있는 친구에게 전화를 하면 술값을 들고 나타나 주곤 했다. 얻어먹는 쪽도 당연하게 요구했고 내는 쪽도 당연시했다.

그러다가 술값을 낼 천사(?)와 연락이 안 되면 비상사태에 돌입하는데 우선은 담보로 맡길 물건을 찾는다. 제일 만만한 것이 시계였다. 요즈음은 시계를 받고 외상 줄 가게가 없겠지만 옛날에는 통했다. 맡길 물건이 없으면 한 사람이 인질로 남고 나머지는 돈 구하러 나간다.

이도 저도 안 될 경우에는 진짜 비상사태에 돌입하는데 최후 수단은 도망가는 것이다. 그 시절의 대표적인 표준 복장은 검은색으로 염색한 군복에 군화였는데, 가위 바위 보로 재수 없이 걸린 당번만 남긴 채 나머지는 먼저 나간다. 당번은 군화 끈을 시간을 들여 묶으면서 주인 눈치를 보다가 기회를 보아 냅다 튀는 것이다.

요즈음은 그럴 수 있는 시기도 아니지만 심각한 범죄 행위이니 절대 따라 하지 마시라. 그 시절이라고 해서 이런 일들이 일상사도 아니었고 내 용기로 한 일도 아니었다. 이런 일들을 주도한 사부는 따로 있었는데 저 세상으로 가서 요즈음은 만날 수 없고 조연들만 남아서 가끔 추억담으로 낄낄거릴 뿐이다.

어쨌든 경조사비와 교제비는 무시할 수 없는 금액이다.

그 외에도 고정적인 생활비라고 할 수도 없는 기타 비용이 많다. 해외여행을 하려면 비용이 많이 들지만 별로 가고 싶은 생각이 없다. 젊어서는 견문을 넓히는 게 앞으로의 인생을 위한 공부도 되고 세상을 이해하는데 도움이 되겠지만, 이제 와서의 여행은 그 자체를 즐기는 것 외에는 의미가 없다고 생각하는데, 굳이 큰돈 들여서 어두운 귀로 이것저것 신경 쓰느라 스트레스 받아가면서 해외여행을 하고 싶지는 않은 것이다. 그냥 즐기는 여행이라면 가성비로 따져보아도 마음 편한 국내여행이 좋다.

옛날의 국내여행은 지도를 들고 다녔고 민박을 하곤 했는데, 지도에 의존을 해야 하니 주변을 살피고 사람들에게 묻기도 하며 자기 눈과 귀에 의존하던 여행이 이제는 추억이 되었다. 지도 대신 내비게이션을 이용하니 편하기는 하지만 운치는 사라졌고, 가보고 싶었던 곳을 다녀와도 가는 길도 모르는 길치가 된다. 민박은 펜션이라는 이름으로 고가의 숙박시설로 변했다.

어쨌든 좁은 우리나라도 아직 못 가본 곳이 많아서 국내여행이라도 자주하자고 벼르고는 있다. 그럼에도 자주는 못 가고 가끔 가지만 그래도 갈 때엔 어느 정도 목돈이 든다.

그 외에도 기부금, 후원금, 축하금, 헌금, 잡비 등이 있다.

이런 것들을 모두 합한 월비용이 180만 원 정도는 되니 기본 생활비만큼 기타 비용이 필요한 것이다. 사실은 이것도 아주 특별한 행사나 목돈 들어가는 일이 없는 달의 것이고, 무슨 일이던 벌어지면 더 올라가기도 한다. 치과에서 벌어지는 대형 공사 등 특별한 일은 자주 생긴다.

국민연금으로는 감당이 안 된다. 우선은 자식들로부터의 용돈보

조와 고수인 아내의 비축금으로 충당하고 있기는 하지만 도시형 생활을 할 때에 비하면 많이 줄어든 경향이고 앞으로도 더 줄어들기는 할 것이다. 지금이라도 강제로 생활비를 줄이면 국민연금 이내로 생활이 가능하기는 할 것 같다.

그러나 사람이 사회적 동물인데 밥만 먹고 살 수는 없는 노릇이다. 어느 정도 더 비용을 줄일 것이냐는 결국 가치관의 문제이고 인생관의 문제로, 감당할 수 있는 범위 내에서는 구태여 마음까지 쪼글쪼글하게 살 필요는 없다.

예로부터 많은 현인들이 빈곤한 삶, 단순한 삶을 예찬했지만 어느 정도 부와 사치가 인간을 행복하게 한다는 주장도 있는 것을 보면 여기에도 확실한 정답은 없는 듯하다.

어쨌든 돈을 쓰지 않는다고 되는 것이 아니고, 돈을 쓰지 않고도 풍요로움을 느낄 정도의 내공이 쌓여 비용이 자연스럽게 줄어들게 된다면 최상의 결과일 것이다. 돈을 더 쓰고도 빈자가 될 수도 있는 것이고, 돈을 그보다 덜 쓰고도 청빈한 도사가 될 수도 있는 것이다.

'자발적인 빈곤'은 도시라고 해서 실천 못할 바는 아니지만 전원에서가 더 자연스럽게 이루어진다. 작은 텃밭이지만 둘이서 일 년 먹을 부식 등을 갈무리해 놓고, 나무 쌓아 놓으면 과거 어느 때보다 풍족함을 누릴 수 있는 것이다.

그나마 이렇게 절약형 생활을 가늠해 볼 수 있는 것은 자식들 교육이 다 끝나고 결혼시켜 목돈 들어갈 일이 없고, 두 내외 사는 일만 남았기 때문이다.

우리나라에서 살려면 체면유지비 외에도 자녀들의 교육비와 결혼 비용이 무시할 수 없는 목돈이다. 이러한 비용들을 안고 전원생활을 하려면 돈을 충분히 벌어 놓은 후에 전원으로 가든가 수익을 얻을 수 있는 본격적인 귀농이라야 할 것이다.

가끔 어린 자녀들을 이끌고 귀농을 하거나, 아주 산골로 들어가 직접 교육을 시키면서 사는 이야기가 소개되곤 한다. 용감한 결행이라고 생각되고 부럽기도 하지만, 농사가 돈이 안 된다는 현실을 생각하면, 표면적으로 소개되는 행복의 이면에 고달픔이 배어있는 것이 아닐까 하는 쓸데없는 걱정을 하게 된다.

그리고는 행복을 소개하고자 하는 다큐멘터리의 이면에서 고달픔을 읽으려는 자신에게, '자발적인 빈곤'에 도가 트려면 아직 멀었구나 하고, 실소를 금치 못하는 것이다.

이 땅의 원래 주인은 식물이었다

석죽화

황량한 겨울철이 지나고 봄의 징후가 나타나기 시작하면 이 골짜기에도 스멀스멀 생명력이 넘쳐난다. 집 뒤쪽의 생강나무 꽃과 밭 끝의 산수유 꽃을 시작으로 과수밭의 매화, 동산의 산벚꽃, 개울 옆의 진달래 그리고 조팝나무꽃은 그 현란함과 함께 이곳을 평화의 골짜기로 만든다.

야생화가 보여주는 아름다움은 보다 색다르다. 나무들은 해마다 비슷한 풍경을 선물하지만 여기 저기 숨어있는 야생화들은 매년 조금씩 다른 풍경을 연출하고 새롭게 선을 보이는 놈들도 나타난다.

새로운 것들이 나타나면 아내는 나를 이끌고 구석구석 다니며 보여준다. 앵초, 개별꽃, 현호색, 흰색 제비꽃, 흰 민들레 등등… 일 년 중 가장 생명력이 넘쳐나는 계절이다. 거기에는 인간사의 갈등도 없고 소유의 개념도 없고 집착의 개념도 없다. 그냥 이렇게 자연에 순응하면서 살라고 한다.

이곳에 자리를 잡은 이후에 우리 땅은 대지와 밭과 과수밭과 꽃밭으로 구획이 되고 나름대로는 거기에 걸맞은 식물들이 우리 식구로서 자리를 잡았다. 잡초와의 전쟁이 끝난 것은 아니지만 서로 생명을 건 전쟁에서는 한 걸음 물러서서 어느 정도 서로의 자율성을 보장하기에 이르렀다. 밭과 과수밭도 그렇지만 꽃밭도 그저 우리가 이름을 붙인 것일 뿐, 몇 가지의 화초와 야생화와 잡초들이 공생하기는 마찬가지다.

꽃밭에다 주변의 야생화를 모아 놓고자 했던 것은 우리의 욕심일 뿐, 모두 자기가 좋아하는 곳이 있어서 그곳에서나 잘 자라지, 나나 아내가 원한다고 해서 그대로 말을 들어주지는 않는다. 애초에 밭이나, 과수밭이나, 꽃밭이나 그런 것은 우리가 구획하여 놓은 것일 뿐, 야생초에게 그런 구획이 인식될 리는 없는 것이다. 그나마 내가 좋아하는 패랭이꽃이 꽃밭에 자리를 잡아준 것이 고마울 뿐이다.

패랭이꽃은 어릴 때부터 이름을 알아서 그런지 친근감이 가고 옛날이나 지금이나 변함없이 소박하고도 촌스러운 꽃이다. 화려하지 않기 때문에 더욱더 싫증이 나지 않는다. 패랭이꽃에 대하여는 고려 예종 때의 문신 정습명이 지은 시가 있다. 한시(漢詩)에 대하여는 문외한이지만 800년 이상 시대를 뛰어 넘어 정서적으로 통할 수 있는 것은 같은 민족이기 때문이 아닐까 여긴다. 패랭이꽃은 석죽화라고도 한다.

石竹花(석죽화)

世愛木丹紅　세상 사람들은 모란을 사랑해서
裁培滿園中　동산에 가득히 심어서 기른다
誰知荒草野　그렇지만 황량한 들판 위에도
亦有好花叢　예쁜 꽃 피어난 줄은 아무도 모르네
色透村塘月　그 빛깔은 시골 연못에 달빛이 스민 듯
香傳隴樹風　향기는 언덕 위 바람결에 풍겨온다
地偏公子少　땅이 후미져서 귀한 분들 오지 않아
嬌態屬田翁　아리따운 자태를 농부에 맡긴다

(한글 번역은 「정민 선생님이 들려주는 한시 이야기」에서 인용)

패랭이꽃과 더불어 모든 야생화는 화려하지 않아 그다지 시선을 끌지 못하건만, 누가 알아주든 말든 저 혼자 외롭게 피고 진다. 누구를 탓하는 법도 없고 알아달라고 호소하지도 않는다. 그러나 잘 관찰해 보면 그 생긴 모양과 색깔이 정교하기 그지없고 각기 아름다운 특색을 가지고 있다.

우리 선조들은 이름 짓기의 명수들이다. 야생화의 특색을 살려 이름을 붙였다. 할미꽃, 매발톱, 애기똥풀, 처녀치마, 초롱꽃, 괭이눈, 별꽃 등 잘 새겨보면 고개가 끄떡여진다. 진짜다 싶은 놈들에게는 참취, 참나리 등 '참'자를 붙였고 가짜다 싶은 놈들은 개망초, 개나리, 개쑥부쟁이 등 '개'자를 붙였다. 요즈음의 비싼 애완견과는 달리 옛날 개들은 천덕꾸러기였다는 증거다. 사이비에게는 너도바람꽃, 나도바람꽃처럼 '너도' 혹은 '나도'를 붙였다.

이렇게 이름만가지고도 의미를 알 수 있는 것들이 있는가 하면, 스토리가 있는 이름도 있다. 사위질빵은 줄기가 연하고 잘 끊어져서 붙은 이름인데, 장모의 사위사랑과 관계가 있다. 사위가 힘들까 봐 장모가 사위의 짐을 덜어내어, 사위질빵으로 끈을 해도 안 끊어지겠다고 놀린 데서 붙은 이름이란다.

그런데 이 덩굴은 울타리나 나무를 타고 올라가 괴롭히므로 보이는 대로 걷어 주는데 사실은 상당히 질기다. 그래서 아내는 이 이름의 유래가 잘못된 것이라고 여긴다. 사위를 미워한 장모였는지도 모르겠다. 며느리밑씻개에 이르면 해학의 극치다. 며느리 구박도 분수가 있지, 며느리밑씻개는 가시가 난 껄끄러운 풀이다.

각자 특색 있는 이름들을 가지고 있다고 해서 이들을 쉽게 구분할 수 있는 것은 아니다. 흔히 들국화라고 부르는 것들은 여러 종류의 구절초와 더불어 쑥부쟁이, 개미취 등 종류가 많아서 구분을 어렵게 한다. 잎 모양 꽃 모양의 차이로 구분해야 하는데 제대로 된 식물도감을 가지고 마음먹고 탐구하지 않는 한 내게는 요원한 일이다. 참나무라고만 알고 있었던 것이 사실은 갈참나무, 졸참나무, 굴참나무, 신갈나무, 떡갈나무, 상수리나무 등 여섯 가지가 있다는 것을 배운 것은 이곳에 온 다음이다. 그냥 참나무라는 이름의 나무는 없다고 한다.

식물은 동물보다 강하다

생존경쟁은 동물의 세계에만 있는 것이 아니다. 숲에 들어가 보면 나무가 빽빽하게 자란 곳일수록 키가 높게 크는 것을 볼 수 있다. 생장의 필수 조건인 햇볕을 많이 받기 위하여 치열한 경쟁을 하고 있다는 증거다. 주위에 풀이 없으면 옆으로 퍼지던 쇠비름 같은 잡초들조차 주위에 다른 풀이 많아서 햇볕을 빼앗기면, 햇볕을 받기 위해 일제히 위로 키가 자란다.

한해살이 풀은 그들대로, 수백 년을 사는 나무는 나무대로 치열한 생존 경쟁에서 살아남기 위해 몸부림을 치고 있는 것이다. 그런 의미에서 현재 우리가 접하는 식물들이야말로 긴 세월을 싸워 이긴 백전의 용사들이다.

·식물의 다양성과 생존력은 그 정교한 설계도가 당연히 각자의 유전자에 간직되어 있을 것이다. 이러한 정교한 설계도는 각 식물의 모양의 문제만이 아니라 그 씨를 퍼뜨리는 정교한 방법들을 볼 때, 동물에 비하여 결코 하등생물이라고 볼 수 없다.

동물들은 자기 유전자를 퍼뜨리려는 생식본능을 실현하기 위하여, 짝 짓기, 새끼 기르기 등을 생명을 걸고 수행한다. 그러나 움직이지도 못하는 식물은 똑같은 기능을 수행하기 위하여 곤충을 이용하여 수정을 하는가 하면 그 씨를 퍼뜨리기 위하여 바람, 흐르는 물, 여러 가지 동물 등을 훌륭하게 활용하고 있는 것이다.

바람을 이용하여 씨를 퍼뜨리는 식물 중 누구나 흔히 볼 수 있는 것이 민들레다. 이놈들은 꽃을 피울 때는 추위를 피하여 땅바닥에 누워 있다가도 씨가 여물 때가 되면 안간힘을 다하여 대궁을 되도록 높게 곧추 세운다. 씨를 바람에 날려 멀리 보내기 위해서다. 각종 풀들은 초식동물의 먹이가 되어 씨앗을 동물의 분뇨로 퍼뜨리기도 한다.

어디 그뿐이랴. 가끔 뒷산에 산책을 하노라면 바지에 도깨비바늘을 잔뜩 묻혀오곤 하는데 나 또한 녀석들의 씨앗을 퍼뜨리는데 일조를 하고 있는 것이다. 질경이가 좋은 땅보다도 사람들이 밟고 다니는 척박한 길 쪽을 더 좋아하는 것은 사람들의 신발을 통하여 씨를 퍼뜨리기 위해서라고 한다. 사실을 말하면 길을 좋아하는 것이 아니고, 주로 신발에 묻어 퍼지다 보니 길가에 많이 퍼진 것이겠지만 말이다.

우리는 흔히 씨앗을 통하여 이듬해에 다시 돋아나는 식물은 또 다른 생명체로 인식하고, 낙엽을 떨구고 휴면하다가 다음해에 다시 잎이 솟아나는 나무는 같은 생명체로 인식한다. 그러나 잘 살펴보면 우리 집 주위에 있는 진달래, 으름나무, 두릅나무 등은 씨앗이 아니더라도 뿌리를 뻗어 새로운 싹이 돋아나서 또 하나의 몸체를 이루고, 개나리처럼 휘묻이나 꺾꽂이가 가능한 식물은 한 개의 가지가 새로운 개체로 자란다.

이들은 같은 생명체일까? 이렇게 보면 식물들은 생명체로서 개체의 구분이 모호해진다. 네 생명 내 생명이라는 독립된 구분이 있는 것이 아니고 생명을 이어가기 위하여 그때그때 다양한 방법으로 번식을 위한 활동이 있을 뿐이다. 결코 동물들이 흉내 낼 수 없는 생명력이다.

살아 있는 것들은 그렇다고 치고, 내게는 식물의 삶과 죽음조차도 구분이 모호하다. 밭의 시금치가 쇄서 대가 올라왔기에 모두 뽑아서 현관에 들여놓았는데, 얼마 후에 보니 시금치의 대궁이 모두 하늘을 향해 곧추 섰다.

또 가끔은 마당의 민들레 소탕작전을 하는데, 한번은 씨앗들을 달고 있는 민들레들 모두 뽑아 한 무더기를 퇴비장에 버렸다. 얼마 후 퇴비장을 지나치다 보니 이놈들도 둥글게 달고 있는 씨앗들을 일제히 하늘로 치켜들고 서 있는 것이 아닌가. 자기 씨를 널리 퍼뜨리려고 안간힘을 다하고 있는 것이다. 뿌리가 뽑혀있는 상태에서도 후손을 잇기 위한 이들의 생명력은 섬뜩할 정도이다.

나무나 풀들은 자기가 자라는 모습을 보여주지는 않는다. 일견 움직임이 거의 없는 듯하다. 그러나 이는 인간의 시간기준으로 보기 때문이고 식물의 시간기준으로 보면 맹렬히 움직인다.

호박이나 오이는 덩굴손이 물체에 닿으면 돌돌 말고는 덩굴손의 나머지 부분을 스프링처럼 말아서 잡아당긴다. 실제로 얼마나 빨리 움직이나 보려고 가지를 타고 올라가는 호박의 덩굴손을 가지에 닿도록 해 보았다. 내 조급성으로 덩굴손이 움직이는 것 자체를 관찰할 수는 없었지만 수 시간 이내에 이미 덩굴손이 가지를 말고 있었다. 덩굴손이 있는 식물들이 눈도 없이 잡을 것이 있는 곳은 어떻게 알까 하고 신기하게 생각했었는데, 덩굴손이 있는 줄기를 사방으로 빙빙 돌리면서 닿는 곳을 찾는다고 한다.

고구마 밭에 풀을 매려면 고구마 줄기가 움직여 잎줄기가 모두 옆으로 눕게 되는데 이놈들도 몇 시간이면 모두 잎 면을 위로 향하도록 일어선다.

태풍 때 옥수수가 여러 포기 쓰러졌다. 태풍이 끝나자 이내 줄기가 모두 제 스스로 곧게 서기 시작했다. 제일 밑줄기부터 서기가 힘들었는지 중간부터 구부정하게 일어섰다. 옥수수는 대가 굵어서 좀 시간이 걸렸다. 나무를 타고 올라가 나무를 망쳐버리는 호박덩굴의 생명력을 볼 때는 그 왕성함이 끔찍할 정도였지만 쓰러진 옥수수가 구부정하게 일어서는 모습은 측은하기까지 하다.

우리의 근원적인 고향은 숲이다

우리는 실제로 자기가 태어난 곳과 관계없이 고향과 시골이 거의 동의어로 느껴진다. 그것은 아마도 그곳에 식물이 있기 때문이다. 인류의 원천적인 고향은 숲이었다.

도시에서 좀처럼 치료가 되지 않던 아토피성 피부염을 앓던 어린이들이 자연과 가까이 살면서 치유되었다는 사례들을 본다. 숲은 인류 초기에도 인간을 먹여 살렸지만 현재도 문명에 찌든 인간의 몸을 치유해 준다. 숲의 치유효과는 피톤치드 때문이라느니, 숲의 소리 때문이라느니 과학적으로 증명하려고 하지만, 무엇보다도 숲이 인류의 고향이었기 때문이라고 나는 믿는다. 숲에서 살던 원시시대의 기억이 어렴풋이 유전자에 각인되어 있는 것이 아닐까?

4월이면 이 골짜기에 각종 꽃들이 어우러져 눈이 부실 정도이지만 사실은 간사스러울 정도로 금세 가버리는 꽃의 현란함보다는 그 후의 신록이 더 좋다. 연두색으로 물들기 시작하여 서서히 짙어지며 변함없는 모습을 오래도록 보여준다. 녹음이 다 우거진 5월 이후에야 서서히 싹을 내기 시작하는 배롱나무, 자귀나무, 능소화 같은 것들은 더 느긋하다.

식물은 약 4억 5천만 년 전에 나타났다고 한다. 육상동물이 나타나기도 전에 먼저 자리를 잡은 이 땅의 주인이었다. 식물은 초식동물의 먹이가 되어주고, 온갖 벌레와 동물들의 서식처가 되고, 산소를 공급해 줄뿐 아니라 인류의 주 에너지원인 화석연료까지도 공급해 준다. 식물이 없는 지구의 생태계와 먹이사슬은 상상할 수도 없다. 식물이 없었다면 우리는 존재할 수 없었을 것이다.

식물도 살려고 몸부림치면서 생존하고 있지만 인간을 비롯한 동물을 착취하는 일은 없다.

열대 우림 지역의 남벌을 걱정하는 목소리가 높다. 그러나 이는 어디까지나 인간들이 살 수 있는 환경에 관한 걱정일 뿐이지 생명체로서의 식물에 대한 대량살상을 염려하는 소리는 들리지 않는다. 나부터도 집 주변의 나무 여러 그루를 아무 쓸모도 없고 시야만 가린다는 이유로 잘라버렸지만, 생명체로서의 나무에 대한 죄책감은 느끼지 못하고 있다.

가축을 고기의 대량생산만을 목적으로, 움직일 수도 없는 끔찍한 환경에서 기르는 행위를 부도덕한 일이라고 생각하는 것과 똑같은 차원에서, 농작물도 대량생산만을 위하여 부자연스럽게 기르는 것

또한 잘못된 것은 아닐까 싶다.

생명체는 단세포 생물이라는 단순한 형태로 출발하여 다세포 생물로 진화해 왔고, 긴 세월 동안의 진화과정에서 식물과 동물로 분화해 왔다고 한다. 세포 단위에서의 생명기능은 식물이나 동물이나 유사하다고 한다. 그렇게 보면 우리 집 주변의 울창한 나무들도 나와 먼 친척이 되는 셈이다.

동물 친구들

곤충들

요즈음은 텔레비전의 다큐멘터리 프로그램 등을 통해, 낯선 아프리카 초원 동물들의 먹이사슬과 생태를 가보지 않고도 대부분 알고 있다.

그러나 정작 우리 주변에 서식하는 많은 종류의 벌레와 곤충을 비롯한 작은 동물의 생태에 대하여는 거의 모르고 지낸다. 맹수들이 없는 우리 주변의 생태계라고 생존경쟁 없이 평화롭기만 한 것은 아니다. 일견 평화롭게만 보이는 것은 눈에 잘 띄지 않고, 보이더라도 역동적이거나 처절하게 느껴지지 않기 때문이다.

우리 집 주변에서 자주 눈에 띄는 사마귀는 행동이 느려서 뭔가를 잡아먹는 모습을 보기 힘들고, 그런 느린 움직임으로 사냥을 할 수는 있을지 의심되지만 다큐멘터리를 보면 다른 곤충을 잡아먹을 때 그 행동이 잽쌀뿐더러 잔인하기 그지없다. 몇 년 동안 먹이를 먹고 있는 모습이 내 눈에 띈 것은 잠자리를 먹고 있는 놈을 한번 보았을 뿐이다.

잠자리는 3억년 이상을 살아왔다고 한다. 떼 지어 날고 있는 모습이 평화롭게 보이지만 하루에도 수백 마리의 모기나 하루살이 등을 먹어 치운다고 한다. 급회전, 급정지 등 자유자재로 하는 비행술은 절묘하여 현대의 첨단기술로도 흉내를 못 내고 있다. 헬리콥터의 비행술은 잠자리에 비하면 왕 초보에 지나지 않는다. 그 뛰어난 비행술을 가지고도 새의 먹이가 되거나 거미줄에 걸려 거미의 먹이가 된다.

그런가 하면 자기 유전자를 보전하려는 경쟁도 치열하다. 수컷 잠자리가 암컷을 꼬리에 달고 날아다니고 있는 모습을 종종 본다. 일견 평화롭게만 보이지만, 이는 자기와 짝짓기 한 암컷에게 다른 수컷이 접근하지 못하도록 지키기 위한 것이란다. 그래서 암컷이 물속에 알을 낳을 때까지 파수꾼 노릇을 하고 있다고 한다. 그러나 이러한 행태는 반드시 성공하는 것은 아니어서 때로는 다른 수컷에게 암컷을 빼앗기기도 한다고 하니 이것은 전혀 평화로운 풍경은 아닌 것이다.

옛날, 여름방학 숙제에 꼭 끼는 곤충채집에 단골메뉴가 잠자리이기도 했지만 장난감이 귀했던 시절, 어린이들의 장난감이 되기도 했다. 이름들도 촌스러운 밀잠자리, 된장잠자리, 고추잠자리 등이 주로 눈에 띄는데 그 외에도 실잠자리, 물잠자리, 장수잠자리 등이 있다. 잡는 방법도 도시 아이들이나 잠자리채를 이용했지, 시골 아이들은 앉아있는 잠자리의 날개를 그냥 살짝 잡으면 됐다. 좀 더 세련된 방법으로는, 앉아있는 잠자리의 눈앞에서 손가락을 뱅뱅 돌리면서 서서히 다가가면 잠자리가 그것을 보느라고 꼼짝 않고 홀려 있는 사이에 살짝 잡곤 했다.

실제로 잠자리가 손가락을 보느라고 홀리는지는 모르지만 아이들은 그렇게 믿었다. 어렸을 때 생각이 나서 그 방법으로 잠자리를 잡아보겠다고 앉아 있는 고추잠자리 앞에서 손가락을 돌려 보았는데, 웬걸 가까이 가기도 전에 도망가 버렸다. 수억 년을 느리게 진화해 왔다는 잠자리가 수십 년 사이에 더 영악해진 것일까.

어렸을 때 내가 제일 좋아했던 장난감은 사슴벌레였다. 머리에 집게를 달고 있어 '찌께벌레'라고 했는데 이곳에서는 보기가 쉽지 않다. 꼭 한번 보았을 뿐이다.

어렸을 때 동네 집들의 처마에는 장식품으로 여치 집을 매달아 놓았었다. 밀짚으로 집을 만들어 여치를 넣어 놓았다. 여치 집은 피라미드를 세로로 배배 꼬면서 길게 늘여놓은 모양인데 일부러 사선으로 꼰 것이 아니고 밀집으로 엮으면 자연히 그렇게 된다. 특별히 배우지 않아도 누구나 만들 줄 알았다.

매미는 있기는 한데 요즈음은 어쩐 일인지 시골보다도 도시에 매미가 더 많다. 그것도 밤낮을 가리지 않고 떼 지어 울어댄다. 시골 매미들이 도회지로 이민을 간 모양이다.

옛날에 흔했던 것 중에서 요즈음 귀해진 것에는 반딧불이도 있는데 가끔씩 눈에 띄어 즐겁게 해준다. 옛날에는 봉오리를 다문 호박꽃 속에 넣고 호롱불 놀이를 했다. 그 시절의 시골에는 전기가 들어오지 않았고, 석유를 사용하는 등잔을 켰으므로 밤이면 온 동네가 캄캄한 탓에 반딧불은 환상적인 조명 효과를 냈다.

우리 밭 주변에 제일 많이 사는 곤충은 개미다. 3㎜정도 밖에 안 되는 작은 놈들이 제일 많고 조금 더 큰 놈들도 있다. 죽은 곤충들의 시체를 물고 가는 게 눈에 띈다. 아프리카 생태계에서 독수리가 동물의 시체를 먹어 치우는 청소부로 소개되지만 미시(微視)의 세계에서는 개미야말로 근면한 청소부이다.

때로는 자기 몸보다 몇 배 더 큰 벌레를 합동으로 공격하여 사냥하기도 한다. 밭에 풀을 뽑다가 개미집을 건드리면 손등으로 올라와서 팔뚝을 문다. 제 영역을 침범했다고 덤벼드는 게 분명하다.

나를 물었다고 보복하려는 것은 아니지만 가끔 본의 아니게 개미들에게 피해를 주게 된다. 밭이랑 여기저기에 많은 개미 집단이 있다. 어쩌다가 풀을 뽑느라고 개미집이 헤쳐지면 하얀 알들이 드러난다. 그러면 개미들은 복구하느라고 난리가 난다. 만일 인간보다 수백 배, 수천 배 큰 동물이 때때로 느닷없이 우리들의 집을 부숴놓는다면 정말 황당할 게다.

또 어떤 때는 반쯤 삭은 소나무 장작으로 구들방에 불을 지피고 있노라면, 언제 나무속에 집을 지어 놓았는지 나무가 뜨거워짐에 따라 개미들이 알을 물고 피란을 가느라 부산을 떤다. 그런 와중에도 일시에 도망가는 것이 아니고 줄을 지어 들락거리며 일사불란하게 움직인다. 자기 혼자만의 안전은 아랑곳없이 집단의 생존을 위하여 개체를 희생하는 것이다. 내 목적을 위해 본의 아니게 개미집을 망가트리기는 했지만 미안한 일이다.

개미도 인간과 같이 사회성을 갖춘 동물이다. 조직적으로 먹이 사냥을 하고 새끼를 기르는 것은 물론이고, 종에 따라 진딧물의 단물을 먹는 개미들은 단순히 먹이를 얻는 것에 그치지 않고 진딧물을 적당한 줄기로 옮겨주는 축산업을 하기도 하고, 잎꾼개미는 나뭇잎을 따다가 모아놓고 버섯을 기르는 농업을 하기도 한다.

아마도 개미 정도의 조직력을 갖춘 기업이 있다면 현존하는 어떤 기업도 이에 대적하지는 못하리라. 인간들의 조직에서는 지휘체계가 있지만 그런 것도 없는 개미사회의 조직력은 놀라울 뿐이다.

개미는 1억년 이상 지구에서 살아왔고 어디를 가더라도 개미가 서식하고 있으며 심지어는 도시의 방안에까지 침입하여 살고 있다. 쉽게 믿어지지 않지만 개미 전체의 무게가 지구상의 인간의 무게와 비슷하다고 한다. 더 무겁다는 주장도 있다. 지구의 주인이 인간이라고 해야 할지 개미라고 해야 할지 헷갈리는 일이다.

어렸을 때 보고는 구경을 못했던 땅강아지가 나타나서 어찌나 반가웠던지 굴을 파고 들어가는 모습을 한참 동안 지켜보고 있었다.

우리 농사를 직접 도와주는 녀석들로는 나비와 벌도 있다. 호박, 오이와 복사꽃, 매화에 골고루 수분을 시켜준다. 벌은 가만히 있는 사람은 쏘지 않지만 실수로 나도 모르게 자기 집에 접근하면 제집을 방어하기 위해 덤벼든다. 처마 밑이나 주변에 집을 지어놓아 벌써 서너 차례 쏘였는데 이제는 어느 정도 내성이 생겼는지 후유증이 오래 가지는 않는다.

그러나 말벌에게는 한번 혼이 난 적이 있다. 육각형의 입구들이 노출된 일반 벌들의 집과 달리 말벌은 구름무늬를 띈 둥근 집을 짓는데, 이놈이 거실 큰 창의 처마 밑에 집을 지었다. 집을 점점 키워 축구공만 하게 되었는데, 그 밑을 지나다녀도 덤비는 기색이 없고 나는 쏘여도 내성이 있노라고 대수롭지 않게 생각하고 있었다.

그런데, 장승을 깎는다고 마당에서 나무망치로 끌을 두드리고 있는데 말벌이 와서 망치 든 손등을 쏜 것이다. 자기 집과는 거리가 떨어져 있는데도 망치소리를 듣고는 자기 집을 공격한다고 오해한 모양이다. 다른 벌과는 다르게 손등이 잔뜩 붓고 참을 수 없을 정도로 아파서, 할 수 없이 보건소에 가서 주사도 맞고 약을 타왔다.

친구로 동거할 수 없다는 것을 안 이상 벌집을 제거해야겠는데 방법을 알 수 없어서 119에 전화를 걸어 문의했다. 제거하는 방법을 알려 달랬더니 장비 없이는 위험하니 건드리지 말라며 직접 와서 제거해 주겠단다. 미안한 노릇이지만 어쩌랴. 그래서 이 산골에도 119의 출동기록을 남겼다. 119의 신세는 그 후에도 한 번 더 졌는데, 세 번째는 차마 또 부를 수가 없어서 중무장을 한 후 모기약을 두 통이나 뿌리고 떼어냈다.

그 후에는 좀 더 세련된 퇴치법을 터득했다. 모든 곤충은 온도가 낮으면 잘 활동하지 못하므로, 해가 뜨기 전인 어두운 때는 행동이 굼뜨다. 이때에 난로에 불을 붙이는 가스 토치에 막대를 매달아 길게 늘인 후, 불을 붙여 태워버리면 처치가 된다. 화재방지를 위하여 불을 끌 수 있는 대처는 해놓고 시작해야 한다.

여기는 벌레 천국인지라 벌레들이 집안까지 침입하기도 한다. 대부분이 환영 받지는 못하지만 모양이 그런대로 괜찮은 딱정벌레는 못 본 척 그냥 두는 경우도 있다. 요즈음에는 거미를 기르는 이들이 있기도 하지만.

살충제를 안 치겠다고 결심을 하고도 때로는 유혹을 받을 때가 있다. 오래전 어떤 봄에는 매우 작은 메뚜기 류가 유독 복숭아나무 한 그루에만 다닥다닥 붙어있어 나무가 온전히 살아남을 것 같지 않았다. 이놈들만 죽이자고 일단 살충제를 사왔는데, 생각해 보니 살충제를 친다면 이놈들은 또 다른 곳으로 분산될 것이고, 그곳까지 또 살충제를 치다 보면 결국 밭을 망가트릴 것 같아 포기하고 도로 물러버렸다. 며칠 지나자 이놈들은 어디로 사라졌는지 없어져 버렸다. 내 의중을 알아버린 것일지도 모르겠다.

곤충이 많으니 먹이 사슬에 의하여 개구리도 있고, 그 놈을 잡아먹는 뱀도 있다. 밭에 나갈 때는 고무장화를 항상 신으니 뱀에 물릴 염려는 없다. 그렇기는 하지만 어쩌다가 뱀을 만나면 깜짝 놀라는 터라 아직은 뱀까지 친구가 되기는 먼 것 같다. 봄이 되면 겨울잠에서 깨어난 뱀이 퇴비장 위로 오기도 한다. 덮개를 열어보면 퇴비 위에 똬리를 틀고 앉아 있다. 퇴비가 발효되는 열로 따뜻하기 때문이리라.

새들

곤충의 상위 먹이사슬로는 새도 있다. 먹이가 풍부한 하절기가 가까워지면 이 골짜기에도 새들이 번식을 위하여 꼬여 든다.

아내가 '하하 호호'라고 흉내를 내는 새가 있다. 5월 초순이면 어김없이 나타난다. 이 새가 검은등뻐꾸기라는 것을 어렵사리 알게 되자 '뻐꾹 뻐꾹'으로 들리기도 하지만 우리 집에서는 그냥 하하호호새라고 부른다. 나중에 알게 되었지만 '홀딱 벗고'라고 운다는 설도 있는 듯하다.

소리를 흉내 내기도 힘들게 입 속으로만 웅웅거리는 놈이 있는데 알고 보니 벙어리뻐꾸기이다. 이놈도 이름을 알고 나자 '웅웅'이 아니고 '꾹꾹'으로 들리기도 한다. 검은등뻐꾸기와 같은 시기에 이 골짜기에 온다.

뻐꾸기 우는 소리는 집안의 벽시계 속에서도 나니 누구나 알지만 막상 이곳이라고 해서 모습을 보기는 그리 쉽지 않다.

우리 밭에 자주 모습을 나타내는 놈들 중에 꿩이 있다. 기술이 시원찮은 초보 농사꾼의 콩 농사를 자주 망쳐놓는 놈들이다.

집 뒤에서 꺼병이들을 거느린 까투리를 두 번이나 만난 적이 있는데 까투리는 제 새끼를 보호하기 위하여 날개를 축 늘어뜨리고 새끼들이 도망가는 반대쪽으로 뛰면서 나를 유도한다. 날개를 다쳐서 날지 못하니 나를 잡으러 오라는 유인책이다. 모성애가 안쓰러워 두 번 다 얼른 자리를 피해 주었다. 감동스러운 모성애였다. 그런데 우는 소리는 '꿩, 꿩' 하고 멋없이 운다.(새의 소리를 왜 운다고 하는지 모르겠나)

멋없이 울기는 산비둘기도 마찬가지다. '꾸륵 꾸욱 꾹꾹' 해댄다. 내 귀에는 그렇게 들리는데 선조들의 귀에는 다르게 들렸던 모양이

다. 강원도에서 채집된 토속 민요를 들어보면,

지집뿍꾹 지집뿍꾹
지집죽고 상처하고
자석죽고 애참하고…….

등으로 흉내를 내고 있다.

산비둘기는 흔한 것이니 소리가 들리거든 이 가사와 맞추어 보시라. 박자가 딱 맞는다.

옛날에 어머니가 '쪽박 바꿔 주' 하고 흉내 내시던 새가 있었다. 두견새라는데 요즈음은 들리지 않는다. '조서방네 조도령' 하고 흉내 내시던 새도 있었는데 채집된 민요에서는 '조도령 곧 오시오 머리 곱게 빗고 가께'라고 운단다. 이놈은 꾀꼬리다.

아무리 애써 보려고 해도 내 실력으로 보기 힘든 것은 소쩍새일 것이다. 이놈은 숨어서 밤에 울기만 하지 좀처럼 모습을 보여 주지는 않는다. 때로는 낮에 울기도 한다. 낮에만 우는 것으로 알고 있는 뻐꾸기는 거꾸로 밤에 울 때도 있다. 오히려 벽시계 속에서 우는 뻐꾸기는 원칙을 지켜서 밤에는 안 운다. 소쩍새의 소리는 운치가 있다기보다 처절하다. 보통은 '소쩍, 소쩍' 하고 두 마디로 울지만 세 마디로 울 때도 있다.

옛날 가난한 집에서 양식이 모자라 솥을 작은 것으로 썼는데, 식구들 밥 퍼주고 나면 항상 모자라 며느리는 계속 굶다가 죽었다고 한다. 죽어서 소쩍새가 되어 '솥적다, 솥적다' 하고 처절하게 운다고 한다.(이 경우는 운다고 하는 것이 어울린다)

새소리는 여기저기서 들리지만 우는 소리를 아는 놈들은 모습을 보여주지 않고, 모습을 보여주는 놈들은 내 앞에서 울지 않는다.

우연한 기회에 조류 박사를 만났다. 보기 힘든 새들을 좀 더 가까이서 볼 수 있는 방법이 없느냐고 물어보았더니 나무에 쇠기름을 달아 놓으라고 한다. 새들이 쇠기름을 좋아해서 먹으러 온다는 것이다. 일러준 대로 창문에서 보기 편한 위치에 있는 나무에 널빤지를 달고 쇠기름을 얻어서 놓아 보았다. 처음에는 잘 안 오더니 눈에 익은 곤줄박이가 오기 시작했고 박새와 딱새도 나타났다. 가끔은 어치가 나타나기도 한다.

새에도 서열이 있는지 한 놈이 먹고 있으면 다른 놈들은 주위에서 기다린다. 어쩌다가 얼씬거리는 놈이 있으면 쫓아낸다. 얼마 후 또 쇠기름을 얻으러 정육점엘 갔더니 주인이 단정적으로 쇠기름은 소화가 안 돼 해롭다며 돼지기름을 준다. 돼지기름도 먹으러 오기는 하는데 어느 쪽을 더 좋아하는지 알 도리는 없다. 물어볼 수도 없지만 내가 보기에는 돼지기름보다 쇠기름을 더 좋아하는 것 같다.

이것을 계기로 아예 새 먹이 주는 새집을 하나 만들어 설치했다. 페트병으로 먹이 자동 공급 장치를 만들어 해바라기 씨를 가득 넣어 두면 며칠 만에 다 없어진다. 야생 새에게 먹이를 주는 행위를 반대하는 의견도 있지만, 눈 쌓이는 겨울철이면 먹이가 없어 죽는 놈들도 있다니 해로울 것까지야 없을 듯하다.

집 짓기 전에는 까치가 없더니 집도 짓고 농사도 짓는다는 소식을 어디서 들었는지 녀석들이 나타나기 시작했다. 사람을 별로 무서워하지도 않고 집요한 놈들이다. 한 놈이 우리 집을 자기 터로 정해버렸는지 항상 와서 살고 호통을 쳐도 도망가는 시늉을 할 뿐 다시 온다. 나와 영역다툼을 하려고 한다.

이곳을 처음 드나들던 시기에는 녀석들을 볼 수 없었으니 분명히 내가 먼저 차지한 영역이건만 인정하려고 하지 않는다. 그런 녀석이 저보다 덩치가 작은 황조롱이에게는 가끔 영역 싸움에서 쫓겨 다니기도 한다. 그렇게 극성맞게 오던 놈들이 요즈음은 좀 뜸하고 어치가 임무교대를 했다.

동고비는 벌레를 잡아먹기 위하여 복숭아나무 줄기를 기어 다닌다. 세상에 나무줄기를 기어서 내려가는 새는 이놈밖에 없다.

딱따구리는 개울가에 삭아가는 나무를 쪼아대기에 벌레를 잡아먹는 모양이라고 생각하고 있었는데 이놈이 나도 모르는 사이에 마당에 있는 장승을 쪼아서 자기 보금자리를 파 놓았다. 여기저기서 딱따구리 소리가 들리니 무심코 듣고 있는 사이에 나의 시야를 가리는 장승의 뒤쪽에다 굴을 판 것이다.

얼마간 조용하길래 이제 집을 완성한 모양이라고 가까이 가보니 어느새 새끼들의 소리가 요란한데 굴이 곡선이니 보이지는 않는다. 어미 두 마리가 열심히 먹이를 물어오는데 들어올 때는 옆에 있는 소나무 줄기에 붙어서 주변을 살핀다. 그리고는 안전을 확인한 후에야 자기 집으로 들어간다. 내가 보고 있으면 자기 입에 먹이를 물고 있으면서도 소나무 줄기를 쪼아 먹이 잡는 시늉을 한다.

딱새가 현관 대들보에 둥지를 틀었다. 그래도 제비와는 달리 경계심이 강하여 들어가고 나갈 때는 제 모습을 숨기고 재빠르게 움직인다. 어미는 일단 먹이를 물어오면 지붕이나 정원 등 위에 앉아서 주위를 살핀다.

천연덕스럽게 새끼가 있는 둥지와는 다른 쪽을 보고 있지만 내가 툇마루에 앉아있으면 절대로 둥지에 들어가지 않는다. 자리를 피해주면 잽싸게 들어가 먹이를 주고는 금세 날아간다. 궁금증을 참지 못하고 어미가 없는 틈을 타서 사다리를 놓고 올라가 살펴보았다. 새끼가 놀랐는지 꼼짝도 못하고 나를 쳐다본다. 눈도 깜박거리지 않고 꼼짝 않는 것이 아마도 자기보호본능에서 오는 행동일 것이다. 안쓰러운 생각이 들어 몇 마리나 있는지 확인도 못하고 급히 내려와 버렸다.

이놈들은 매년 현관 위에만 오는 것은 아니고, 뒤쪽 처마에 둥지를 틀기도 하고, 창고 처마에 둥지를 틀기도 한다. 곤줄박이와 딱새를 겨우 구분하게 되었는데, 어쩌다 보니 또 다른 놈이 딱새의 둥지를 드나든다. 알고 보니 딱새는 암수의 색깔이 다르다. 수컷은 목과 날개가 검은색에 흰 반점이 있고, 아래쪽은 갈색과 주황색의 중간색인데 비하여, 암컷은 검은 색이 없이 등과 배의 색이 같다.

사람들이 많이 모이는 등산로 주변의 새들은 먹이를 얻어먹는 훈련이 되어 있어서 손바닥의 땅콩도 물어간다. 이놈들은 대부분이 사람에게 가까이 오는 특성을 가진 곤줄박이다.

봄에 새 한 마리가 어떻게 집안으로 들어 왔는지 며칠 집을 비운 사이에 온 집안을 헤집고 다니다가 죽은 적이 있었다. 새는 모습을 자세히 볼 기회가 드물어 조류도감에서 찾아보니 곤줄박이였다. 사람에게 가까이 오는 특성이 있다 보니 집안에까지 들어왔다가 봉변을 당한 것이다.

그런데 딱새는 자기에게 관심을 보이면 절대로 가까이 오지 않는다. 새끼 구경을 한번 한 것을 대가 삼아 호기심을 풀었더니 그 후에는 가까이 있어도 잘 드나든다. 어쩌다가 가까운 곳에 앉아 있어서 카메라를 들이대면 금방 도망가지만 거꾸로 자연의 일부처럼 자연스럽게 행동하면 경계심을 풀고 가까이 온다. 밭을 매고 있을 때, 가끔은 딱새가 가까이 오기도 하는데 관심을 안 보이고 자연스럽게 행동하면 1미터 정도까지도 접근해 온다.

그나마 집 가까이 둥지를 틀기 좋아하는 딱새는 새끼 기르는 모습을 나에게 들키지만, 겨울에 나뭇잎이 모두 떨어진 뒤에 보면 과수 여기저기와 심지어는 안방 바로 앞의 작은 나무에도 내가 모르는 새 둥지들이 있다.

그 외의 동물들

다람쥐도 처음에는 밤나무 근처에만 나타나더니 이제는 마당까지 넘나든다. 이놈도 아직은 덜 친해졌는지 뒷다리로 서서 빤히 쳐다보고 있다가는 사람이 다가가면 축대 돌 틈이나 마당의 돌탑 속으로 잽싸게 들어가 버린다. 오히려 설악산이나 지리산같이 깊은 산의 다람쥐는 사람들이 등산로에서 쉬고 있으면 가까이 모여든다. 등산객에게서 먹이를 얻는 훈련이 되어있어서 과자 부스러기나 과일 쪽을 던져주면 겁 없이 가까이 와서 먹는다.

다람쥐는 도토리를 입안 가득히 물어다가 감춰두곤 하는데 나만큼 건망증이 있는지 가끔은 저장한 장소를 잊어버려 방치함으로써 씨를 퍼뜨린다. 뒤꼍에는 주변에 산밤나무도 없는 곳에 새끼 밤나무가 맹렬히 자라서 이제는 밤꽃이 조금씩 피게 되었다. 먼 거리를 밤이 바람에 날려 왔을 것 같지는 않고, 틀림없이 다람쥐가 옮겨 놓았을 터이다.

매년 밭이랑에 두더지가 여기저기 굴을 파 놓는다. 내 텃밭을 망친다고 끌탕을 하고 있긴 한데, 두더지가 주로 먹는 것이 지렁이이고 지렁이가 많은 곳이 좋은 땅이라니 좋은 징조라고 생각하고 미워하지 말아야 할 모양이다.

창고 문의 바로 앞에는 오래전부터 정체를 알 수 없는 동물의 분변이 있다. 쥐똥 비슷하지만 조금 달라서 쥐는 아니라고 생각하고 있는데 치워놓아도 다음날 보면 또 있는 것으로 보아 밤에 그곳을 자기 잠자리로 삼고 있는 듯하다.

몇 해 전 창고 대청소를 한 적이 있는데 창고 구석에서 죽어서 바싹 마른 족제비가 발견된 적이 있었다. 아마도 환기를 위해 열어두었던 문으로 들어갔다가 문이 닫히자 갇혀서 죽은 것 같아서, 그 후로는 창고 문을 열어놓은 채 방치하지 않기 위하여 방충망을 설치했다. 이것을 계기로 본채 뒷문과 구들방 문에도 방충망을 설치했는데 벌레의 침입을 방지하면서 환기를 시키는데 안성맞춤이다. 족제비란 놈의 덕분이다. 어쨌거나 창고 앞의 분변의 정체는 아직도 오리무중이다. 족제비라고 추측만 할 뿐인데, 약은 놈이라 쥐덫을 놓아보면 쥐덫을 튀겨놓기만 하고 잡히지는 않는다. 그래도 혼이 나기는 했는지 한동안 잠잠하다가 잊을 만하면 다시 온다.

보기 힘든 산토끼는 우리 집 앞마당까지 산보를 내려왔다가 나에게 들킨 적이 있다.

고라니 이야기는 앞에서 했지만 멧돼지도 우리 집을 한번 방문한 적이 있기는 하다. 어느 날 밤에 과수 밑을 온통 파헤쳐 놓은 것이다.

옆 동산의 분지에서 과수원과 밭을 하고 있는 사람에 의하면 멧돼지가 와서 밭을 망쳐놓는 바람에 전기 울타리를 쳐놓았다고 하고, 아랫동네 사람들도 뒷산에서 멧돼지를 본 적이 있다고 한다. 옆 동산 너머에 사는 사람이 가끔 산보를 왔다가 들르는데, 뒷산에서 멧돼지를 만난 후에는 절대로 뒷산을 오르지 않는다고 한다.

개와 함께 뒷산엘 올라갔다가 멧돼지를 만났는데, 멧돼지가 개를 쫓아가는 바람에 자기는 위기를 모면했다는 것이다. 멧돼지가 한번 우리 집을 방문하기는 했었지만 우리 밭을 넘보지 않는 것이 다행이라면 다행이다. 고라니에 가세하여 멧돼지까지 우리 밭을 본격적으로 노린다면 또 한바탕 분쟁이 벌어질 터이다. 평화를 위해서 심각한 먹이다툼은 하지 말기를 바랄 뿐이다.

들고양이

호랑이를 비롯한 고양이과의 맹수들은 우리나라에서 자취를 감춘 지가 오래되었지만 집 잃은 들고양이는 모습을 보인다. 이놈이 야생의 맹수인 양, 노려보기만 하고 가까이 오지는 않았었는데, 어쩌다가 고기 한 점을 얻어먹더니, 때만 되면 먹을 것 달라고 야옹 거리며 며칠을 들러붙어 있고는 한다.

고기나 생선이나 제 입맛에 맞는 먹이가 나오면 계속 붙어 있다가도, 먹이가 맘에 안 맞으면 가버리고는 하는데, 배가 고플 때는 귀찮을 정도로 따라 다닌다. 그래도 혼자 있을 때는 유일한 친구이니 나 먹을 것이라도 나누어 주는 수밖에 없다.

먹이를 얻는 것에는 집요하여, 거실에서 무언가 먹는 기미가 보이기만 하면 들여다보고 입맛을 다시며 야옹 댄다. 그러다가 내가 움직이기만 하면 밥줄 것을 기대하고 현관에 가서 기다린다. 고기와 생선을 좋아하여 찌개에 들어있던 고기조각이라도 골라 넣고 밥을 비벼주면 고기만 골라먹고 밥은 남기는데, 맛있는 것을 더 줄 기미가 안 보이면 할 수 없다는 듯이 밥도 먹는다.

배가 고픈데도 먹을 것을 안 주면, 계속 따라다니며 장화에 얼굴을 비비거나 앞에 와서 드러눕는다. 얼굴을 비비는 것은 친밀감을 표시하는 것이라는 걸 직관적으로 알 수 있지만, 앞에 와서 눕는 행위는 동물 다큐멘터리를 본 짧은 지식에 의하면 복종하겠다는 의미인 듯하다.

먹이를 먹고 나서는 온몸을 혀로 핥거나 앞발에 침을 묻혀 세수를 하는데 다큐멘터리에서 본 고양이과 맹수들의 짓거리와 꼭 닮았다.

그래도 개에 비하면 아직 야생성이 남아 있는지, 나를 따라다니는 것은 먹이를 얻고자 할 때뿐으로 배가 부르면 나는 아랑곳하지 않고 혼자 논다. 몇 시간이고 한곳에 앉아 고독을 즐기거나 낮잠을 잔다. 어떤 때는 내 눈에는 보이지도 않는 쥐의 길목을 지키다가 잡아먹는 눈초리를 보면 표독스럽기조차 하다.

이놈이 좋아하는 것이 매일 준비되어 있는 것은 아니어서 집요하게 쫓아다니면 귀찮을 정도인데 그러다가 며칠 안 보이면 또 궁금해져서 기다리고는 한다.

식물이 되었건 동물이 되었건, 여기에서 볼 수 있는 생물들은 훨씬 더 많지만 내 알량한 관찰력으로는 한계가 있다. 나는 생물학자가 아니니 그렇다고 쳐도, 생물학자에게도 같은 문제는 있는 모양이다. 우리나라에 서식하는 생물은 3만종에 이른다고 알려져 있다. 우리나라보다 그리 크지 않은 일본, 영국, 독일 등에는 그 세배 가량이라고 한다. 이것은 우리나라에 서식하는 생물의 종이 적은 것이 아니고, 생물학의 발달이 늦어서 조사하고 분류하는 작업이 뒤졌기 때문이라고 한다.

설악산에 갔다가 우리나라 중부지방의 산악지대에만 서식한다는 금강초롱을 본 일이 있는데, 그 학명에는 일본사람의 이름이 붙여져 있다고 한다. 일본인이 먼저 발견하고 분류했기 때문이다.

서식하는 생물의 종도 결국 국력에 비례하는 결과가 되어 버렸지만, 제대로 조사한다면 최소한 지금까지 알려진 것의 두 배 이상은 될 것이다. 추정하기로는 10만종 가량 되리라고 한다.

호모 사피엔스

우리나라에 서식하는 포유류는 123종이라고 한다. 맹수류는 사라졌지만 그 이외의 노루, 오소리, 고라니, 너구리, 멧돼지 등 야생 동물들도 밀렵으로 고난을 당하고 있다. 거꾸로 일부 산간지역에서는 멧돼지, 고라니 등이 작물에 피해를 입혀 인간과의 먹이다툼을 벌이고 있기도 하다.

자동차 도로에서 개나 고양이가 차에 치어 죽은 것을 자주 보게 되는데 그들뿐만이 아니고 삵, 너구리, 고라니 등 야생 동물들도 애꿎게 치어 죽기도 한다. 하기는 인간은 스스로 편리하자고 만든 자동차라는 문명의 이기(利器)에 의해 자기들도 죽어가는 한심한 동물이기도 하다.

아마도 고도의 문명을 가진 외계인이 이런 것을 지켜본다면 이상한 동물이라고 했을 게다. 한심한 동물이기는 하지만 인간과 가장 가까운 종인 침팬지와 DNA가 98.77%는 같다고 학자들이 주장하는 것을 보면 위대한 진화를 했다는 점은 부인할 수 없다.

인간들은 이들과는 관계없는 별종으로 자부하고는 있지만 사실은 이들보다 조금 더 진화했을 뿐이지 밑바탕에는 오랜 옛날의 동물적인 행태가 아직도 잠재해 있다고 한다. 영국의 동물행태 학자인 데스먼드 모리스(Desmond Morris)는 『털 없는 원숭이』에서 이러한 점들을 밝혀 놓았는데, 인간이 원숭이와 유인원의 192종 가운데 특

이하게 털이 없는 종으로 진화했지만 짝짓기를 위해 이성을 유혹하는 행태, 새끼를 기르는 행태, 싸우는 행태, 먹이 활동 행태 등이 그 유사 종과 기본적으로 같다는 것이다.

모든 동물의 새끼 기르기는 극진하지만 대부분 짧은 기간에 독립하여 스스로 먹이활동을 한다. 유독 인간만은 이 기간이 길어서, 수렵과 채집으로 먹이를 구했던 원시시대의 인류는 이 기간 동안 새끼를 돌보기 위해 암컷은 둥지를 떠나지 못하고, 먹이를 구하는 역할은 수컷이 맡을 수밖에 없었기 때문에 여느 동물과 다르게 일부일처제가 되었다고 한다.

결국 그것이 성공적으로 유전자를 퍼뜨리는 방법이기 때문이다. 암컷이 더 화려한 것도 이것과 관계가 있다. 수컷을 붙들어 두어야 하는 필요성 때문이다. 대부분의 다른 동물은 수컷이 더 화려하다. 암컷에게 선택권이 있기 때문이다. 일부일처제라는 것이 문명사회가 만들어낸 도덕의 결과가 아니고 원시시대에 태동된 진화의 결과라는 것이다.

이 골짜기의 동물 친구들을 소개하는 자리에, 느닷없이 왜 하루 종일 구경도 하기 힘들다는 인간을 소개하느냐고? 도시를 떠나오니 도시가 보이는 것과 마찬가지로 인간세상에서 떠나오니 인간이 보이는 듯하기 때문이다.

어쨌든 인류의 진화는 시간이 갈수록 점점 속도를 더하는 것 같다. 호모 사피엔스가 나타난 게 20만년이나 되었고, 그 후 농업을 발명하여 정착을 시작한 것이 1만년쯤 전이라고 하지만, 그러고 나서도 문명이 발전을 시작한 것은 수천 년 전에 불과하고, 산업혁명이 근대적인 생활형태의 시작이라고 한다면 이는 수백 년 밖에 되지 않았다. 나는 그 다음 혁명이 컴퓨터의 발명이라고 생각하는데, 그 이후의 괄목할만한 모든 진화를 현재 살아있는 인류들이 모두 접하고 있는 상황이다.

인류의 역사에서 짧은 시간에 이처럼 급격한 발전을 한 적은 없었는데, 이런 속도로 가다가 인류가 과연 무사할 지 걱정스럽기도 하다. 이제는 인류가 진화하는 것이 아니고, 인류의 진화 도구인 인공지능(AI)이 점점 더 진화하여 인류를 멸망시킬 거라는 우려를 하는 사람들까지 있을 정도이다.

거기까지는 너무 앞서간 걱정이라고 하더라도, 어쨌든 우리 세대는 먹고 사는 문제가 힘들던 상황에서 출발하여 경제적으로는 괄목할만한 발전을 이루었고, 어렸을 때는 상상도 못하던 압축 성장을 하여, 온갖 편리한 환경에 둘러싸여 살고 있다. 그럼에도 그에 비례하여 사람들이 더 행복을 느끼지는 못한다.

인류의 진화 단계로 보면 시간이 갈수록 지능과 지식의 발전 속도가 빨라짐에도 불구하고, 지혜는 문명이 탄생한 이래 별로 발전하지 못하고 있는 듯하다. 생계의 문제가 해결되었어도 여전히 어디에서나 국가 간, 집단 간, 개인 간의 분쟁이 끊이지 않고 있는 것이 그 증거이고, 수천 년 전의 성현들의 책이 아직도 계속 읽히고 있는 것이 그 증거이기도 하다.

학자들이 이야기하는 지구의 간략한 역사는 이렇다. 45억년 지구의 역사를 하루라고 가정하면, 최초의 단순한 단세포 생물이 처음 출현한 것은 아주 이른 시간에 해당하는 새벽 4시경에 해당된다. 그로부터 열여섯 시간 동안은 아무런 변화가 없었다. 땅 위에 식물이 출현한 것은 밤 10시에 해당하고, 그 직후에 최초의 육상동물이 나타나기 시작했다. 공룡은 밤 11시 직전에 나타나서 45분 정도 번성하다가 멸종했다. 대형 운석의 충돌로 지구환경이 초토화되었기 때문에 공룡이 멸종했다는 설이 지배적이다.

자정을 21분 남겨둔 시각에 포유류의 시대가 시작되고 인간은 자정을 1분 17초 남겨둔 시각에 나타났다. 하루가 끝나가는 마지막 순간에 진화하여 현재처럼 번성하고 있는 것이다. 그 사이에 지구상에 존재했던 생물 종의 99.99퍼센트는 멸종했다고 한다. 어쨌든 그러한 혹독한 환경을 거쳐 현재 우리가 지구에 존재할 수 있다는 것은 행운이다.

마 을

골짜기

아랫동네의 모습은 처음 이곳을 드나들 때나 지금이나 달라진 것이 없지만 동네에서부터 이곳까지 올라오는 1㎞ 남짓한 길에는 약간의 변화가 있었다.

제일 아래쪽의 길옆에 다목적 마을회관이라고 간판을 걸어놓은 건물이 들어섰다. 물레방아도 만들고 배드민턴장도 만들고 하여 처음에는 누군가 민박 업을 하려나 하고 생각했더니, 개인이 아니고 아랫동네에서 공동으로 운영할 것이라고 한다. 근처에는 약수터를 만들고 정자도 지어 놓았다.

이를 통하여 도시민들을 끌어들여 농촌 체험을 시키고, 유기농산물도 직판을 하여 동네의 발전을 도모하자는 뜻인 듯싶다. 그러고 보니 뒷산은 이름이 알려진 산도 아니고 아직 등산객도 별로 없는데 등산로의 안내 표지판은 진작부터 해놓은 터였다.

"돈을 천만 원이나 들여서 컨설팅을 받고 하는 일인데, 컨설팅이 뭔가 했더니 그런 거두만요."

기주 할아버지의 설명에는 약간의 자부심이 섞여있다.

이 외진 곳을 어떻게 알고 사람들이 오겠느냐고 했더니 컴퓨터는 문외한으로 보이는 분이 당연하다는 듯이 대꾸한다.

"홈페이지를 만든대요."

드디어 이 시골구석에도 인터넷의 위력이 파고드는 것 같고, 우리 집과는 떨어진 아래쪽이기는 하지만 사람들이 어느 정도는 꼬여들 것인가 하고 생각했었는데, 마을에서 기획한 사업은 결국 실패한 것 같다. 몇 년이 흐르도록 사람 운집하는 기색은 없다.

다목적 마을회관이 자리 잡은 위쪽에는 길에서 산등성이로 조금 올라간 곳에 우리가 오기 전부터 사람이 상주하는 유일한 민가가 있다. 몇 번 들러 보았지만 주인을 만나지 못했었다. 그러다가 언젠가 꽁지 빠진 닭 한 마리가 그 집 주인과 인사할 기회를 만들어 주었다. 꽁지 빠진 수탉이 어쩌다 며칠간 우리 집에 와서 산 적이 있다. 꽁지가 빠진 것으로 보아 수난을 당한 사연이 있는 듯한데 우리 집을 자기 터로 생각을 했는지 쫓아도 가지 않고 잡으려고 하면 잡목 속으로 도망을 다니면서 우리 집의 지렁이와 무거워서 처진 복숭아를 쪼아 먹으면서 살았다.

이놈과 신경전을 벌이던 중, 민박시설의 윗집 근처를 지날 때 닭 소리를 들은 기억이 있어서 찾아가 실종된 닭이 있느냐고 물어보았더니 며칠 전에 닭 한 마리를 동네 개가 물어갔다고 한다. 아마도 꽁지를 뜯기고 가까스로 우리 집으로 도망을 왔던 것 같다.

합동작전으로 겨우 포획에 성공했는데, 이를 통하여 자연스럽게 그 집 주인과 인사할 기회가 된 것이다.

그 위에는 근처 동네에 살던 사람이 이 골짜기에 집을 짓겠다고 길옆의 논에 천 트럭분의 흙을 메우고 널찍한 집터를 만들어 놓았는데, 집짓기를 포기했는지 몇 년이 되도록 방치되어 있었다. 펜션을 할 것이라는 소문만 무성하더니 땅 주인이 바뀌었다고 한다.

몇 년 전에 그 터에 컨테이너 하나가 놓이더니 새 주인이 나타나 농사를 짓기 시작했다. 인적 교류가 전혀 없는 이 골짜기에서 가끔씩 이기는 하지만 막걸리 잔이라도 나누는 분이다. 농사를 나보다 많이 지어서 고추 건조기도 들여놓고, 아로니아를 많이 수확하여 판매도 한다. 농사법도 나와는 조금 달라서, 전문 농사꾼답게 퇴비를 나의 두 배는 사용하고, 게으른 나와는 달리 김매기에 열심이어서 항상 일을 하고 있다.

그 다음으로는 우리가 온 후에 지은 집과 전부터 있던 집이 개울 양쪽에 한 채씩 있는데 사람이 상주하는 집은 아니었다. 그러던 것이 근래에 한 채에는 부부 동반으로 입주하여 상주하는 주민이 생겼다. 이분도 아주 가끔은 맥주 한잔을 나누는 분이다.

이 골짜기에서 그렇게 술친구가 둘이 생겼는데, 모두 사장으로 통한다. 위쪽의 안사장님은 맥주만 조금 마시므로 과음하는 일이 없는데, 아래쪽의 고사장님은 술을 좋아하여 가끔 발동이 걸리면 늦게까지 이어지기도 한다. 안사장님과 전사장 둘이 만났을 때는 간단히 끝나고, 고사장님과 전사장이 만났을 때는 비교적 오래 가는데, 셋이 모이면 고사장님 기준에 따른다.

고사장님은 여기를 나보다도 좋아하여, 비상주라고 하더라도 농번기에는 거의 상주할 정도이다. 부인은 가끔씩 오고, 본인은 차도 없이 대중교통으로 잘도 다니신다. 여기를 왕복하려면 아래 마을의 간이역까지 1㎞가 좀 넘는 거리를 걸어야 하고, 거기서 하루에 네 번 정차하는 완행열차를 타던가, 아니면 그 역 앞에 새로 생긴 버스 정류장에서, 자주 다니지도 않는 버스를 타고 용문 전철역까지 가야 한다. 이 좋은 곳을 다니는데 그 정도는 아무것도 아니란다.

"아, 여기 자연 속이 얼마나 좋아요. 나는 여기 있는 게 제일 행복하구만요. 근데 친구들이 오면, 뭣도 모르는 놈들이 이런 데서 어떻게 사냐고, 별로 안 좋아해요."

이렇게 열이 나서 발동이 걸리면 늦게 끝나는 날이다. 고사장님의 컨테이너에서 우리 집까지 거리는 수백 미터밖에 안되지만, 산골의 밤은 깜깜하여 불이 없으면 집에 돌아올 수도 없는데, 이럴 때 스마트폰의 손전등 기능은 상당히 유용하다. 스마트폰의 모든 최첨단 기능보다도 유용하다.

그런데 근래에 고사장님이 병환으로 덜컥 입원해 버리는 바람에 이런 회합은 중지되었다. 한번은 병원으로 문병을 가기도 했지만 그 후의 소식이 간단히 나을 병이 아니라 요양병원으로 옮겼다고 하니 이 모임이 다시 이어질 가능성은 희박하다.

두 집이 있는 곳에서 오른쪽으로 또 하나의 작은 계곡이 있고

이 계곡의 길을 따라 수백 미터를 올라가면 작고 아담한 분지가 있다. 아늑하고 좋은 곳으로 이곳에는 텃밭과 더불어 각종 나무들로 아기자기하게 꾸며져 있고 연못도 있다. 모든 것은 갖추어져 있는데 집은 없고 원두막 같은 오두막 하나가 있을 뿐이다.

이곳도 주인이 상주하지는 않는 곳이라 주인을 어렵사리 만났는데, 자연을 즐기면 됐지 집에다 투자를 할 필요가 있겠느냐는 것이 집을 짓지 않는 논리다. 복숭아나무도 제법 있는데, 농약을 안치고 재배하는 방법이 있느냐고 물어보았더니 소주를 물에 타서 뿌리라고 한다. 나무에 막걸리를 준다는 이야기는 진작 들은 적이 있지만, 소주를 준다는 이야기는 처음인데, 막걸리가 되었건 소주가 되었건 나는 아직 시행은 안하고 있다. 효과가 확실한 나 같은 사람에게 주는 것은 해볼 만하지만, 효과가 미심쩍은 복숭아나무에게까지 줄 생각은 아직 없다.

제일 위쪽, 우리 집 아래의 가까운 곳이 절이었던 곳이다. 절이라고 해도 고찰은 아니고 근래에 지은 간이식 건물이다. 우리 땅을 마련한 계기가 된 절이지만, 지금은 스님이 바뀌었다. 우리 집 위쪽으로는 400미터 정도 위에서 길이 끝이었는데 우리가 자리를 잡은 이후에 절터를 닦아 놓았다. 공사의 진척이 느려서 언제 절이 완공될 것인지 모르겠지만, 스님에게 물어보면 12년은 걸릴 것이라고 했는데 최근 들어 변화가 생겼다. 원래 계획대로 완공된 것은 아니지만 이사를 간 것이다. 원래 절터를 사 온 새 주인과는 인사만 했을 뿐, 아직 교류가 없다.

절이 위에 있건 아래에 있건, 신도가 그렇게 많은 절도 아니니 매일 신도들이 복작거릴 일이 있는 것도 아니고 크게 개의할 바는 아니다.

새로 이사를 간 절을 빼고는 우리 집이 끝 집이다. 동네에서 여기까지 오는 길은 좁기도 하거니와 겨울철에 한번 눈이라도 오면 좀처럼 녹지를 않아서 자동차의 출입이 문제가 된다. 한번은 경사길이 미끄러워 넘지를 못하고 집까지 걸어와 삽을 들고 가서야 차를 끌고 올 수 있었다. 그 후에는 겨울이 되면 아예 삽과 모래를 차에 싣고 다닌다.

전원주택지의 조건으로 꼽히는 것이 배산임수에 남향이다. 뒤로 산이 있어 차가운 북풍을 막아주고 남쪽으로부터 햇볕을 많이 받아 따뜻하다면 좋은 것은 자명한 일이다.

그렇게 입맛에 딱 맞는 터를 구하기란 쉽지 않은 일이고 그런 의미에서 내가 자리 잡은 이곳도 이상적인 터전은 아니다. 집 뒤쪽으로 계곡이 이어져 완전한 배산이 아니고, 남쪽이 터져있는 남향이긴 한데 좌우 동쪽과 서쪽에 높지는 않지만 가파른 동산이 병풍을 두른 듯 다가서 있어서 시야가 확 트여 있지는 않고 일조량도 짧다. 삼면이 산으로 둘러싸여 위성 텔레비전이 아닌 전파는 물론 닿지 못하고, 라디오도 여의치 않아, 터져있는 남쪽에서 들어오는 일부 지방방송만 잡힌다.

우리 선조들이 터를 잡을 때는 묏자리인 음택(陰宅)이나 집터인 양택(陽宅)이나 명당자리를 중요시하여 좌청룡이니 우백호니 하여 지세와 향을 따졌다. 시골 부락들도 이런 원칙에 의하여 터를 잡은 곳이 많아서, 이런 부락들은 풍수지리를 모르더라도 주위의 풍경과 어울려 아늑하고 쾌적한 곳이 많다.

이러한 풍수지리 이론은 넓은 범위의 지세를 보아야 할 것이므로, 주변이 옹색한 이곳은 명당자리와는 거리가 먼 곳인 듯싶다. 굳이 변호를 하자면 양쪽의 동산으로 터가 아늑하고, 내 소유는 아니지만 뒤곁에 있는 국유림이 정원 구실을 해준다.

집을 짓기 전에 아랫동네 어른이 패철(佩鐵)까지 가지고 와서 향을 본 후, 동쪽 동산을 배산으로 하여 서향으로 지어야 한다고 일러줬으나 서향집이 맘에 안 들어 남향으로 했던 터였다. 집을 지은 업체의 사장은 남향으로 할 경우 집 뒤쪽으로 골짜기가 뚫려있어 허(虛)하기는 하지만 창고로 막아주면 된다고 해서 그렇게 했다. 그가 풍수지리를 알고 하는 이야기인지, 내가 찜찜하다는 느낌이 안 들도록 위로하려는 말인지는 모르겠으되, 명당이라는 것도 사는 사람이 만들어가기 나름이라고 믿기로 했다.

도시에서는 여자의 패션에서나 느끼던 계절 변화를 가까이서 극명하게 접할 수 있다는 것은 커다란 특혜다. 산자락에 자리 잡고 있는 덕택에 그 환경이 그대로 뒷산으로 연결되어 내 소유지 말고도 산이 제공하는 자연을 넉넉하게 누릴 수 있다.

조그만 개울도 배산임수라는 조건에 맞는지는 모르겠으나 바로 집 옆을 거쳐 앞으로 돌아 S자로 흐르는 개울이 있다. 계곡이 그리 깊지 않아 수량이 많지는 않지만 비가 온 후면 물이 제법 불어

나고 가물더라도 마르지는 않는다. 산과 더불어 물은 도시에서 찌든 마음을 씻어주고 평온을 준다.

물소리를 가만히 들어보면 수량이 많을 때는 물이 돌에 부딪치는 시끄러운 소리와 더불어 군중이 아우성치며 떠드는 소리처럼 들리는가 하면, 수량이 적을 때는 두어 사람이 도란도란 이야기하는 듯하다. 이런 소리들은 사실은 아내가 먼저 듣고 알려 주었다. 송사리도 산다. 제대로 조사하면 1급수에서만 산다는 어종의 이름도 나오겠지만 나는 구분을 못하니 작은 놈들은 송사리라고 부르고 조금 큰 놈들은 피라미라고 부른다.

한여름, 초등학교 다닐 때 이래 처음으로 발가벗고 멱을 감았다. 초등학교 시절에는 마을 앞 개울에서 밤이면 참외서리를 해다가 먹으면서 멱을 감고는 했는데 이곳은 여름이라도 한낮이 아니면 물이 차가워서 못 들어간다. 이곳에 온 이후로 한여름 무더운 땡볕에 멱감을 기회를 갖는 재미가 추가되었다.

한낮에 조금이라도 일을 하면 온통 땀으로 범벅이 되어버리는데 훌훌 벗고 개울에 들어가면 무릉도원이 부러운 줄 모를 정도다. 이곳은 지나다니는 사람들도 별로 없지만 개울이 둑으로 막혀 있으니 안성맞춤이다.

이 집 주인인 나로 말할 것 같으면, 주변의 식물들이나 동물들에 비하여 늦게 자리를 잡았고, 마을사람들에게도 이방인일 뿐이지만, 스스로는 이 골짜기의 주인을 자처하고 있다.

아내가 없이 혼자 있을 때, 어쩌다가 스님을 만나면 스님도 아닌

내가 혼자 있다는 것이 신기한지 적적하지 않느냐, 밤에 무섭지 않느냐 물어온다. 나는 '무섭긴요 뭐 무서울 게 있어요?' 하지만, 코앞이 안 보일 정도로 캄캄한 밤에 어느 정도의 무서움은 피할 수 없다. 지금은 그래도 단련이 되었지만 처음에는 사실 무서웠다.

옛날부터 인적이 없는 산골이라도 무서운 것은 짐승이 아니라 사람이라고 하는데, 어떤 날은 하루 종일 외부사람 그림자도 볼 수 없는 이곳에 도둑이나 강도인들 올 리가 없고, 짐승으로 말하면 이곳에서 사람을 위협할 수 있는 짐승이라야 멧돼지 정도인데 뒷산에 있다고는 하지만 내려올 확률도 적다. 그렇기는 해도 낮이라면 모르지만 캄캄한 밤에는 보이지 않는 불확실성 때문에 무서워지기 마련인 것이다. 초기 인류가 숲에서 살았을 때도 그랬을 것이다. 그렇게 나는 원시인으로 돌아온 느낌이다.

아랫동네의 이장님과는 바뀔 때마다 인사는 하는 터이지만, 아직 동네 사람들과는 별로 친교가 없다.

가끔은 아랫동네 부근을 지나가는 중앙선 열차소리가 아련하게 들리고 마을회관에서 알리는 공지사항이 스피커를 통하여 어렴풋이 들려온다. 가까운 거리가 아니므로 내용은 알아들을 수 없지만, 아마도 오늘 몇 시에 누구네 결혼식이 있는데 마을회관 앞에서 버스가 출발한다는 둥, 아니면 무슨 모임이 있으니 마을 회관으로 모이라는 둥 그런 종류의 공지사항일 것이다.

동네 한가운데 섞여 산다면 모를까, 잘 들리지도 않는 공지사항을 굳이 전화로 물어서 참여하는 것보다는 마을과의 지리적 거리만

큼만 친교도 적당히 거리를 두는 것이 서로 편한 것이라 여기고 있다. 한적한 전원생활을 만끽하기 위해서도 그렇고, 이왕 이런저런 인간사와 좀 거리를 두고 자유를 만끽하려면 어느 정도 독립성을 유지하는 것이 더 바람직할 것이다.

사실은 내 쪽에서 접근하려 해도 그것이 쉬운 일은 아니다. 이곳에 10여 년 전에 터를 잡았다는 몇 분과는 첫 만남에서도 스스럼없이 대화가 되었고, 최근에 알게 된 골짜기의 술친구도 외부에서 온 사람들인지라 금방 친교가 맺어졌지만, 본토박이 주민들과는 좀처럼 친교가 맺어지지 않는다.

그래도 처음에 비하여 달라진 것이 있다면 정월 대보름에 마을의 윷놀이가 한번 있었는데 거기 참가한 것을 계기로 얼굴을 익힌 사람들이 조금 있다는 것뿐이다. 퇴비 신청을 위하여 어차피 이장과는 교류가 있지만, 아마도 이 동네에서 그 이상 동화되기는 쉽지 않으리라. 그것을 서운하게 생각하는 바도 아니지만 그 정도로 자족하기로 하고 있다.

간이역

중앙선이 아랫마을 부근으로 지나가기는 하는데, 간이역이 그 다음 마을에 있어서 걸어가기는 먼 거리에 있었다. 한 번 들러본 적이 있지만, 표도 팔지 않고 하루에 상행 네 번, 하행 네 번 지나가는 완행열차의 시간표와, 표는 열차에 탄 후 차장에게서 구입하라는 안내문만 지키고 있었다.

언제나 북적거리는 지하철과 초고속 열차까지 운행되는 요즈음, 스산한 간이역의 존재는 마치 잃어버렸던 옛날의 한 조각이 우연히 골동품 가게에 남아 있는 것 같아서 한번 타보고 싶은 마음을 금할 길이 없었다.

사업상 지인이 된 일본친구 중에는 철도 마니아가 있어서, 학생 시절에 이미 일본의 271개 전체 철도노선, 총 연장 20,000㎞이상을 모두 완승했다고 한다. 일본 구석구석의 시골 역을 답사하고 열차표와 역사(驛舍)의 사진을 수집하여, 지금은 없어지기도 한 옛날 역사의 사진을 곁들여 철도 잡지에 기고를 하고 있다.

그러한 철저한 성격에 어울리게도, PC를 사용하는 사람이라면 누구나 한번쯤은 해 보았을 '프리셀' 게임을 1번부터 32,000번까지 모두 해보았단다. 대단한 끈기를 가진 친구다. 그 가운데 풀리지 않는 게임 번호가 11,982번 딱 하나였다니 뜻이 있는 분들은 도전해 보시길.

중앙선의 복선화 공사로 이 간이역이 아랫동네 부근으로 옮겨오고 원래의 역은 폐역이 되었다. 그래도 문화재로 지정되는 바람에 역사(驛舍)가 헐리는 것은 면했지만 골동품의 한 조각으로 역사(歷史)의 뒤안길로 사라질 것이다.

원래의 간이역이 없어지기 전에 기차 여행을 한번 해보자고 벼르고만 있다가 생전처음 내가 일으킨 자동차 사고로 내 차가 공장으로 들어가는 바람에 거기서 열차를 타볼 기회가 있었다. 간이역의 승객은 서울 나들이를 위하여 정장을 차려 입었어도 어딘가 어설픈 촌로 두어 분이 있을 뿐이다. 열차 내에서 끊어주는 열차표는 옛날에는 역 이름들이 인쇄되어있는 표에 탄 역과 내릴 역에 펀치로 구멍을 뚫어 주었는데, 요즈음은 IT강국답게도 프린터가 내장된 휴대용 기기로 열차표를 발행해 준다.

열차여행은 낭만적일 것이라는 막연한 관념들이 있지만, 막상 내게는 낭만적인 열차여행의 추억이 없다. 대학교 때 춘천에서 서울까지 2년 동안을 열차로 통학했다. 그 시절의 통학열차라는 것이 느리기는 왜 그리 느렸는지 3시간 가까이 걸렸다. 춘천에서 새벽 4시에 출발을 했는데 어머니는 더운밥 먹여 보낸다고 그전에 일어나서 아침을 준비하셨다. 잠은 언제 주무셨는지 모르겠다. 저녁에 돌아오면 밤중이니 춘천은 언제나 밤중이고 서울은 언제나 낮이었다. 그러니 낭만적인 기차여행과는 거리가 멀다.

또 하나 기억에 남는 건, 역시 대학교 때 친구랑 셋이서 동해안을 북쪽 끝에서 남쪽 끝까지 무전여행을 할 때다. 걷는 것이 정 힘들 때는 공짜 열차를 타기도 했는데, 말이 공짜지 몰래 타고는 차장의 검표를 피해 다니다가 들키면 내리는 식이다. 요즈음 같아서는 불량배로 몰려 벌금을 물어야 하겠지만, 그 시절만 해도 학생이라는 특권을 인정해 주었고 호통 한 번에 훈방조치가 고작이었다. 이것도 낭만적인 기차여행은 아니었던 셈이다.

당시 상황은 요즘과는 사뭇 달랐다. 말 그대로 무전여행이 가능했으니까. 그러나 민폐를 끼치지 않겠다고 기본 식량과 텐트는 가지고 다녔다. 요즈음 같으면 가벼운 텐트에 편리한 버너도 흔하지만 모두가 가난했던 시절이라 어렵사리 구한 장비는 투박한 군용 텐트와 반합이었고 식량은 쌀과 고추장을 포함한 밑반찬 몇 가지였다. 부식이 모자랄 때는 남의 밭에서 채소와 풋고추를 실례해서 끼니를 해결했다. 버너가 없으니 현지에서 나무를 구해 밥을 해 먹으면서 다녔는데 비가 자주 오는 바람에 마른나무 구하기도 쉬운 일이 아니었다.

비 때문에 텐트를 못 치면 시골 동네에서 사랑방 신세를 지기도 했는데, 기꺼이 방을 내주었을 뿐 아니라 찐 감자나 옥수수를 내다주기도 했다. 그 시절에 우리로서는 젊었을 때의 의미 있는 인생경험이라고 생각하고 있었지만, 근래에 어느 신문에서 본 옛날 기사에 의하면 그때의 무전여행 열풍에 휩쓸려 일부 젊은이들은 여기저기 민폐를 끼쳐 사회문제를 일으키기도 했던 모양이다.

어쨌든 그 여행의 백미는 동해안을 다 내려가 영일만의 해변에서 보낸 하룻밤이었다. 바닷물 속에 들어가 트위스트를 추면 발바닥에 조개가 밟히고는 하여 그것들을 모아다가 삶아서 오래간만에 영양보충을 했다. 거기다가 자나가던 어떤 아저씨가 우리들을 보더니, 무슨 생각이 들었는지 소주병을 들고 와서는 우리들에게 소주를 권하는 바람에 우리는 밤늦도록 인생에 대한 토론을 했다.

우리가 했던 이야기는 생각이 안 나고 들은 이야기만 생각이 나는데, 자기는 젊었을 때 꿈이 영화를 만드는 거였는데, 평생 영화계를 쫓아 다녔지만 결국 이룬 것은 아무것도 없이, 요 모양 요 꼴이 돼 버렸다, 너희들도 꿈을 이루려거든 정말 열심히 해야 한다,

인생이 그리 호락호락한 게 아니다, 그런 이야기였다.

그러는 사이에 우리는 술에 취하여 언젠지도 모르게 잠이 들어버렸는데, 이튿날 아침에 깨어보니 우리가 잠든 사이에 그 아저씨가 마른 해초들을 모아다가 우리들 옆에 모깃불을 놓아 주었던 흔적만 남아 있었다. 물론 그 아저씨는 어디론가 가버리고.

각설하고, 나는 그때가 무전여행이 가능한 마지막 시기였다고 생각하고 있었는데 얼마 전에 찻길 가를 걷고 있는 젊은이의 배낭 뒤에 달린 '무전여행 중'이라는 쪽지를 보고 혼자 미소를 지었다. 그러면서도 배낭의 크기를 보니 텐트는 없는 것 같아서 잠은 어떻게 잘 것인지 걱정이 되었다. 시골 인심이 후하다고 해도 옛날 같지는 않은데 낯설은 젊은이를 재워줄 사람이 요즈음 얼마나 되려나.

어쨌거나 간이역이 아랫마을 부근으로 옮겨와서 걸어서 갈 수 있는 거리 내로 들어오기는 했다. 하루에 열차가 네 번 밖에 서지 않는 것은 전과 같지만 아내가 혼자 나갈 때 열차시간만 맞추면 혼자서 돌아갈 수 있게는 되었다.

등산로

우리 집 위의 절터가 만들어지기 전에는 뒤쪽 400미터 정도 되는 곳의 개울가가 길의 끝이었다. 여름에는 어쩌다가 사람들이 와서 놀다가 가기도 하는데 꼭 쓰레기를 버리고 간다. 쓰레기 버리지 말라고 팻말도 세워보았지만 아랑곳하지 않는다. 초기에 우리 집에 대문이 없을 때는, 지나다니는 사람들이 집 구경한다고 스스럼없이 들어오고는 했는데, 사람이 있을 때 들어오는 것이야 상관없지만 사람이 없을 때도 들어와서 쓰레기를 버리고 가고는 했다.

한 달에 한 번씩 참석하는 등산모임에는 항상 쓰레기봉투와 집게를 들고 와서 등산로의 쓰레기를 줍는 선배가 한 분 있다. 어느 산을 가건 한 번도 거르지 않고 즐겨 그 일을 하신다. 개울가의 쓰레기를 치우면서도 속으로는 짜증이 나는 것을 보면 그 선배를 닮기는 그른 모양이다.

이곳 길 끝 바로 뒤에 절이 들어섰고, 여기서부터 뒷산으로 산행로가 이어진다. 초입에는 아내가 산림욕장이라고 부르는 오솔길이 있다. 오솔길을 거쳐 천천히 걸어도 한 시간 이내에 능선 고개에 다다른다. 옛날에는 이 길이 고개 너머 마을에서 간이역으로 열차를 타러 다니는 주요 도로였다고 하는데, 지금은 고개 너머로는 길이 없어져버렸다. 사통팔달하는 도로의 발달과 더불어 쇠퇴하여가는 길도 있다.

처음 이사 올 때의 이장님의 설명에 의하면 이 골짜기에 소나무가 많아서 고솔골이라는 이름이 붙었다고 한다.

이 일대는 옛날에 화전민들이 살았었다고 하는데, 이 역시 흔적을 찾기는 힘들고, 주의해서 살펴보면 약간 평평한 터에 축대를 쌓았을 법한 돌들이 흩어져있는 흔적을 어렵게 발견할 수 있을 정도이다. 봄이면 취나물을 비롯하여 그동안 배운 몇 가지의 나물을 채취할 수 있다. 몇 군데는 으름의 군락지도 있는데, 가을에 때를 잘 맞추면 으름을 맛볼 수도 있다.

아직 멧돼지와 조우한 적은 없지만, 겨울에 눈이 쌓여 있을 때는 제법 여러 종류의 동물 발자국이 발견된다. 멧돼지로 보이는 동물의 털이 한 무더기 발견되는가 하면 땅에서 솟는 샘터에 멧돼지가 어지럽게 파놓은 흔적이 보이기도 한다.

고갯마루에서는 좌우로 등산로가 연결되는데 오른쪽 능선을 타고 돌면 우리 집 옆의 동산과 통한다. 깊은 산이 아닌데도 능선이 여러 갈래로 얽혀있어 처음에는 여러 번 헤맸다. 사람이 별로 없어 등산로가 희미한 데다 여름에 녹음이 우거지거나 겨울에 눈이 쌓이면 풍경이 변해 길이 낯설어진다. 도중에 지표로 삼을 수 있는 곳이 호랑이 굴이라고 이름 붙여진 곳인데, 호랑이가 정말 살았더라도 까마득한 옛날일 텐데 근거가 있는 이름인지는 알 도리가 없다.

내방객

인적 드문 이곳에도 가끔은 내방객들이 있다.

첫째 부류는 전원 주택지를 찾아다니는 사람들이다. 외진 곳이긴 하지만 길옆이고 처음엔 대문도 없었으니 모두 스스럼없이 들어온다. 2년 동안 전국을 누비고 다녔다는 부부도 있었고, 외진 산자락의 터를 구하고 싶어서 산속으로 이어진 전봇대를 따라서 무작정 와 보았다는 부부도 있었다.

그 외에도 찾아온 사람들이 몇 팀은 되는데, 공통점은 모두 부부동반이라는 것이다. 결정을 하려면 어차피 합의가 되어야 하기 때문에 그럴 것이다. 그리고 공통적인 질문이 땅이 한 평에 얼마냐, 집을 얼마에 지었느냐는 것이다. 땅에 관심이 있는 이들은 주변을 둘러보고, 집에 관심이 있는 이들은 집안까지 꼼꼼히 살피기도 한다. 전원생활에 대한 꿈이 배어나는 듯하다. 그러나 그들은 살 땅을 찾기 위한 목적보다는 그 과정을 더 즐기고 있는 듯싶었다.

근방에 살고 있는 사람들이 올 때도 있다. 근방에 살고 있는 사람들이라고 해도 원주민이 오는 경우는 없고 외지에서 들어와 사는 사람들이다. 아랫동네에는 친교를 맺고 있는 사람들이 별로 없기도 하지만, 얼굴을 알고 있는 사람이 뒷산 쪽에 산보를 가더라도 스스로 들어오는 사람은 없는데, 외지에서 온 사람들은 전혀 모르는 사람들이라도 스스럼없이 들어온다.

그들의 눈에도 우리 집은 이방인의 집처럼 보이는 모양이고, 이방인끼리는 남이 사는 모습이 보고 싶기도 하고 초보 농사꾼의 텃밭이 흥밋거리인 모양이다. 외지에서 들어와 터를 잡는 이들은 주변에 대한 호기심이 있어서, 아랫동네 인근뿐이 아니고 좀 더 먼 곳으로부터 오기도 한다. 내방객이 오면 마당의 평상이 대화의 장소로 안성맞춤이다.

운이 좋은 이들은 어쩌다가 집에 있는 캔 맥주를 맛보기도 한다. 이런 경우에는 화제가 텃밭농사와 야생화와 원주민들과의 관계 등으로 옮겨진다. 농민들에게는 장난 같은 작은 텃밭이나 하면서 유유자적하는 모습이 흥미롭지도 않을뿐더러 곱지 않게 보이기도 하겠지만, 초보 텃밭농사꾼끼리는 그나마 먼저 경험한 것은 자랑 삼아 가르쳐주고 못 길러본 농작물은 서로 물어보면서 정보를 교환한다.

이런 만남의 경우 서로 연락처를 교환하고는 하지만 자주 만나는 것은 아니다. 가끔이나마 만났던 것은 아랫마을 건너편에 터를 잡았다는 송사장님이다. 일찍 정착한 송사장님을 통하여 동네의 상황과 소식을 들었었다. 시골동네의 소문은 전광석화처럼 빨라서 아마도 우리 집 사정은 동네에서 모두 알고 있을 것이다. 송사장님은 동네 사람들과의 처신에 관하여도 조언을 해주었다.

"모든 동네일에 억지로 참여할 필요는 없지만 누구든 만날 때마다 인사는 잘 하세요."

"척사대회라든가 중요한 때는 얼굴을 비추고 성의 표시를 하세요."

"그렇다고 주눅 들어 살 필요야 없잖아요. 나는 부당한 경우에는 큰소리치고 싸워버린다고요."

아랫동네의 다음 마을에 정착했다는 젊은이가 여기까지 탐색을 왔다가 우리 집을 보고는 들어왔다. 역시 화제는 텃밭과 동네의 상황이다. 몇 사람 정도는 사귈 수 있었는데 다른 사람들과는 잘 안 된다는 거다.

"어쩌다가 동네 회의에 나가보면 원래의 토박이들과 신참자들과는 의견이 안 맞아서 싸우기 일쑤예요. 시골 인심이 왜 그런지 모르겠어요."

그곳이라고 사정이 다르지는 않은 모양이다.

그러나 외지인과 동네 사람들과의 관계는 자기가 하기 나름이어서 원만하게 지내고 있는 경우도 있다. 가까운 곳은 아니지만 아내가 알던 사람들이 터를 잡은 곳이 있어서 몇 집을 방문했었다. 한 집은 동네의 유명인사가 될 정도로 친근하게 지내고 있었는데 역시 비결은 동네의 모든 일에 적극적으로 참여하는 것이라고 한다.

친구들이 방문해 올 때면 마당에서의 삼겹살 바비큐 파티가 난 골절차가 된다. 여름철이라야 한다는 전제가 붙기는 하지만, 바로 따먹을 수 있는 상추와 풋고추와 오이가 있으면 더 좋다. 시기가 맞으면 옥수수나 토마토를 곁들일 수도 있다. 밭에서 바로 채취하여 먹는 분위기만으로도 옛날 시골의 정취를 느낄 수 있는 것이다. 내 친구들이 올 때는 아내 없이 나 혼자 접대하는 것이 불문율이므로 뭐가 됐든 혼자 치러야 한다는 것이 문제인데, 반찬 만드는 재주가 없으니 매번 단골메뉴는 김치찌개다.

제일 즐거운 한때가 되는 것은 역시 손녀, 손자를 포함한 가족들이 모이는 날인데, 넓은 주변이 전부 놀이터가 되니 꼬마들이 좋아한다. 요즈음은 곤충도 돈을 받고 파는 시대가 되어 버렸는데, 곤충을 좋아했던 큰손녀는 공짜 친구들이 여기저기 널려 있으니 신이 난다. 그것도 손주들이 어렸을 때의 이야기이고 몇 년 사이에 손주들이 훌쩍 커버리긴 했지만.

어렸을 때 자연에 둘러싸인 시골을 경험하는 것이 모진 세상을 살아가는데 정신순화에도 도움이 될 것 같고, 나는 나대로 아들들과 술 한잔하는 재미가 쏠쏠해서 가족 모임을 자주 하고 싶지만 세상살이에 바쁘니 자주 모이지는 못한다. 하긴 개구리 올챙이 적 생각 못한다고 나도 회사생활에 바쁘다고 부모님 자주 찾아뵙지 못했으니 할 말은 없다.

아버지는 식사 때마다 반주를 한잔씩 즐겨 하셨는데, 우리가 갈 때면 '오늘은 너희들이 왔으니 한잔 더 하자'며 허허 웃으셨다. 아버지 심정을 헤아리지 못하는 나는 집에 가더라도 집에 붙어있을 생각은 안하고 친구들 만난다고 외출하기 일쑤였다.

내방객들과의 이야기를 통하여 혹은 내가 방문했던 집의 상황을 통하여 알게 된 전원 생활자들의 생활 형태에는 몇 가지의 유형이 있다. 가장 적극적인 유형이 부부 동반하여 정착하는 형태이다. 표준적인 전원생활의 유형이라고 하겠는데 이곳 주변에는 이러한 유형의 사람들은 많지 않고 주말 주택 형의 전원 생활자들이 많은 편이다.

일부는 부부 동반하여 주말에만 오는 사람들이 있는가 하면 외짝으로 거의 상주하다시피 하고 배우자는 가끔 오는 경우도 있다. 이런 경우 즐겨 상주하려고 하는 쪽은 남자이고 가끔 오는 쪽이 여자인 경우가 많다. 내가 아는 한 집은 부인이 직업 때문에 주말에만 오지만 또 한 집은 부인이 이곳에 있는 것을 좋아하지 않아서 어렵사리 같이 오더라도 못 견디고 혼자 돌아간다고 한다.

나로 말하면, 아내는 여기 정착할 뜻이 없는 듯하고, 내 스스로는 이곳에 정착했다고 치부하고 있지만 아직도 도시와의 인연을 버리지 못하고 자주 외출하고 있는 사이비 전원 생활자이고, 이곳 마을에도 친교의 뿌리를 내리지 못한 이방인이다.

지금까지 도시에서 만나던 사람들과의 교류를 좀 줄이고 싶은 생각은 있지만 어차피 인간사회라는 것이 사람들과의 만남으로 이루어지는 것이라 교류를 더 줄이지도 못하고 어정쩡한 상태로 있다. 그나마 아내가 이곳을 좋아하는 것은 다행이고, 그보다도 애초에 이 땅을 산 것이 아내였으므로 아내에게 고맙게 생각하고 있는 처지이기도 하다.

한편, 우리 집에 대한 내방객의 평가는 성향에 따라 상반된다. 도시로부터의 방문객들은 이곳이 좋다고 하면서도 적적해서 어떻게 사냐고 한다. 가끔 오는 것은 좋지만 정착해서 사는 것은 힘들겠단다. 반면에 전원생활 지망자나 이미 터를 잡은 사람들은 한적하고 좋은 곳이라고 부러워한다.

초기에 울타리도 없고 대문도 없던 시기에는 지나다니는 사람이 흔치는 않더라도 심심치 않게 들러서 집 구경도 하고 말도 걸고는 했다. 길에서 밭이 바로 보이니, 밭일을 하고 있으면 지나다니는 사람들이 으레 말을 걸고는 했다. 울타리 삼아 심었던 쥐똥나무가 자라서 울타리 구실을 하게 되었어도, 대문은 열려 있었으니 사람들의 불시 방문에는 문제가 없었다.

그러나 근래의 고라니 사태로 고라니 방지망을 두르고, 낮에도 불가피하게 대문을 닫게 되자, 예고되지 않은 불시 방문은 차츰 없어지게 되었다. 그렇지 않아도 동산으로 둘러싸인 작은 왕국이었는데, 이제는 요새처럼 되어 버렸다. 고라니 방지를 위한 것이므로 대문에 빗장을 지르지는 않는데, 밖에서 그냥 열면 열리기는 하지만 그래도 지나가는 사람이 열고 들어오지는 않는다.

대문에 '고라니 출입금지. 사람은 들어오시오' 하고 써 붙여야 될 모양이다.

텃밭의 진화 혹은 퇴화

이곳 생활의 중심은 어찌 되었든 텃밭이다.

10년 이상의 텃밭 경험으로 이제는 어느 정도 자신감이 붙었다 싶었는데, 잘 되던 농사를 망치고는 한다. 작물 별로 작황이 매년 달라서 날씨에 따라, 해충의 번성 정도에 따라 들쭉날쭉하다.

어린 김장배추와 무의 잎을 벌레가 그물 망 모양으로 모두 갉아 먹어, 배추흰나비 애벌레를 잡겠다고 들여다보면 지금까지 보지도 못하던 1㎜정도의 작고 새까만 벌레와 애벌레들이 잔뜩 붙어있다. 그러지 않아도 내 농사솜씨를 못미더워하는 아내는 몇 포기씩은 따로 주문해서 며느리 준다고 김장을 따로 담그고는 했는데, 주문하지 말고 농사지은 배추로 담가도 훌륭하다고 큰소리를 쳤던 터라 매일 열심히 잡아준다. 잡다가 보면 이놈들이 굴러서 배춧잎 속으로 떨어진다. 나는 주변의 풀줄기를 꺾어서 끄집어낸다

그러고 있노라면 텔레비전에서 본 침팬지의 다큐멘터리가 연상된

다. 침팬지는 가느다란 막대기나 풀줄기를 개미집의 구멍에 집어넣어 개미가 붙으면 꺼내어 먹는다. 침팬지도 이렇게 도구를 사용한다는 사실은 침팬지의 연구로 유명한 제인 구달(Jane Goodal) 박사가 최초로 발견했다고 하는데 침팬지가 나를 보았다면 인간도 자기들을 보고 배운다고 생각했을 게다.

그렇게 씨름을 하던 김장배추와 무는 결국 그만두기로 했다. 벌레의 문제뿐만이 아니고 속이 충실하게 차지 않는 문제, 잎이 질긴 문제 등은 내 농사법으로는 해결하는 것이 무리인지라 맘 편히 살자고 정책을 바꾼 거다.

초기에 그렇게 대견하던 땅콩은 두더지인지 다람쥐인지의 극성으로 씨까지 말려버릴 정도가 된다. 다음해에는 피해를 예상하여 남은 씨를 총 동원하여 사이사이에 여분으로 더 심고 보면, 이번에는 여분까지 모두 나서 밭을 빽빽하게 채워버리지만 작황은 역시 좋지 않다. 사실은 두더지인지 다람쥐인지 몰라도 혐의뿐이지 아직도 현장을 들킨 적은 없다. 사실 다음해에 땅콩 밭에서 내게 들킨 놈은 엉뚱하게도 꿩뿐이었다. 이래서 우리 밭에서 퇴출되었던 땅콩을 몇 년 후에 심어보면 또 잘된다. 아마도 단골로 먹던 놈이 포기하고 오지 않는가 보다.

초기에는 그런대로 수확이 되던 메주콩은 점점 더 안 되어 몇 년 후에는 결국 퇴출되었다. 세상에 농사를 아무것도 모를 때는 좀 되다가 경험이 쌓이면서 더 안 되는 농사도 있다. 처음에 생겼던 문제는 정체불명인 새의 극성으로 생긴 콩 씨앗의 실종이었다.

그 다음 문제는 콩이 점점 웃자라서 하라는 대로 순을 쳐주고 보면 이번에는 빈 깍지가 많이 생긴다. 혹시 매년 주는 퇴비로 땅이 콩에게는 너무 비옥해져 있는지도 모를 일이다. 농사 초기에는 그런대로 콩이 제대로 수확되었었기 때문이다. 모든 식물은 죽을 때가 되어야 후손을 퍼뜨리려고 씨앗을 맺는데 생장조건이 좋으면 죽을 때가 아직 멀다고 느끼고 잎줄기만 무성하게 자란다.

화분에 꽃을 키우는 경우도 꽃을 빨리 피우려면 물도 안주고 거름도 안주고 스트레스를 준다고 한다. 이 이론이 맞는다고 해도 비옥해진 땅을 콩 농사를 위하여 다시 척박하게 만들 수야 없다.

아니면 일조량의 문제인지도 모르겠다. 어쨌든 여기 텃밭의 일조량이 부족한 것은 사실이다.

그런가 하면, 까치가 극성을 부려 피해를 본 옥수수는, 종이컵을 씌우는 방법을 배워 다음해에는 모두 씌워놓고 의기양양해 있으면 한 마리도 나타나지 않는다.

고추는 10월 하순까지도 싱싱한 고추들을 달고 있는 해가 있는가 하면 어떤 해는 9월도 되기 전에 병이 들어 밭이 망가지는 경우도 있다. 나는 모두 내가 기른 것이라고 뽐내고 있지만, 실은 제가 스스로 자란 것이고 제가 자라는 환경에 따라 잘되고 못되고 할 뿐인 것이다. 씨를 뿌리거나 모종을 심는 것이 내 역할이긴 하지만.

정식으로 이랑을 만든 밭에는, 이것저것 길러보고 싶은 욕심에 소량 다품종을 돌려짓기 하는 것은 계속되고 있지만, 조금씩 모양이 달라져가고 있다. 잘 안 되는 놈들은 퇴출되고, 제철에 먹는 재소류보다는 갈무리 해두고 먹을 수 있는 것들이 더 대접을 받는다.

돌려짓기로 농작물의 풍경이 매년 달라지지만 고정적인 자리를 차지한 녀석들의 풍경은 매년 같다. 호박, 오이, 부추, 토란, 도라지 등이다.

자연주의자들은 농작물들이 인간의 농업으로 생장력이 약해져서 인간이 없으면 멸종할 것이라고 하지만, 다른 시각으로 보는 사람도 있다. 모든 식물이 자기 종을 퍼뜨리기 위하여 바람과 물과 동물들을 이용하듯이, 농작물도 자기 종을 퍼뜨리기 위하여 인간을 이용할 뿐이라고 주장하기도 한다. 농작물과 인간의 관계는, 인간이 농작물을 지배하는 것이 아니고 서로 이용하는 공생관계라는 것이다.

자연농법

동네의 할머니들이 가꾸는 뜰 앞의 작은 텃밭은 정갈하기 그지없는데 제초작업이 시원찮은 우리 밭은 남들이 보면 황량하다고 느낄지도 모르겠다. 초기에나 지금이나 우리 밭에 잡초가 많은 것은 비슷하지만 사정은 좀 다르다.

초기에는 주말밖에는 일할 시간이 없었으므로 어쩔 수 없었지만, 그래도 주변 사람들의 구설수에 오르고 싶지 않아 열심히 뿔을 뽑았는데, 그러는 사이에 풀이 좀 있다고 해서 농작물들에게 크게 문제될 것이 없다는 것을 터득하게 된 것이다. 아예 제초작업을 하지 않는 자연 농법을 해보고 싶은 생각도 있지만, 완전한 자연농법을 하려면 퇴비도 안 준다고 하니 퇴비까지 안주면 농사가 안될 것 같아 거기까지는 용기가 나지 않는다.

자연농법을 주창한 일본의 후쿠오카 마사노부(福岡 正信)나 가와구치 요시카즈(川口 由一)에 의하면 자연농법에는 4대 원칙이 있다. 첫째 땅을 갈지 않는다, 둘째 비료를 쓰지 않는다, 셋째 농약을 쓰지 않는다, 넷째 제초를 하지 않는다는 것이다. 자연에 인위적인 행위를 하면 안 된다는 논리이다.

자연농법의 핵심은 농사는 자연의 생태계에 맡겨야 한다는 것이다. 네 가지 모두 '하지 않는다'이므로 나처럼 게으른 농부에게나 전원생활을 해보려는 아마추어 농부에게는 솔깃한 방법이라고 생각되지만 내용을 들여다보면 그리 간단한 문제는 아닌 것 같다.

농약을 쓰지 않는다는 것은 나도 하고 있고, 실천하면 되는 문제이지만 나머지는 서로 연관성이 있는 항목이다. 자연농법에서는 화학비료는 물론 퇴비도 사용하지 않는데, 그 땅에서 나오는 것은 작물의 부산물이 되었건 잡초가 되었건 그 땅으로 되돌려 주면 외부에서 굳이 퇴비를 공급하지 않아도 자체적으로 영양이 공급된다는 것이다. 산에 부엽토가 저절로 생겨서 나무나 풀이 무성한 것처럼 말이다.

건강한 흙 1그램에는 1억 마리 이상의 미생물이 있다고 한다. 이들 미생물은 동식물의 시체를 포함한 온갖 쓰레기를 분해하여 식물의 먹이가 되도록 만들어 주고, 그 과정에 땅을 푸슬푸슬하게 만들어 땅을 갈지 않아도 작물이 잘 자랄 수 있도록 만들어 준다.

대표적인 자연농법으로는, 책에서 읽어 보았을 뿐이긴 하지만, 쌀과 보리를 같은 밭에 직파하여 번갈아 기르는 방법이 있다. 벼를 거두기 직전에 보리를 그 사이에 직파하고 벼만 거둔 후 볏짚은 그

자리에 흩어 뿌린다. 다음해에 보리를 거두기 직전, 마찬가지로 그 사이에 벼를 직파하고 보리 수확 후 보리 짚은 또 그 자리에 흩어 놓는다. 그렇게 함으로써 짚의 피복으로 인하여 잡초는 억제되고, 짚이 서서히 발효되면서 퇴비가 돼 미생물들로 하여금 자연적으로 땅을 가는 역할을 시킨다는 것이다.

이 방법은 국내에서도 태평농법이라는 이름으로 소개된 바 있고 생산성도 관행농법에 비하여 결코 뒤지지 않는다는데 왜 확산되지 않는지는 나도 모를 일이다.

벼를 심지 않고 밭농사만으로 어떻게 자연농법을 할 수 있는지 보고 싶어서 자연농법을 실천하고 있는 이의 밭 구경을 하러 박달재까지 가본 적이 있다. 과연, 잡초들 사이에 작물들이 자라고 있었는데 잠깐 본 것뿐이니 전반적인 방법이나 수확량은 모르겠다.

잡초가 너무 많아 작물이 죽을 지경이 된다고 밭에 풀을 뽑다 보면 다른 문제는 서로 맞물려 실행이 안 된다. 맨 땅이 되어, 자연적으로 비옥해질 수가 없을 것이니 퇴비를 공급하게 된다. 그러자니 퇴비를 섞기 위하여 삽질을 해야 하고 땅을 갈지 않는다는 것도 실행 불가능하게 된다. 주변에서 제거한 잡초로 이랑에 피복을 해 보기도 했지만, 이는 잡초를 뽑는 것보다도 손이 더 가는 일이어서 포기했다.

땅에 퇴비를 공급한 지 벌써 10년은 넘었으니 땅이 비옥해진 것 같기는 하지만, 퇴비도 안 주는 자연농법을 실행해 볼 생각은 없다. 아직은 자연농법이라는 게 누군가 우리 밭의 잡초를 보고 참견할 때 답변할 수 있는 핑계거리일 뿐이다.

사용하는 퇴비의 양이 무조건 많다고 좋은 것은 아니라고 여기게는 되었다. 소비자들은 채소가게에서 채소를 선택할 때에 풍부한 거름으로 기른 짙은 녹색의 채소를 좋은 것으로 치는 경향이 있는데, 진짜 좋은 채소는 짙은 색깔이 아니고 옅은 색깔이라고 한다. 야생에서 거름 없이 자라는 각종 나물처럼 채소도 많은 거름 없이 자연스럽게 자란 것이 진짜 좋은 것이라는 이야기다.

젊어서 소를 길러본 경험이 있는 친구의 말에 의하면, 소꼴을 먹이려고 소를 끌고 들판에 나가면, 소가 뜯어먹는 풀은 소 똥 주변에 짙은 색깔로 무성하게 자란 풀이 아니고 옅은 색깔의 풀이라고 한다.

퇴비를 준 채소와 퇴비를 안주고 자연재배를 한 채소를 오래 보관했을 때 퇴비를 준 채소는 썩지만 자연재배를 한 채소는 썩지 않고 시들 뿐이라는 실험 결과를 본 적이 있다. 이를 보고도 퇴비사용을 중단하지는 못하고 있지만, 퇴비가 완숙된 다음에 사용하는 것이 좋을 듯하여 퇴비를 1년씩 묵혔다가 사용하고 있기는 하다.

자연농법이 이랑에서는 안 되더라도 과수밭에서는 실험이 가능하다. 과수밭은 풀을 그대로 두었다가 너무 자라면 베어줄 뿐이므로 항상 풀로 덮여있다. 심다가 남은 강낭콩도 잡초 사이에 심어보고, 들깨모종도 심어보고, 장에서 사온 고구마 모종이 심고 남으면 아까워서 여기저기 심어보는데 되기는 된다! 그런데 심는 곳만 약간 풀을 제거하고 심으면 작물이 살아남기는 하지만 잡초가 곧 포위해버려 그 기세에 눌린다. 그걸 돌봐준다고 신경을 쓰려면 이건 자연농법이 아니고 더 손이 가는 인공농법이 되어버린다.

그런데 과수밭에는 보살펴 주지 않아도 매년 잡초 속에서 잘 자라는 머위, 참취, 참나물 등이 있다. 이놈들이 야생출신이기는 하지만 처음 심었을 때는 기를 못 피더니 이제는 밭처럼 보일 정도로 세력을 펼치고 있다. 아마도 인류가 농업을 시작한 초기의 농사가 이런 형태가 아니었을까.

뒤곁에도 신경을 많이 안 쓰고도 자라는 놈들이 있기는 하다. 더덕 밭을 한다고 덩굴이 타고 올라갈 망을 설치하고, 더덕을 심었더니 매년 덩굴이 무성하게 타고 올라간다. 여기는 봄에 한번 묵은 잡초만 정리할 뿐인데, 여름 내내 잡초가 키 높이로 자라도 더덕은 건재하다. 하긴 더덕이 원래 야생에서 자라는 놈이니 그럴 수밖에 없다. 여러 해 되었으니 꽤 굵어졌을 터인데, 아직 안 먹고 방치하고 있다. 그 옆에는 몇 년 전에 돼지감자를 몇 개 갖다가 심었는데, 죽었는가 싶더니 기운을 차리고 퍼지기 시작한다.

초기에 열광하던 퇴비장의 방석호박은, 거름만 잘 주면 과수밭 아무데서나 잘 자라는데, 벌레 천국인 이곳에서 호박 속의 벌레에 질려 근래에는 많이 심지는 않지만, 호박 잎 좋아하는 아내를 위하여 몇 포기만 심어도 길게 잘 자란다. 애호박은 많이 열려도 덩굴이 길지는 않다.

잡초 속에서도 씩씩하게 잘 자라는 놈들은 결국 야생성이 강하여 잡초들과 경쟁이 가능한 놈들인 것이다.

과수밭 한 귀퉁이 연못 옆을 토란이 차지한 이후, 퇴비를 주기는 하지만, 싹이 나올 때까지만 풀을 뽑아 주는데 싹이 나온 이후는 그대로 두어도 토란 키가 사람 키만큼 자란다.

사실은 이랑에서도 작물이 어느 정도 크면 잡초가 좀 있더라도 문제될 것이 없고, 작물이 완전히 무성하게 크면 그 위세에 눌려 잡초가 지게 마련이다.

그래서 처음에 씨를 뿌리고 싹이 나올 때나 모종을 처음 심었을 때에는 신경을 써서 제초 작업을 하지만 작물이 어느 정도 큰 이후에는 잡초 제거를 열심히 하지 않는다. 고랑에는 애초부터 풀 뽑기를 안 하니 어느 정도 두면 잡초의 키가 너무 자라는데, 그렇게 되면 낫으로 대강 쳐준다. 어쨌든 우리 밭에 잡초가 많다고 해도 퇴비 주고 제초를 하니 자연 농법을 하고 있다고 말할 수는 없고, 나는 옛날식 농사법이라고 자칭하고 있다.

잡초를 점점 방치해서, 작물의 야생성이 강해지면 이들이 잡초 속으로 이주를 해도 될지 모른다. 이랑에 심는 것 중에서 야생성이 강한 것은 들깨다. 들깨는 어쩌다가 깨를 흘리면 아무데서나 자란다. 차조기도 야생성이 강하여 밭의 제일 끝 척박한 땅에 밀려나고도 매년 저절로 떨어진 씨앗에서 잘 자란다.

이곳 척박한 땅에는 피마자도 함께 자라는데 잎이 쌈으로 활용된다. 과수밭 한 귀퉁이에 부추밭을 하다가 폐기한 적이 있는데 살아남은 부추가 매년 꿋꿋이 자라는 것을 보면 이놈도 야생성이 어느 정도 있는 듯하다.

그런데 작물을 야생화 시키는 훈련은 자가 채종이 가능한 것들은 가능성이 있지만, 씨앗을 사다 심는 채소들은 힘들다. 채종한 것들은 내가 시킨 훈련의 경험을 자손들에게 계속 물려주어 축적이 되겠지만, 씨앗을 사다 심는 품종은 채종이 안 되기 때문이다.

농작물이 왕성하게 크고 있을 때는 잡초가 기를 못 펴지만, 수확이 끝나고 이랑을 놀려두면 곧 잡초밭이 되고 마는데, 이를 피하는 방법은 되도록 이랑을 놀리지 말고 작물을 이어 지으면 된다.

봄배추, 열무, 시금치 등 봄채소는 일찍 끝나므로, 좀 늦게 심어도 되는 들깨모종을 만들어 놓았다가 심으면 된다. 7월쯤에 수확하는 강낭콩 이랑에는 가을 채소를 심으면 된다. 김장배추는 안 심더라도, 상추, 쑥갓, 아욱, 시금치를 또 심고, 얼갈이배추, 열무도 심는다.

근래에는 가을에 양파 모종을 심어서 봄에 수확을 하는데, 가을에 어느 정도 자란 모종을 월동 시키면, 겨울에 쉬는 이랑과는 다르게 잡초가 잘 나지 않는다. 친구에게서 씨를 얻은 삼동초도 월동을 하는데 가을에 솎아먹고 놓아두면 겨울을 나고 봄에 다시 잎이 난다. 가을 시금치도 그렇고 대파, 쪽파도 겨울을 난다. 다음은 마늘 차례다. 대부분 가랑잎을 모아다가 덮어주는데 모종으로 심는 양파는 추위에 비교적 약한지 얼어 죽는 포기가 있어서 비닐로 소형 비닐하우스 같은 덮개를 해준다.

봄에 나는 냉이를 모르는 사람은 없겠지만, 가을에도 냉이가 난다는 것은 모르는 사람이 있을 게다. 잘 관찰해 보면 봄에 나는 풀들은 가을에 또 나오는 것들이 많다. 생각해보면 그리 어려운 문제도 아니다. 식물이 싹을 틔우고 씨를 맺는 게 달력을 보고 하는 것이 아니고 날씨를 보고 하는 것인데 봄과 가을은 날씨가 비슷하기 때문이다. 같은 논리로 밭작물도 봄 한철에 끝나는 채소들은 가을에 또 한 번 2모작이 된다. 이 단순한 논리를 터득하는데 몇 년이 걸렸는지 모른다. 사실은 생장주기가 짧은 야생초 중에는 여름 내내 수시로 싹을 틔우고 꽃을 피우는 것들도 있다.

그러나 논리가 그리 간단한 것은 아니다. 생장주기가 길어서 봄에 나와서 여름내 크고 가을에 씨를 맺는 것은 두 번 사는 것이 안 되고, 생장 주기가 짧아서 봄이 끝나면 바로 씨를 맺는 종이라야 한다.

냉이는 여름이 오기 전에 꽃을 피우고 씨를 맺는다. 그러니 봄에 싹이 터서 가을에 씨를 맺는 식물들은 자기가 싹을 틔워야 할 시기가 봄은 되지만 가을은 안 된다는 판단을 해야 하는 것이다. 가을이 끝나면 겨울이니 길게 살 방법은 없는 것이다. 따라서 싹을 틔울 때의 온도만 감지하는 것이 아니고, 그 전이 더운 여름이었으면 싹을 틔우면 안 되고 추운 겨울이었다가 따뜻해지면 싹을 틔워야 하는 것이다. 이거야말로 달력을 보고 판단해야 할 것 같은데 달력도 안 보고 판단하는 식물들의 능력이 놀라울 뿐이다.

과수밭으로 몇 가지 야생성 작물이 침범해 들어가듯이, 과수밭의 잡초들이 이랑으로 침범해 들어와 균형을 맞출 것 같은 예감이 든다.

퇴비를 주는 수고도 덜고, 풀 뽑는 수고를 덜면서 농작물과 잡초가 공생하도록 만들자. 언제 성공할지 모르지만 방법론을 구상하면서 검은 빛깔 도는 푸슬푸슬하면서도 건강한 땅에 작물과 과수와 각종 나물의 먹거리와 그리고 야생화와 잡초가 사이좋게 공생하는 텃밭을 꿈꾸는 것만으로도 즐거운 일이다.

은퇴 후의 삶

인생은 60부터라고 한다. 언제부터 이런 말이 떠돌았는지는 모르나 아마도 처음에는 노인네들 위로하고자 하는 뜻이 반은 섞여 있었을 게다. 그러던 것이 이제는 평균 수명이 점점 길어지니 정말로 60부터의 인생이 창창하게 길어졌다. 옛날에는 환갑잔치라는 것이 오래 살았다고 축하해주는 잔치였을 터인데 요즈음에 환갑잔치 하는 사람이 거의 없어진 것도 이를 증명한다.

어렸을 때 경험한 시골이야기를 또 하자면, 그 시절에 환갑이면 동네 원로였다. 요즈음 시골에서는 환갑이라면 노인 축에 끼지 못하는 것은 물론이고, 젊은이들이 워낙 없다 보니 60대가 젊은 세대가 된다.

이제는 인생을 대략 3등분하여, 처음의 삼분의 일은 인생을 살기 위한 공부를 하고, 다음의 삼분의 일은 일하여 돈 벌고, 세 번째의 삼분의 일은 인생을 즐기는 목적으로 사용해도 좋을 만큼 되었다.

은퇴 후의 삶을 어떻게 살 것인가는 각자의 가치관이 다르겠지만, 재취업을 하여 두 번째 토막의 인생을 연장하는 성공담도 있고, 취업을 하지 않더라도 하고 싶었던 일을 맹렬히 해보는 성공담도 있다. 내 경우는 인생의 세 번째의 토막이 60부터였던 셈인데, 이곳에 터를 잡은 지도 훌쩍 10년이 넘었다.

세 번째의 인생을 맹렬하게 산 성공담에 비한다면 내 경우는 '산골에서 살았다'는 것 외에는 특별하게 무엇을 이루어낸 것이 없어 보이니 허송세월을 한 것일까? 그러나 나로서는 지금까지의 내 인생 어디에 견주어도 행복한 삶이었고, 의미 있는 삶이었다고 치부하고 있는 참이다.

좀 더 건방지게 말하자면, 소로우(Henry David Thoreau)가 월든에서 자연과 함께 사는 삶을 2년 동안 실험했다면 나는 여생을 자연에 의탁하기로 했노라고 자부하고 있는 것이다.

세 번째의 삶을 살고 있는 사람들을 보면, 나이를 먹어감에 따라 모두 평준화되어 가는 것 같다. 젊어서 성공적인 삶을 살았다고 해서 그것이 노후에까지 이어지는 것 같지는 않다. 오히려 젊어서의 후광이 걸림돌이 되어 노후생활을 주체하기 힘들어하는 사람들이 있는가 하면, 젊어서 평범하게 살았던 사람들이 노후를 짜임새 있게 살고 있는 사람들도 많이 있다.

자주 만나는 동창 친구들을 보아도 젊었을 때는 사회적 지위의 차이 때문에 간혹 어느 정도의 벽을 느낄 수도 있었겠지만 지금 그런 것을 의식하는 친구들은 아무도 없다. 모두 같은 처지라는 동류 의식과, 동지의식이 있을 뿐이다. 어차피 죽을 때가 되면, 평준화 정도가 아니라 완전히 같은 처지가 될 것이다.

어쩌면 우리는 인생에서 무엇을 이루어내야 한다는 강박관념에 사로잡혀서 너무 허둥대고 있는 것인지도 모르겠다. 나의 두 번째 토막의 인생이라는 게, 이제 와서 보면 목표를 달성해야 한다는 의식에 쫓겨서 인생의 본질을 상실하고 있었던 것은 아닐까 생각된다. 거기에서 빠져 나와서야 겨우 내 삶을 관조해 볼 수 있는 여력이 생긴 것이다.

지나간 세월이 아쉬워 청춘 시절로 돌아갔으면 좋겠다는 이들이 있지만 나는 젊은 시절로 돌아가고 싶은 생각이 없다. 젊은 시절의 세상은 모호한 안개 속이고 매일매일은 그날 이루어야 하는 임무를 마쳐야 하는 스트레스의 연속이다. 젊은 날의 열정은 미숙의 다른 이름이고, 희망은 불명확한 미래의 다른 이름이고, 세상은 온갖 제약 속에 얽매여 자유롭지 못하다.

산전수전 겪고 나면 세상의 이치를 조금씩 깨닫게 되고, 세상사의 걱정에서 초월하는 법을 터득하게 되고, 자유롭게 사는 법에도 익숙하게 된다. 스트레스를 주었던 젊은 날의 임무에 비하여, 노년의 임무라는 게 내 경우를 보면 밭에 퇴비를 준다거나 잡초정리를 한다거나 하는 것 등이다. 그런 일들을 오늘 안 한다고 문제될 것이 없고 책임을 추궁 받을 것도 아니니 그 일 자체를 즐기면서 할 수 있고 그야말로 태평성세인 것이다.

이 골짜기에 자리를 잡은 초기에는 열심히 연습을 하여 단기간에 완전한 정착을 하든가, 정착에 실패를 하면 완전히 철수를 해버리든가, 그렇게 될 것으로 예상을 했다. 그러나 산골과 도시에 양다리를 걸치고 사는 삶이 아직도 계속되고 있다. 전원생활이라는 걸 꼭 그렇게 흑백논리로 살아내야 하느냐는 편리한 자기변명 논리를 만들어낸 것이다.

그런 양다리 걸친 생활을 누군가 시비를 한다면, '소로우도 월든 호숫가의 오두막에서 유배생활 하듯이 살았던 것은 아니고, 멀지 않은 읍내에 자주 갔었던 것 같은 낌새이던데 뭘 그래' 하고 응대를 할 참이다.

그렇게 살아보니 그야말로 편리하기 짝이 없다. 교통이 불편한 오지에 사는 사람들 중에는 많은 사람들이 편리한 도시생활을 동경한다. 거꾸로 도시에 사는 많은 사람들이 전원생활을 꿈꾼다. 그런데 양쪽에 걸치고 있으니 아쉬울 것 없이 필요할 때 움직이면 된다. 내가 이렇게 호사해도 괜찮은지 괜히 미안할 정도이다.

그러다 보니 산골에 있을 때는 도시생활이라는 것이 무엇인가를 반추하게 되고, 도시에 있을 때는 산골생활이 어떤 것인가를 반추하게 된다. 다만 생각이 달라져 가는 것은, 초기에는 산골에 있을 때 다른 세상에 와 있는 느낌이 들었는데, 이제는 도시에 있을 때 내가 이방인이라는 느낌이 드는 것이다.

어찌 되었건 물이 흐르듯 자연스럽게 살자는 것이 근래의 내 생각이다. 자연스럽게 살자는 것은 주변의 자연이 가르쳐 준 것이다.

주변의 자연이라는 게 일차적으로는 식물들이다. 풀과 나무들이다. 추운 겨울 한껏 움츠리고 있다가도, 봄이 되면 어김없이 새싹을 틔우고 꽃 피우고, 비가 오면 번성하고, 좋은 철 지나면 다시 황량해진다. 내가 유난히 추위를 타는 건, 자연의 순리를 따르는 이것들을 닮았는지도 모르겠다.

식물을 좋아하는 건 나뿐이 아니어서, 도시에서도 주변 아파트 베란다에는 대부분 화분들이 있다. 그런데, 삭막한 풍경에 자연스러움을 제공하는 것은 좋지만 이놈들은 철을 몰라서 사시사철 푸르다. 아내도 어김없이 베란다에 화분들을 두고 있다. 아파트에서는 그렇다고 해도 이곳 고솔골에서도 마당에 화분으로 이것저것 기른다. 그리고는 겨울이 되면 집안으로 들여놓는다.

모두 땅에 심어버리고 추위에 약한 것은 포기해 버리는 것이 자연스러울 것 같은데, 굳이 화분에 기르고는 매년 집 안팎으로 이사를 다닌다. 자연 속에서 완전히 자연스럽게 살자는 내 취지에는 조금 어긋나는 방법이다.

어쨌든 '자연스럽게 삽시다' 하는 것이 내가 끝으로 하고 싶은 이야기이다. 돈벌이에서 손을 놓으면서 일시적으로 세상살이가 무서웠던 시기가 있었다. 한 여론조사 기관의 조사에 의하면, '돈이 인생에서 최고의 성공 증표라고 생각하는가?'라는 질문에 대하여, '그렇다'는 대답의 비율이 세계적으로 한국과 중국에서 가장 높았다니, 그럴 만도 한 일이다. 그러한 공포에서 벗어나고 보니 백수는 백수답게 사는 게 자연스럽다는 생각이 든다. 그리고 하고 싶은 것들을 마음껏 해 보는 것이 자연스럽다.

자연 속에서 자연스럽게 사는 삶을 10년 이상 살아보니, 프롤로그에 밝혔던 초기에 내방객들이 하던 질문들에 대해서 이제는 쉽게 답변을 할 수 있게 된 것이다.

"가끔 와서 즐기는 것은 좋지만 여기서 무얼 하고 살지?"

"가끔 와야 즐거운 것이 아니고 자연과 친구가 되면 오래 있어도 즐겁더라고. 정 싫증날 땐 가끔 나가면 되지."

"텃밭이 소일거리로는 좋지만 돈이 되는 것도 아니잖아?"

"돈이 되는 일이 오히려 스트레스더라고. 돈이 안 되는 일이야말로 스트레스 없는 즐거운 일이지."

"사람이 일에서 떠나면 금방 늙어버린다고."

"일도 일 나름이라니깐. 돈벌이만 일이 아니고, 하고 싶은 것을 무엇이라도 열심히 해 보라고. 더 젊어질 테니까."

고솔골 이야기

전의명 지음

1판 1쇄 인쇄/ 2018년 8월 15일
1판 1쇄 발행/ 2018년 8월 20일

지은이 / 전 의 명
펴낸이 / 우 희 정
펴낸곳 / 도서출판 소소리

등록 / 제300-2007-21호
주소 03073 서울 종로구 성균관5길 39-16
전화 || (02) 765-5663, 010-4265-5663
e-mail: sosori39@hanmail.net
www.sosori.net

값 13,000 원

*잘못된 책은 바꿔드립니다.

ISBN 979-11-5891-109-6 03810